泉城地铁与回灌工程

李罡　编著

中国建筑工业出版社

图书在版编目（CIP）数据

泉城地铁与回灌工程/李罡编著.—北京：中国建筑工业出版社，2021.6
ISBN 978-7-112-26255-7

Ⅰ.①泉… Ⅱ.①李… Ⅲ.①地下铁道—铁路工程—济南 Ⅳ.①U231

中国版本图书馆CIP数据核字（2021）第126173号

责任编辑：李玲洁
责任校对：王　烨

泉城地铁与回灌工程
李罡　编著

*

中国建筑工业出版社出版、发行（北京海淀三里河路9号）
各地新华书店、建筑书店经销
北京点击世代文化传媒有限公司制版
北京建筑工业印刷厂印刷

*

开本：787毫米×1092毫米　1/16　印张：15¼　字数：329千字
2021年8月第一版　2021年8月第一次印刷
定价：68.00元
ISBN 978-7-112-26255-7
（37643）

版权所有　翻印必究
如有印装质量问题，可寄本社图书出版中心退换
（邮政编码 100037）

编 委 会

主　　编：李　罡

编委主任：胡冰冰　唐卓华　王　鑫

副 主 编：薛琼瑶　胡　月　孙晓宇　杨　阳　朱启银

编　　委：张志强　王德超　李　美　娄飞鹏　王建军

　　　　　王建康　安俊峰　闫洪利　邱　烨　刘琴琴

　　　　　颜蜜蜜　卢　龑　岑芸芸　石小龙　沈　通

　　　　　姜子琛　于　航　邵建立　乔庆学　邢涵瑞

　　　　　殷长鹏　贾贻宏

前 言

济南，是一座历史悠久的泉水文化名城，因其特殊的水文地质环境导致城市轨道交通的建设滞后于同等规模的其他城市。经济的快速发展，城市的不断扩张导致公共交通系统的负荷越来越大。解决交通问题的关键，是不断发展完善城市公共交通体系。如何处理泉水与地铁的共生问题，一直是国内外水文地质及工程专家所关注的难题。

1988年，济南首次提出修建轨道交通；2000年，济南编制了《济南市快速轨道交通线网规划》并成立了轨道交通筹建处。但在趵突泉停喷3年的大背景下，面对"保泉"压力，济南地铁项目无奈被搁置；2002年济南市政府邀请多位院士就"济南地铁建设对泉水的影响"进行调研，得出"需要进一步充分论证和规划"的结论；2009年，中国地质大学、山东大学、山东省801地质队等十余家单位最终完成《泉水影响研究报告》。报告明确划分出济南不宜修建地铁的敏感区域，得出"在敏感区域外修建地铁不会影响保泉"的结论；此后，济南提出了1号线、2号线、3号线三条线路的建设方案，直到2014年，济南市发展和改革委员会才透露相关规划即将上报国务院的消息。2015年，济南轨道交通1号线、2号线、3号线三条线路最终获得批复。从来没有一座城市像济南这样，为是否修建地铁而"纠结"。

2013年，济南轨道交通集团成立，成立伊始，就将泉水和地铁的共荣共生列为工作目标。为了修建地铁的同时保护济南的地下水资源，济南1号线采取了回灌地下水的方法，确保基坑降水与回灌同时进行，减少基坑降水对周边环境的影响。本文对济南的水文地质、地铁建设的风险与挑战进行介绍，采用理论分析、数值模拟、现场实测数据验证反分析等方法深入探讨了1号线基坑回灌工程对地下水位的影响，旨在对地铁与泉水的关系开展进一步的探索，确保工程建设与地下水环境的和谐共生。

本书的编著得到了济南轨道交通集团广大同事领导的关心和支持，书中引用相关专家、学者的大量文献，在此一并感谢！由于水平有限，书中难免存在不足之处，敬请广大读者批评指正。

目 录

第1章 泉城地铁规划 ... 1

1.1 规划背景分析 ... 2
1.1.1 城市概况 ... 2
1.1.2 城市发展面临的问题 ... 3
1.2 大规模建设轨道交通的必要性和紧迫性 ... 4
1.2.1 轨道交通有利于建设资源节约型、环境友好型城市 ... 4
1.2.2 轨道交通的建设有利于保护济南独特的城市景观风貌 ... 5
1.3 济南轨道交通总概况 ... 6
1.3.1 济南轨道交通 R1 线概况 ... 6
1.3.2 济南轨道交通 R2 线概况 ... 7
1.3.3 济南轨道交通 R3 线概况 ... 8

第2章 泉城水文地质 ... 9

2.1 济南市地下储水空间的特征分析 ... 10
2.1.1 济南市地形地貌概况 ... 10
2.1.2 济南市地质分区 ... 10
2.1.3 济南市地下储水空间分区 ... 11
2.1.4 济南市岩溶水系统分区 ... 15
2.2 区域水文地质 ... 16
2.2.1 济南泉水概况 ... 16
2.2.2 泉水成因 ... 18
2.2.3 含水岩组的划分及其水文地质特征 ... 20
2.2.4 地下水的补给、径流与排泄 ... 22
2.2.5 各含水层水力联系 ... 24
2.2.6 岩溶水的动态特征 ... 25
2.2.7 岩溶水的化学特征 ... 27

    2.2.8 含水岩组的划分及其水文地质特征 ·················· 28

第3章 泉城地铁建设风险与挑战 ·················· 31

  3.1 引言 ·················· 32
  3.2 研究区域及数据 ·················· 32
    3.2.1 研究区域 ·················· 32
    3.2.2 数据 ·················· 33
  3.3 研究方法 ·················· 36
    3.3.1 风险评估模型 ·················· 36
    3.3.2 各个指标的处理 ·················· 37
    3.3.3 AHP 权重计算 ·················· 40
    3.3.4 归一化 ·················· 42
  3.4 结果 ·················· 43
    3.4.1 地表因子评价 ·················· 43
    3.4.2 地下因子评价 ·················· 44
    3.4.3 风险等级分布 ·················· 45
    3.4.4 地铁沿线风险等级 ·················· 46

第4章 回灌工程 ·················· 47

  4.1 济南地区回灌适宜性分区 ·················· 48
  4.2 回灌方式概述 ·················· 49
    4.2.1 天然回灌法 ·················· 49
    4.2.2 人工回灌法 ·················· 49
  4.3 地下储水空间回灌的适宜性评价方法 ·················· 53
    4.3.1 建立递阶层次结构 ·················· 53
    4.3.2 各评价指标量化分级 ·················· 54
    4.3.3 构造两两比较判断矩阵 ·················· 57
  4.4 基于层次分析法分析济南地区回灌适宜性 ·················· 58
    4.4.1 影响因素权值计算 ·················· 59
    4.4.2 因素总排序与权值分析 ·················· 60
    4.4.3 济南市基坑实例回灌适宜性分析 ·················· 62
    4.4.4 济南市回灌区域划分 ·················· 64

4.5 本章小结 ··· 66

第5章　止水帷幕阻挡效应研究 ·· 67

5.1 止水帷幕阻挡效应及帷幕渗漏研究现状综述 ··· 68
    5.1.1 引言 ··· 68
    5.1.2 止水帷幕阻挡效应研究现状 ··· 68

5.2 境内降水引起止水帷幕两侧水位差的计算方法 ·· 74
    5.2.1 引言 ··· 74
    5.2.2 止水帷幕作用下的三维渗流模型 ··· 75
    5.2.3 止水帷幕作用下承压含水层水位降深竖向分布规律 ······················· 78
    5.2.4 止水帷幕作用下抽水井抽水量变化特征 ······································· 85
    5.2.5 止水帷幕两侧水位差的计算方法 ··· 94
    5.2.6 小结 ··· 95

5.3 止水帷幕作用下水文地质参数的解析算法 ··· 95
    5.3.1 引言 ··· 95
    5.3.2 承压含水层水位降深随时间变化特征 ·· 96
    5.3.3 止水帷幕作用下水文地质参数的计算方法 ··································· 102
    5.3.4 无界承压含水层水文地质参数计算方法 ······································· 102
    5.3.5 天然状态下降深曲线影响因素分析 ··· 103
    5.3.6 止水帷幕作用下水文地质参数计算方法 ······································· 105
    5.3.7 小结 ··· 107

5.4 抽灌共同作用下基坑止水帷幕对渗流场阻挡效应研究 ······························ 107
    5.4.1 承压含水层抽水问题的解析解 ·· 107
    5.4.2 承压含水层回灌问题的解析解 ·· 113
    5.4.3 解析解的修正 ·· 117

5.5 抽灌共同作用的解析解 ·· 128
    5.5.1 止水帷幕两侧水位差的计算方法 ··· 128
    5.5.2 基坑内外水位分布解析解 ··· 129

5.6 算例分析 ·· 134
    5.6.1 计算相关数据描述 ·· 134
    5.6.2 计算方法 ·· 134
    5.6.3 计算结果 ·· 136

5.7 本章小结 ··· 138

第6章 济南 R1 线抽水与回灌试验 ································· 139

6.1 济南方特站抽水与回灌试验 ································· 140
6.1.1 工程概况 ································· 140
6.1.2 岩土工程特征 ································· 140
6.1.3 水文地质条件 ································· 142
6.1.4 抽水试验进行情况 ································· 145
6.1.5 现场自然回灌试验 ································· 150
6.1.6 试验现象及数据的分析 ································· 158
6.1.7 试验总结 ································· 159
6.1.8 数值模拟 ································· 162

6.2 济南轨道交通 R1 线王府庄站地下水回灌 ································· 174
6.2.1 工程概况 ································· 174
6.2.2 基坑概况 ································· 174
6.2.3 周边环境 ································· 175
6.2.4 工程地质概述 ································· 176
6.2.5 水文地质概述 ································· 177
6.2.6 降水方案简介 ································· 179
6.2.7 试验目的和任务 ································· 179
6.2.8 试验布置 ································· 180

参考文献 ································· 218

第1章

泉城地铁规划

济南历史悠久，是国务院公布的历史文化名城，境内泉水众多，被誉为"泉城"，也是我国东部沿海经济大省——山东省的省会，全省政治、经济、文化、科技、教育和金融中心。

从区域定位来看，济南市城市经济发展有很强的增长空间，未来将从区域大城市转变为特大型区域中心城市，不仅具备修建轨道交通的基本条件，而且拥有发展轨道交通的广阔空间。从城市发展来看，建设轨道交通能够顺应济南城市化的进程，引导城市规模有序扩大，缓解人口扩张引起的用地问题，尤其是对济南城市环境，提升城市品质和形象具有重大意义。从城市交通现状来看，济南市城区存在严重拥堵、内外干扰、公交薄弱、出行困难、事故频发、缺乏安全保障等问题；并且，随着机动车数量的迅速增长，上述问题矛盾呈愈演愈烈的态势。建设轨道交通是有效缓解地面道路资源供求矛盾的必由之路，济南市在《国务院办公厅关于加强城市快速轨道交通建设管理的通知》（国办发〔2003〕81号）文和《国家发展改革委关于加强城市轨道交通规划建设管理的通知》（发改基础〔2015〕49号）文的指引下，先后顺利地完成了《济南市轨道交通线网规划》《济南市城市轨道交通建设规划（2015—2019年）》等规划的编制报批工作。

2013年6月，《济南市轨道交通线网规划》得到了济南市政府批复，并纳入城市规划体系。根据线网规划，轨道交通远景线网共由9条线路构成，分属两个层次，其中M1~M6线为城市内部的轨道交通系统，主要解决中心城内部的客流集散问题；R1~R3线为市域层次的轨道交通系统，主要解决市域内的外围组团进城交通问题。

2015年1月9日，《济南市城市轨道交通建设规划（2015—2019年）》（以下简称"第一期建设规划"）得到了国家发展改革委批复，近期建设项目由R1线、R2线一期和R3线一期组成"两纵一横"线网，总长约80.6km。

1.1 规划背景分析

1.1.1 城市概况

济南市是山东省省会，著名的泉城，环渤海地区南翼和黄河中下游地区的中心城市，与德州、滨州、淄博、莱芜、泰安、聊城六个地市相邻，总面积8177km^2，市区面积3257km^2，是国家历史文化名城，科技教育文化中心，全国重要交通枢纽，区域性金融中心，全国重要工业基地。

济南市域总面积8177km^2，共辖历下、市中、槐荫、天桥、历城、长清、章丘、济阳八区和平阴、商河两县。中心城东至东巨野河，西至南大沙河以东（归德镇界），南至南部双尖山、兴隆山一带山体及济莱高速公路，北至黄河及济青高速公路，面积1022km^2。中心城空间结构为"一城两区"。"一城"为主城区，"两区"为西部城区和东部城区，以经十路为城市发展轴向东西两翼拓展。

根据《济南市城市总体规划（2004—2020年）》，济南市的城市性质为：山东省省会，国家历史文化名城，环渤海地区南翼的中心城市。城市职能为：全省的政治、经济、科技、文化、教育、旅游中心，区域性金融中心，全国重要交通枢纽，现代服务业和总部经济聚集区，区域性物流中心，高新技术产业和先进制造业基地。

1.1.2 城市发展面临的问题

1. 中心功能高度集中于旧城，城市发展不堪重负

济南城市建设面临的最突出的问题是多种城市功能集中于旧城中心，城市功能严重冲突，发展空间不足。如省级行政办公、省级教育科研机构、市级商贸金融中心、体育文化等公共设施均集中于旧城区。城市中心功能在老城狭窄的范围内反复罗列造成城市空间重叠，城市活动高度集中、高度聚集，交通拥挤混乱等问题不断出现。

2. 老城区的无序开发建设破坏了城市特色风貌

济南的古城风貌独特，"四面荷花三面柳，一城山色半城湖""家家泉水，户户垂杨"。山、泉、湖、河、城有机结合为一体，构成了济南独特的风貌特征。但由于旧城改造与新区建设重点不突出，开发方向不明确，城市功能过度集中，老城负荷日益加重。同时，老城改造速度加快、强度增大、密度过高，开敞空间缺乏，对古城格局的保护造成了破坏性影响。

3. 工业用地布局不甚合理，城市边缘用地开发失控

工业区位于城市的主导风向上，历史上形成的重化工、建材、机械等重工业污染源较多，对城市环境影响较大。除此之外，众多污染工业集中布置在旧城区内，特别是北部，普遍存在效益差、扰民多等问题，导致城市环境问题急剧增加。城市边缘土地建设、管理失控，城市各功能区组团开发混乱，城市建设存在随意性和盲目性。

4. 中心城区空间集约度低，造成土地蔓延式发展

近几年济南的发展呈现中心分散、无法集聚的现状，特别是2010年以后，规划建设的城市综合体有20多个，分布于中心城各个角落，老城区已建和在建的城市综合体达到5个，包括济南第一高楼绿地中心。分散发展不仅造成土地利用的浪费，还造成大规模的交通拥堵。

5. 城市综合环境质量有待提升

随着济南市经济的快速发展、人口的增加、城市规模的不断扩大，城市污染加重，生态环境压力较大。过快过量的城市改造在一定程度上破坏了自然生态系统和历史文化环境。

1.2 大规模建设轨道交通的必要性和紧迫性

"打造四个中心，建设现代泉城"就是要把济南建设成为全国重要的区域性经济中心、金融中心、物流中心、科技创新中心，建设与山东经济文化强省相适应的现代泉城。"六个更加"的目标任务是：①**经济更加发展**，综合实力显著提升，主要指标增速快于全省平均水平；②**城乡更加繁荣**，城镇化质量显著提高，产城融合、职住一体发展格局逐步形成，户籍人口城镇化率进一步提高，城乡区域发展趋于平衡，农村经济实现较快发展；③**生态更加良好**，主体功能区布局和生态安全屏障形成，建成全国生态文明先行示范区，彻底退出全国十大空气污染严重城市行列，山、泉、湖、河、城的城市特色更加凸显；④**生活更加幸福**，城镇居民人均可支配收入、农村居民人均可支配收入年均进一步增长，脱贫攻坚任务顺利完成，社会保障体系更加健全；⑤**社会更加文明**，中国梦和社会主义核心价值观更加深入人心，向上向善、诚信互助的社会氛围更加浓厚，创建成为全国文明城市；⑥**制度更加完善**，社会治理水平全面提升，政府公信力明显提高，法制济南建设取得新成效。

为进一步推动经济、社会发展，济南市将继续大力发展公共交通，建设"以轨道交通为骨干，以常规公交为辅助"的公共交通体系，这为城市轨道交通建设提出了更高的发展目标。加快轨道交通后续线路的建设，是奋力推进"四个中心"和"六个更加"建设的途径之一，对促进经济、现代都市、生态、文明社会的建设及提升人民生活品质均有不容忽视的重要作用。

1.2.1 轨道交通有利于建设资源节约型、环境友好型城市

近年来，济南空气污染程度加剧，被列为全国"十大污染城市"之一。空气质量污染不仅影响市民的健康出行，也一直是影响济南市城市形象的重要因素。据调查，造成济南市空气污染的因素主要是扬尘、工业污染、汽车尾气，而公共交通整体发展水平的滞后，导致机动车保有量快速增加。根据济南市公共交通发展现状，80%的道路空间资源由20%的小汽车交通占用，城市公交投资占交通建设投资的比重不到10%，而机动车排放尾气占空气总污染物达到25%以上（图1-1）。

根据济南市规划纲要，济南要坚定不移走科学治霾之路，全面实施治霾攻坚计划，持续推进大气污染防治"十大行动"，努力实现环境空气质量显著改善，彻底退出全国十大空气污染严重城市行列。

轨道交通以清洁的电能为动力，对大气环境污染小，且能源利用效率高，人均能耗相比其他交通方式最低，是一种环境友好型的"绿色"交通方式。大力发展轨道交通，

图 1-1 济南市空气污染现状

对改善公共交通出行环境、降低个体机动出行比例有重要意义，对有效缓解济南空气污染也有积极作用。

同时，轨道交通是使城市用地由"粗放型"发展向"集约型"发展转变的最有效的手段。轨道交通能够增加站点附近地区的吸引力和其他商业价值，并增强轨道交通走廊的开发强度。在轨道交通站点周围地区高强度开发，使之成为集公共交通枢纽、住宅、商业、娱乐休闲为一体的繁华地区。在轨道交通沿线站点集约化使用土地，提高土地使用和开发效率。就轨道交通本身而言，采用地下和高架的敷设方式，占用土地较少，换乘车站、车辆段（场）、主变电所、控制中心等均应考虑合建共享，集约化使用土地，因此轨道交通的建设对有限土地资源的节约利用将起到极其重要的作用。

编制新一轮建设规划，加速轨道交通的建设，有利于济南未来的城市发展走可持续发展道路。

1.2.2 轨道交通的建设有利于保护济南独特的城市景观风貌

济南素有"四面荷花三面柳，一城山色半城湖"的美誉，是国家历史文化名城，同时又因泉水众多，被称为"泉城"。大明湖、千佛山、趵突泉、黑虎泉、五龙潭等一大批历史标志性建筑和历史风貌区，都对城市建设具有一定的制约作用。

泉水是济南独特泉文化的重要载体，自 2013 年开始，济南市每年以举办"泉水节"为契机，弘扬泉水文化，保护历史文化遗产，成为济南市特有的、重要的全民节日，保泉护水已成为济南市政府及社会各界人士共识。一直以来，泉水在济南市现代化进程中发挥着重要的作用，引才纳良，共话佳苑，涓流地泉水正吸引着更多的新市民在此安家落户。人口的增加，城市经济的迅猛发展，城市格局的制约，使得城市交通系统的负荷越来越大。解决交通问题的关键，是不断发展完善城市公共交通体系。济南市轨道交通的建设长期滞后于同等规模的其他城市，其核心问题就是泉水保护问题。

自 21 世纪以来，济南市政府、社会各界开始论证轨道交通工程建设的可行性，在经过相关部门求证后，2009 年济南市成立轨道交通规划建设领导小组办公室，专门就城市轨道交通的可行性进行详细论证。

2009~2011年，北京城建勘测设计研究院有限责任公司联合山东省地矿工程勘察院等相关单位，在济南市区投入大量的工作，论证主要城市道路建设轨道交通的可行性，并就当时规划的6条轨道交通线路进行了技术论证。2015年1月，国家发展和改革委员会批准了济南市轨道交通3条R线的建设，即济南市轨道交通第一轮建设规划。

经过对前期数据的深入研究，在编制第二轮建设规划期间，济南轨道交通集团有限公司委托相关单位对第二轮建设方案进行了泉水环境影响评价。本次泉水环境影响评价是第一轮线网规划、建设规划阶段泉水环境影响评价的后续工作。在前期工作的基础上，针对性地开展工程地质勘查、水文地质勘查、地球物理勘探、水文地质试验等现场工作，取得了针对本阶段规划线路泉水环境影响评价的主要结论：

（1）规划项目避开了核心泉域，适宜修建轨道交通。

（2）项目位于补给区范围内的，按照论证埋深，不影响地下水的径流，且规划线路均位于原有道路以下，不影响泉水补给。对于车站，结合海绵城市设计，增强雨水的蓄、滞、渗等措施，从而不影响泉水补给量。

（3）项目位于汇集排泄区的，按照论证埋深，采取盾构不降水施工，结合回灌措施，从而不影响下游泉水、附近泉水。

经过长期大量的研究工作，轨道交通建设对泉水影响评价有了阶段性的、明确的结论：轨道交通项目采用合理的设计、实施方案，可以有效地避免对泉水的不利影响，济南市加快发展轨道交通的时机已渐成熟。因此，轨道交通作为一种绿色环保的交通形式，在强化城市交通功能的同时，可以很好地保持济南历史文化名城特色和城市格局的完整性，避免对泉水的不利影响，为彰显泉城特色，传承历史文脉，融合现代文明，打造山水相融、特色鲜明、底蕴深厚的魅力泉城提供有力保障。

1.3 济南轨道交通总概况

如图1-2所示，济南市轨道交通在建线路为R1、R2、R3（对应已运营的1号线、2号线、3号线），另有多条线路处于规划阶段。如图所示，在城区内地质条件非常复杂，包含了第四纪沉积物、石灰岩和辉长岩。城区内有两种类型的地下水：孔隙水和岩溶水。根据地层结构、石灰岩顶部的埋深、岩溶水的埋深以及地铁系统的影响范围，可以把泉域分为三个区域（A、B、C）。

1.3.1 济南轨道交通R1线概况

济南市轨道交通R1线南起工研院站，北至方特站，全长26.1km，其中高架线长约16.2km，过渡段长约0.2km，地下线长约9.7km，设置车站11座，含地下站4座，高

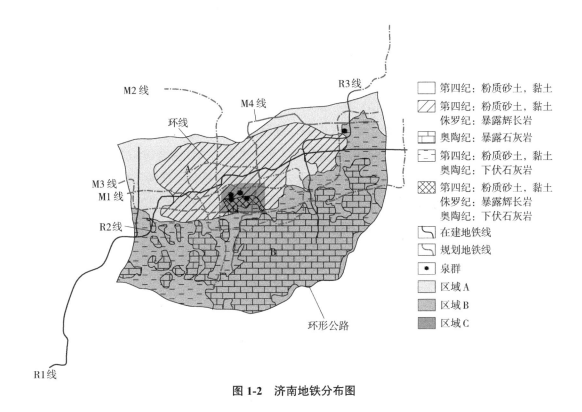

图 1-2 济南地铁分布图

架站 7 座,全线设置车辆综合基地一处。R1 线位于济南市西部新城区,途经长清区、槐荫区,覆盖崮山、腊山等城市片区中心,衔接长清的创新谷、园博园、大学城、济南西站等重点区域,是济南市西部新城区一条南北向的轨道交通线,有效加强了西部新城区与主城区之间的联系。

R1 线地下段沿线主要为冲洪积平原地貌,局部低山丘陵地貌。地下段沿线由入地点至里程 K30+200 附近及里程 K31+700~K34+500 附近为山前冲洪积平原地貌,其中在里程 K30+200~K31+700 附近区域位于腊山附近,为低山丘陵地貌;由里程 K34+500 附近至终点为黄河、小清河冲洪积平原地貌。

1.3.2 济南轨道交通 R2 线概况

济南市轨道交通 R2 线为东西向的市域快线,连接了腊山片区、西部新城核心区、老城区、高新区及唐冶新城等重点区域,是缓解东西向交通压力、支撑带状城市空间拓展的一条轨道交通骨干线路。沿线主要经过腊山、西客站、八里桥、堤口路等 13 个片区。济南轨道交通 R2 线一期工程西起王府庄站,沿刘长山路、拥军路、烟台路、张庄路、堤口路、北园大街、七里堡路、祝舜路、黄台南路、飞跃大道走行,东至彭家庄站,涉及槐荫区、天桥区、市中区、历城区、历下区五个行政区,全长约 36.4km,设置车站 19 座,包含地下车站 18 座,高架车站 1 座。R2 沿线穿越地貌形态主要处于山前倾斜平原区,起伏较大。

1.3.3 济南轨道交通 R3 线概况

R3 线在线网中是城区东部贯通南北向的一条市域快线,连接济南东站、遥墙机场等对外枢纽。一期工程是沿济南市次中心发展轴南北走向的骨干线路,线路连接了城市规划的奥体片区及济南新东站两个城市次中心,线路南起龙洞庄站,沿龙鼎大道—奥体西路—工业北路—济南新东站南北向中轴线走行,北至滩头站,线路全长约 21.57km,全部为地下敷设方式,设车站 13 座,其中换乘站 7 座,南端设龙洞停车场,北端设济南东车辆段。二期工程南起滩头站,沿机场路走行至遥墙机场站,线路长约 12.9km。

第 2 章

泉城水文地质

2.1 济南市地下储水空间的特征分析

2.1.1 济南市地形地貌概况

济南市位于北纬36°40′，东经117°00′，南依泰山，北跨黄河，处于鲁中山地与鲁北平原的过渡地带，市区西北部为黄河与山前冲洪积平原，南部为山地，地势南高北低，呈东西带状狭长分布。地层由老到新依次出露有太古界泰山岩群；古生界寒武系、奥陶系、石炭系及二叠系；新生界第三系及第四系。其中，奥陶系碳酸盐岩分布于济南市的中南部，总厚度近1000m，是济南泉域主要含水岩组，四系分布广泛，主要分布在山前倾斜平原、北部黄河冲积平原地带（图2-1）。

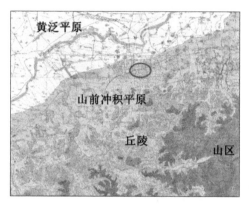

图2-1 济南市地形地貌示意图

2.1.2 济南市地质分区

济南市区工程地质主要分五种岩土体结构类型。Ⅰ区：第四系土体单元结构，主要分布在主城区西北部、东北部。第四系揭露最大厚度为60m，主要为填土、粉质黏土，局部分布有黄土、细中砂、黏土、粉土、碎石。西北部京沪高铁附近存在一层较厚黄土层，厚度为8～15m，最厚可达26m，顶板埋深约0～3m。Ⅱ区：灰岩岩体单元结构，主要分布在主城区东南部灰岩裸露区。主要岩性为泥质灰岩、豹皮灰岩、白云质灰岩、大理岩、角砾岩等。岩石大部分比较完整，风化程度多为中风化或微风化，一般顶部灰岩溶蚀裂隙发育，有少量溶洞发育。Ⅲ区：第四系土体+灰岩双元结构，主要分布在主城区西南部和中东部。第四系主要为填土、粉质黏土，局部分布有厚度为2～10m的碎石层和厚度为9～13m的胶结砾岩。石灰岩埋深普遍较浅，一般10m以内，整体由东向西逐渐变深。本区灰岩裂隙普遍较发育，岩芯溶孔、溶洞较发育等，揭露最大溶洞直径达7.5m，有少量黏性土充填。Ⅳ区：第四系土体+辉长岩双元结构，主要分布在主城区中北部。第四系揭露最大厚度为60m，主要为填土、粉质黏土、碎石，局部分布有细中砂、粉土。局部存在厚度为4～10m的碎石层和厚度为2～5m的淤泥层。辉长岩是第四系沉积基地，埋深由南往北逐渐增加，上部有厚度为3～20m的风化层。Ⅴ区：第四系土体+辉长岩+灰岩组合的多元结构类型，分布在泉水出露区，即济南市核心区。第四系厚度6～18m，主要为填土层、粉质黏土、碎石、黏土、残积土。受千佛山断裂和文化桥断裂的控制，该区灰岩地层相对抬高，因此辉长岩厚度较薄，在趵突泉—黑虎泉一带10m左右，泉城路一带30m左右，上部普遍存在一层厚度5~25m的风化层。在趵突泉、黑虎泉周边地带及泺源大街、泉城路等局部地带分布奥陶系灰岩天窗，地下水穿过岩溶裂隙，在天窗处喷涌而出，形成天然泉水。济南地区地下水系统及断层如图2-2所示。

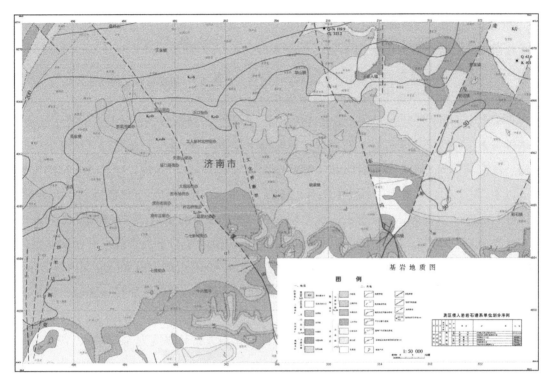

图2-2　济南市基岩地质图

2.1.3　济南市地下储水空间分区

对地下水人工回灌的出水空间，一般要求：具有一定规模，如储水空间太小，则地下水人工回灌的效果不易发挥或体现；储水介质具有良好的水力传导条件（渗透性能），利于补给水在地下空间的扩散；储水空间具有相对封闭的边界条件，有利于补给水的储存和调控管理；具有良好的补给途径，一般要求储水区上覆地层的入渗能力较强，包气带内无厚度较大的区域性隔水层存在，有利于接纳大气降水入渗补给和浅层地下水人工补给工程的建设。

根据济南的地质特性，需划分出不同的储水空间。济南地区位于鲁中山地和华北平原的交接地带，根据地形地貌条件，可划分为两个一级水文地质分区，即山丘区、平原区；根据地层岩性和地下水的赋存条件，可将一级区进一步划分为基岩山区、岩溶山区、山前倾斜平原区、黄河冲积平原区四个二级区。

根据含水介质的特点以及地下水在含水层中的运动、储存特点，济南地区可划分为不同含水层（组）及地下水类型，各类型含水层（组）受到相邻隔水层（组）的控制，虽然形成了各自独立的循环条件，但因构造作用的影响，其在区域地下水总循环中又是有机联系在一起的（图2-3）。

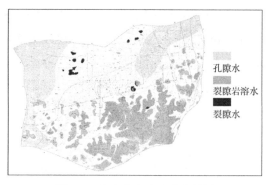

图2-3 济南市水文地质分区图

2.1.3.1 松散岩类孔隙水含水层（组）

松散岩类孔隙水含水层（组）主要分布在山区河谷和山前河流形成的冲洪积平原以及北部黄河冲洪积平原地带。山间河谷内含水层呈带状分布，厚度为5~15m，局部可达30m。含水层岩性由砂砾石及卵石夹黏土组成，分选性极差，水位及富水性随季节变化，单井出水量50~300m³/d。玉符河、北沙河、巨野河、巴漏河等河流中下游的冲洪积平原的第四系厚度为50~140m，主要含水层埋深在70m以上，其上部含水层为中砂及中粗砂夹砾石，分选性一般较好。下部砂砾石中夹黏土，分选性差。70m以下为黏土夹砾石，含水层东西（横向）分布不均，多呈透镜状；70m以上富水性较好，单井出水量1000~2000m³/d，在河流沿岸及与下伏岩溶水有密切联系部位，单井出水量可大于2000m³/d。近山前水位埋深10~30m，远离山前水位埋深约3~8m，其中东部地区巴漏河下游含水层岩性为中粗砂及砾石夹黏土，厚度为15~30m，单井出水量500~2000m³/d，水位埋深4~7m。

山前岛状山地带分布松散岩类，厚度及岩性变化很大，其厚度为5~20m，含水层主要是黏土裂隙及黏土夹砾石层，水位年变化幅度大，一般在10m左右，富水性差，单井出水量约为10~30m³/d。

黄河冲积平原浅层地下水埋藏条件及分布规律主要受黄河古河道的变迁和改道环境所控制，在平面分布上，古河道带与古河道间带相间分布，呈南西—北东方向延伸，显示了黄河古道变迁的规律性。古河道带地下水含水层厚度大，颗粒粗，富水性强，水质较好；古河道间带含水层厚度则较小，颗粒细，富水性及水质较差。在垂向分布上，含水砂层层位分布稳定，顶板埋深5~13m，底板埋深30~35m，砂层多为2~3层，含水层岩性为粉细砂或细砂。古河道带含水层单层厚度4~15m，总厚度12~24m，富水性好，单井涌水量一般为30~40m³/h；古河道间带含水层单层厚度则较弱，约为1~8m，含水层总厚度4~17m，单井涌水量一般为25~30m³/h，水质较差。水位年变化幅度一般小于2m（图2-4）。

2.1.3.2 碳酸盐岩裂隙—岩溶含水层（组）

该含水层（组）由寒武系中统张夏组、上统凤山组和奥陶系含水层组成，其中张夏组鲕状岩的顶、底皆为页岩所隔，形成一单独含水层。

（1）凤山组至中奥陶八陡组含水层，岩性为厚层纯灰岩、白云质灰岩、灰质白云岩、白云岩和泥质灰岩。岩溶裂隙发育且彼此连通，导水性强，有利于地下水的补给、径流

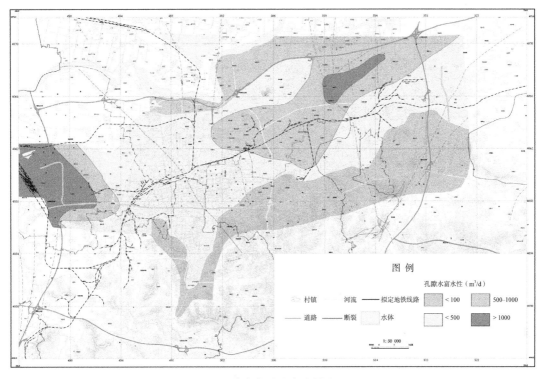

图 2-4　济南市孔隙水水量分区图

和富集，在重力作用下，形成一个具有统一水面的含水体。受分布位置及构造、地形、埋藏条件的影响，该含水层富水性相差悬殊。

在低山丘陵区，灰岩直接裸露地表，裂隙岩溶发育，有利于大气降水的渗入补给，从而成为岩溶地下水的补给径流区。该区地下水交替强烈，但不利于地下水的储存富集，单井出水量一般小于100m³/d；在地形、构造及地表水补给有利地段，单井出水量则可大于500m³/d。地下水位埋深50～100m，甚至大于100m，水位年变化幅度20～50m，成为供水较困难的贫水区。

丘陵及部分岛状山分布区，含水层主要为奥陶系灰岩，其部分裸露，部分隐伏在10～20m的第四系松散层下，呈带状分布，浅部岩溶裂隙发育。地下水主要接受大气降水补给及上覆松散岩类孔隙水的渗入补给，局部还接受地表水的补给，富水性中等，单井出水量为100～1000m³/d，局部由于构造控制，单井出水量则可大于1000m³/d。

山前倾斜平原以及单斜构造前缘，含水层岩溶裂隙发育，地下水储存于裂隙溶洞中，渗透系数一般皆大于100m/d。在西部地区、市区和东部一带钻孔出水量皆很丰富，一般单井出水量可达1000～5000m³/d，局部地区大于10000m³/d。水位埋深一般小于10m，局部地区自流，水位年变化幅度一般为3～4m。另外，位于单斜构造前缘，在岩体及石灰、二叠系以下埋藏较深的碳酸盐岩（其顶板埋深大于400m）岩溶一般发育较差，水交替循环缓慢，富水性较差，单井出水量一般小于1000m³/d。由于承压水位埋藏较浅，有的自流。

（2）寒武系中统张夏组灰岩，主要分布在南部山区，局部裸露地表，含水层顶、底板分别是具有相对隔水作用的上统崮山组页岩和中统徐庄组页岩。灰岩顶部及底部岩溶发育，富水性中等。裸露区单井出水量小于100m^3/d，隐伏区单井出水量则为500~1000m^3/d。但在北沙河、玉符河、巨野河、巴漏河两岸及构造与地形有利地段，富水性增强，单井出水量可大于1000m^3/d，且局部承压自流（图2-5）。

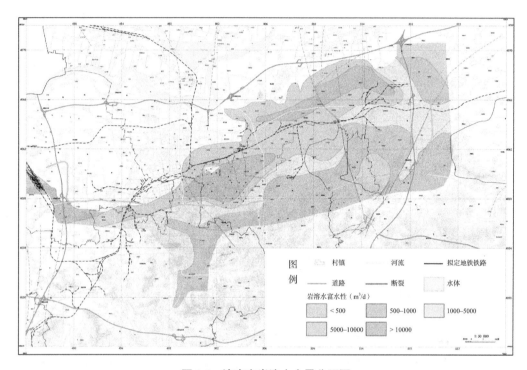

图2-5　济南市岩溶水水量分区图

2.1.3.3　碎屑岩夹碳酸盐岩溶—裂隙含水层（组）

该含水层（组）分布于区内中南部，由寒武系下统馒头组、中统徐庄组及上统长山组灰岩组成，其中馒头组由于相变，其底部的灰岩在本区变薄，长山组虽然灰岩组合比例大，但灰岩多为薄层，岩溶不发育，故也列入裂隙含水层（组）内。由于上述含水层灰岩与页岩成夹层或互层，故裂隙不发育，富水性差，单井出水量一般小于100m^3/d；在构造、地形适宜的地段，单井出水量也可达100~500m^3/d。该含水岩层分布的地势一般较高，且有页岩隔水，相互无水力联系，因此地下水无统一的水面形态。在沟谷切割或构造的控制下，往往出现阶梯水位。地下水流向受地层倾向及地形坡度控制。地下水水位埋深变化很大，一般为5~10m，局部受构造影响而自流。

2.1.3.4　变质岩及岩浆岩裂隙含水层（组）

该含水层（组）岩性主要为花岗片麻岩、板岩以及辉长岩、闪长岩等，地下水主要在岩石风化带的孔隙和裂隙中赋存与运动，风化带厚度一般在10~15m。由于裂隙细小，故富水性极差且不均匀,单井出水量一般小于100m³/d。变质岩区季节性裂隙泉较多,但流量甚小。地下水流向与地形坡向一致,以基流形式汇入沟谷河流,以表流形式向碳酸盐分布区排泄。

2.1.4 济南市岩溶水系统分区

地下水资源的分布与开发利用,受自然地理条件、含水层空间结构、社会经济状况、产业结构布局、城市化进程等诸多因素的影响和制约。在不同的地下水系统中,这些因素的作用和影响程度都有明显的差异。因此,开展地下水系统环境和结构分析,对地下水系统进行合理划分,确定不同层次地下水系统的区、级,是更准确评价地下水资源的基础,是进一步运用地下水系统理论进行地下水资源合理开发利用研究、对地下水资源进行科学管理和正确认识地下水资源开发利用与环境保护之间相互关系的前提。

地下水系统区是指具有相似的水循环特征且在地域上相互毗邻的地下水系统组合体。区域内地下水系统的输入和输出受相似气候条件或地表水系等的影响,使得区内所包含的地下水系统的循环特征具有一定的共性。每个地下水系统区可包含若干个子地下水系统。依据地下水系统理论及地形地貌、大地构造、水文地质特征、气候、地表水系等差异,地下水系统划分应重点考虑地下水系统的自然属性(图2-6)。

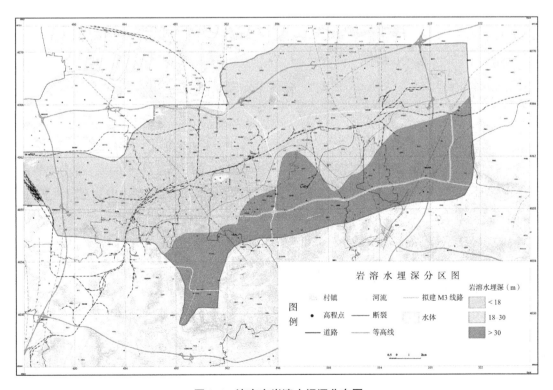

图2-6 济南市岩溶水埋深分布图

2.2 区域水文地质

2.2.1 济南泉水概况

济南因为其丰富的泉水喷涌而被称为"泉城",据统计总共有 733 处泉水,城区内有 433 处。济南喀斯特泉流域是一个紧密联系的地下水系统,地下水补给、径流以及排泄是全面且独立的。图 2-7 所示为济南泉水分布,根据分布、数量、地质结构以及泉水动力特征,济南泉水可以划分为十个泉群。

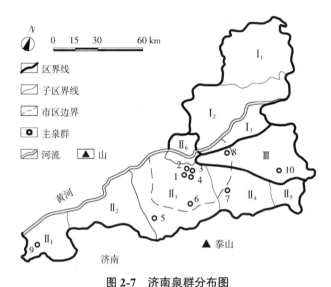

图 2-7 济南泉群分布图

1—趵突泉;2—五龙潭泉;3—珍珠泉;4—黑虎泉;5—裂袭泉;
6—清水泉;7—玉河泉;8—白泉;9—百脉泉;10—洪范池泉

图 2-8 所示为 B-B′ 截面水文特征,显示了区域水文条件和泉水的形成。济南地势南高北低,变化显著,相对高差约 500～600m。南部为绵延起伏的山区,泰山山脉走向近东西,山势陡峻,深沟峡谷;中部为低山丘陵,地势坡度较缓,沟谷宽阔,冲沟发育,绝对标高 250～500m,相对标高 100～250m;北部则为山前倾斜平原及黄河冲积平原。济南市区就位于山区和平原的交接部位,北临黄河,南至低山丘陵区。灰岩之上第四系覆盖层厚度由南向北逐渐加深,北部最厚处约 130m。喀斯特结构的单斜结构,水资源易于流入北部平原。如图所示,裂隙水以及喀斯特裂隙水发育于南部高山地区的变质岩内,含水层补给主要来自于大气降水。

济南泉水来源于市区南部山区,大气降水渗漏地下顺岩层倾斜方向北流,至城区遇侵入岩阻挡,承压水出露地表,形成泉水。济南南部山区为泰山余脉,自南向北有中山、低山、丘陵,至市区变为山前倾斜平原和黄河冲积平原的交接带,高差达 500 多米,这

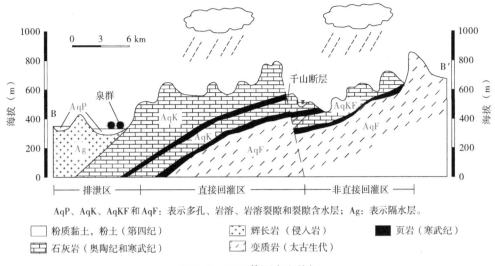

图 2-8　B-B′ 截面水文特征

种南高北低的地势，利于地表水和地下水向城区汇集。

在地质构造上，南部山区属泰山隆起北翼，为一平缓的单斜构造。由于北侧断裂切断，形成许多小断块，其中千佛山堑断块是构成城区泉群的构造基础。山区以前震旦系变质岩为基底，上面布有 1000 多米厚的寒武系和奥陶系石灰岩岩层。岩层以 3°～15° 倾角向北倾斜，至市区埋没于第四系沉积层之下。在漫长的地质年代，这些可溶性灰岩，经过多次构造运动和长期溶蚀，岩溶地貌发育，形成大量溶沟、溶孔、溶洞和地下暗河等，共同组成了能够储存和输送地下水的脉状地下网道。市区北部为燕山期辉长岩—闪长岩侵入体，质地细密，岩质坚硬，隔水性能好。千佛山断块西有通过纬一路的千佛山断层；东有穿过解放桥和老东门的羊头峪断层，这样就组成了东西北三面阻水岩体，构成了三面封闭的排泄单元。南部山区，在灰岩出露和裂隙岩溶发育的地方，吸收大量的大气降水和地表径流，渗入地下形成了丰富的裂隙岩溶水。这些裂隙岩溶水，受太古界变质岩的隔阻，沿岩层倾斜的方向，向北作水平运动，形成地下潜流，至城区遇到侵入岩岩体的阻挡和断层堵截，地下潜流大量汇聚，并由水平运动变为垂直向上运动，促进了岩溶发育和水位抬高，在强大的静水压力下，地下水穿过岩溶裂隙，在灰岩和侵入岩体的接触地带及第四系沉积层较薄弱处夺地而出，涌出地表，形成天然涌泉。

从地形方面来看，济南南部为泰山余脉，北部为平原，地势南高北低，为地下水提供了由南向北汇集运动的地形条件。

从地质方面来看，济南市区南部以石灰岩分布为主。石灰岩由于受到流水的溶蚀，地下多孔隙或溶洞，这为地下水提供了汇集和流动的空间。济南市区北部为坚硬的辉长岩，地下水很难进入，因此在济南市区附近形成了相对较大的地下水压力区，由南部山区源源不断输送而来的地下水便在济南市区冒出，形成泉（图 2-9）。

图 2-9　趵突泉和黑虎泉

济南泉域以济南单斜为主体，奥陶系马家沟组灰岩、白云岩、泥质灰岩裂隙岩溶含水岩组是本区的主要供水目的层。裂隙岩溶含水岩组可分为三个相对集中富水的富水地段，即济南西部富水地段、济南市区富水地段和东郊富水地段，三个富水地段均建有集中供水水源地。

济南泉域岩溶水水位处于多年动平衡状态。泉域内地下水位标高：西郊高于市区，市区又高于东部工业开采区。

2.2.2　泉水成因

1. 济南四大泉群形成概述

济南泉水的形成与地形、地层、地质构造和水文地质条件密切相关，大气降水和地表水渗入补给岩溶水系统后，岩溶水由南向北运动。由于地下有大面积的岩浆岩体分布，又受到北西向千佛山断裂和文化桥断裂的切割，市区泉城路以北两断裂间地层相对上升。普利门以东到文化桥以西石灰岩地层向北突出，岩浆岩在西、北、东三面将由南向北径流的岩溶水阻挡，在较高的水头压力下，岩溶水沿石灰岩裂隙岩溶通道和局部岩浆岩裂隙穿过松散层或被溶蚀的砾石层涌出地面，形成济南市区诸泉。除区域地质、水文地质条件、地形、地势、地貌外，济南泉水形成还必须具备两个主要因素：①石灰岩岩溶、裂隙必须很发育，如黑虎泉、趵突泉。②构造或裂隙发育，存在较大的构造断裂、裂隙，如五龙潭、珍珠泉。石灰岩岩溶不发育或构造裂隙不发育的地段均不易形成泉（图 2-10）。

2. 白泉泉群形成概述

白泉泉域泉水是由来自济南东南部补给区的岩溶地下水径流至纸房村附近，遇到西侧济南岩体和北侧石炭二叠系的阻隔，在南北高差的压力下，使部分岩溶水在地形低洼部位通过松散土层上升而形成。其成因机理（图 2-11）有以下几点：

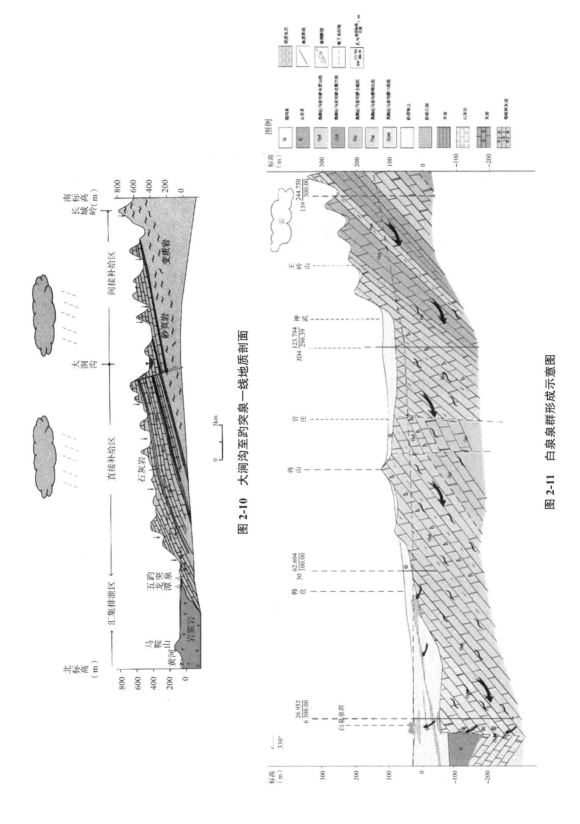

图 2-10 大涧沟至趵突泉一线地质剖面

图 2-11 白泉泉群形成示意图

(1)岩层倾向与地势倾斜的一致性是泉水形成的地质地貌基础。济南位于泰山背斜北翼的单斜构造区,岩层总体上倾向向北。向北倾斜的单斜构造与南高北低地势的一致性,为泉水的形成奠定了地质地貌基础。

(2)岩溶裂隙发育的巨厚石灰岩层为白泉泉水之源——岩溶地下水的补给、储存、运移提供了良好介质和通道。

(3)石炭—二叠系阻隔与周边断裂分布是泉水形成的关键。来自东南部补给区的岩溶地下水径流至白泉附近,遇到西侧岩浆岩体和北侧石炭、二叠纪砂页岩的阻隔以及北部石炭、二叠纪砂页岩的阻挡后转为由东南向西北运动,产生"壅水"现象,在这些阻隔地段形成岩溶水的强富水区,同时由于东坞断裂、冷水沟断裂、纸房断裂等沟通,使部分承压岩溶水顶托补给松散岩类孔隙水上升成泉。

(4)第四纪地层具有较强的透水性是泉水出流的条件。在白泉泉域径流排泄区,第四纪地层主要为粉质黏土和碎石,均有较强的透水能力。岩溶水向北径流遇到阻拦后,透过厚层的第四纪地层向上喷涌而出,长年的水流使第四纪地层中形成了管流式涌水通道而成泉。

大气降水、地表水下渗是岩溶水的主要补给来源。白泉泉域岩溶水的补给来源主要为白泉南部山区基岩裸露区的大气降水入渗补给和地表水的渗漏补给。

2.2.3 含水岩组的划分及其水文地质特征

根据含水介质的特点以及地下水在含水层中运动、储存的特点,济南地区可划分为三大含水岩组,即:松散岩类孔隙含水岩组;碳酸盐岩裂隙岩溶含水岩组;岩浆岩及碎屑岩裂隙含水岩组。其富水性因岩性及所处的地形地貌不同差别很大,各类型含水岩组受到相邻隔水层(组)的控制,虽然形成了各自独立的循环条件,但因受构造作用影响,在地下水总循环中又有机地联系在一起(图2-12)。

各含水岩组主要特征分述如下。

1.松散岩类孔隙含水岩组

松散岩类孔隙含水岩组主要分布在小清河一带、山前河流形成的冲洪积平原和山区河谷地带,大致呈由南向北逐渐增厚的趋势。山间河谷内含水层呈带状分布,厚度5~15m,局部达30m以上,主要分布在玉符河及北沙河上游地段,含水层岩性以砂砾石及卵石夹黏土组成,分选性极差。水位及富水性随季节变化,单井涌水量一般小于100m³/d。

玉符河、北沙河中下游的冲洪积平原的第四系厚度50~140m,主要含水层埋深在70m以上,富水性较好,单井涌水量大于1000m³/d。东部地区巴漏河下游含水层岩性为中粗砂及砾石夹黏土,厚度15~30m,单井涌水量500~1000m³/d,水位埋深4~7m。

山前岛状山地带分布的松散岩类,厚度及岩性为粉砂及粉细砂,地下水受到黄河侧渗补给,但因含水层颗粒较细,富水性弱,单井涌水量一般小于100~500m³/d,地下水位埋藏浅,一般为0.5~1.5m,水位年变幅1m左右。

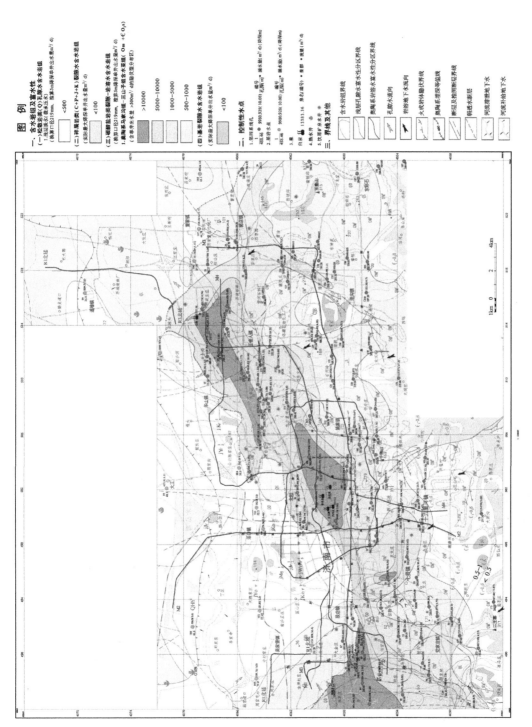

图 2-12 区域水文地质图

白泉汇集排泄保护区附近,第四系渗透能力较强,富水性较好,厚度 45~80m,单井涌水量大于 1000m³/d,水位埋深 1~5m。

2. 碎屑岩及岩浆岩裂隙含水岩组

碎屑岩裂隙水主要赋存于石炭—二叠纪砂岩夹薄层灰岩地层之中,而岩浆岩裂隙水主要赋存于闪长岩、辉长岩风化裂隙中,风化带厚度一般在 10~15m。因裂隙细小且连通性差,故富水性极差且不均匀,单井涌水量一般小于 100m³/d。

3. 碳酸盐岩裂隙—岩溶含水岩组

该含水岩组主要包括寒武系张夏组、寒武系上统炒米店组和奥陶系三山子组及马家沟组。

岩溶水富水性有很大差异:在丘陵及部分岛状山分布区,单井涌水量 500~1000m³/d,局部由于构造控水,单井涌水量可大于 1000m³/d。山前倾斜平原以及单斜构造前缘渗透系数一般皆大于 100m/d,在西部地区、市区和东郊一带钻孔出水量皆很丰富,一般单井涌水量可达 1000~5000m³/d。在水头低洼、岩溶发育地区,包括四大泉群汇集排泄区和白泉泉群汇集排泄区,单井涌水量大于 10000m³/d。岩溶水位埋深自南向北逐渐变小,补给区南部一般大于 80m,排泄区一般小于 15m,在峨眉山以西,水位埋深一般小于 10m,局部地区自流,在白泉汇集排泄区一般小于 5m。

2.2.4 地下水的补给、径流与排泄

2.2.4.1 岩溶水的补给、径流与排泄

1. 岩溶水的补给

岩溶水的补给主要有以下四种类型。

1)大气降水入渗补给

这是本区岩溶水补给的主要方式。评价区的南部灰岩大面积裸露,地表裂隙岩溶较发育,有利于降水及地表水入渗,灰岩含水层水位随降水变化迅速。受降水和地表水的影响,最高水位一般出现在 7 月下旬~9 月中旬,最低水位出现在 5 月中旬~7 月中旬,年变幅 10~80m。动态观测资料证实:地下水位变化与降水在时间上具有同步关系,该区含水层接受大气降水入渗补给能力较强,降水入渗补给的地下水迅速向下游径流。

2)河床渗漏集中补给

由于超渗产流或蓄满产流而使部分降水转化为地表径流,或由于卧虎山水库向河流放水,在河流的渗漏段集中补给岩溶水。

3)大气降水通过第四系覆盖层间接入渗补给岩溶水

玉符河与北沙河中、上游沿河阶地发育有粗砂夹卵砾石含水层,且直接覆盖在灰岩上,大气降水入渗补给孔隙水含水层后,再下渗补给岩溶水。

4)孔隙水补给

玉符河、北沙河中上游沿河发育有粗砂夹卵砾石含水层,随着表流在灰岩区渗漏消失,

砂层中的孔隙水也渗漏补给岩溶水，往往雨季过后在与奥陶纪灰岩接触带的砂层不再含水。而河流上游非灰岩分布地区的第四系砂层即使在枯水期地表无流时仍然含水相当丰富，这部分砂层内的地下水储存量也是岩溶水的补给源。

2. 岩溶水的径流特征

济南地区岩溶水的径流方向和径流强度受地形、地貌、岩性和地质构造等因素控制。径流方向与地形及岩层的倾斜方向大体一致，在接受上述形式的补给后总体由南向北运动。千佛山断裂以东至东坞断裂之间，山区岩溶水总体流向为北北西，水力坡度为2.5‰。千佛山断裂以西，南部山区岩溶水总体流向北西，水力坡度为2.0‰。

3. 岩溶水的排泄

1）泉水排泄

泉水排泄是济南地区岩溶水的最重要排泄方式之一。由于岩溶水向北运动受阻，沿地层薄弱地带于地形较低洼处以上升泉形式出露。

2）人工开采排泄

这是目前泉域岩溶水系统的重要排泄方式。主要包括以下几方面：

（1）水厂：主要包括鹊华水厂、玉清水厂、东郊宿家、中李水厂、济南市奇观矿泉水厂和济南世佳水厂等，分布于评价区东部重点开采保护区及西郊。根据近年资料，日均开采量约为2.75万m^3。

（2）工厂：厂矿企业主要分布于济南市东部开采重点保护区，日均开采量为7.0万m^3。

（3）农业开采：主要分布于城市郊区农田灌区。西部长清往北一带主要为岩溶水井，东郊白泉附近主要为第四系水井，第四系和奥陶纪灰岩直接接触，水力联系密切，开采过程中主要受岩溶水顶托补给，因此，灌溉井基本上直接或间接取自岩溶水。农业灌溉期间日均开采量为8.8万m^3。

（4）自备井：自备井较为分散，日均开采量为5.6万m^3。

（5）工程建设：评价区由于区域含水层富水性差异很大，故基坑降水量难以统计，水位较低的市区一带，已有硬化率较高，工程建设较少。本次工程建设泉域径流排泄区内，应采取先进施工方法，将基坑降水量尽可能降低。

3）补给第四系含水层

较为明显的是在西郊玉符河、北沙河形成的山前冲洪积平原区，第四系含水层在局部地区直接与奥陶纪灰岩接触，周王庄以西、石马村以北、双庙周围等地区第四系含水砂层直接覆盖在奥陶纪灰岩之上，下部岩溶水承压水位高于第四系孔隙潜水水位，产生水力联系，岩溶水顶托补给第四系含水层。

4）表流排泄

比较明显的是在西郊玉符河一带，曾有两个地下水溢出点，一处在丰齐—周王庄，另一处在老龙王庙一带，此处历史上是小清河的源头。

2.2.4.2 孔隙水的补给、径流与排泄

1. 山前倾斜平原第四系松散岩类孔隙水的补给、径流与排泄

孔隙水主要富集于山前冲洪积扇内，地下水的补给源充沛，除接受大气降水补给外，山区地下水侧向径流补给、河流入渗补给，都是主要补给源。

冲洪积扇的前缘粗颗粒逐渐减少，从而相对阻水，有利于地下水的储存，一般冲洪积扇的首部和中部是地下水最富集的部位。

蒸发和侧向径流是孔隙水的主要排泄途径。少量也以泉、补给河流以及补给岩溶水的方式排泄。

2. 黄河冲积第四系松散岩类孔隙水的补给、径流与排泄

主要接受大气降水和黄河水侧向补给，地下水自黄河向两侧运动。人工开采、蒸发及向小清河排泄是其排泄途径。

2.2.4.3 裂隙水的补给、径流与排泄

该含水层相对致密，风化裂隙差，富水性及渗透能力较差，一般单井涌水量小于 $100m^3/d$。

1. 碎屑岩裂隙水的补给、径流与排泄

在评价区东部，白泉泉域汇集排泄区局部分布石炭二叠纪泥岩、砂岩。受地质构造及地下水径流的影响，地层局部较为破碎，风化裂隙较为发育，但整体较为完整。该地层富水性较差，主要受岩溶水顶托补给和第四系入渗补给，以侧向径流方式排泄。

2. 岩浆岩裂隙水的补给、径流与排泄

岩浆岩裂隙水，主要接受孔隙水和岩溶水补给，以侧向径流的方式排泄。

2.2.5 各含水层水力联系

1. 裂隙水与孔隙水及岩溶水

评估区内，裂隙水普遍存在水量较小、水质变化较大的特点。主要原因是辉长岩岩体富水性较差，主要补给源为孔隙水或岩溶水，水质与补给源具有一定关联。由于孔隙水与岩溶水水质一般存在明显的区别，导致裂隙水水质变化较大。

裂隙水受孔隙水或岩溶水的补给，因此裂隙水一般与其接触的孔隙水或岩溶水，具有一定的水力联系，但总体上裂隙水含水层辉长岩风化层渗透系数较小，在无大的断裂构造影响下，裂隙水含水层与孔隙水含水层、岩溶水含水层水力联系微弱。

2. 孔隙水与岩溶水

在趵突泉泉域及白泉泉域，孔隙水与岩溶水关系复杂。

在腊山—王官庄—文化路—工业南路一带，孔隙水与岩溶水含水层直接接触，且其含水层之间无明显隔水层，孔隙水含水层直接覆盖于岩溶水含水层之上。孔隙水水位稍高于岩溶水水位，此时孔隙水补给岩溶水。

在四大泉群出露区，由于隔水性辉长岩、黏性土地层的分布，在大部分区域，阻隔了孔隙水含水层与岩溶水含水层，二者之间水力联系微弱；但在趵突泉、黑虎泉、舜井等区域，具有隔水特征的含水层缺失，形成天窗，此时孔隙水与岩溶水水力联系密切。

在白泉附近，孔隙水含水层较厚，具有较高水头的岩溶水顶托补给孔隙水，孔隙水与岩溶水具有相同的变化趋势，但一般岩溶水水头稍高于孔隙水。如2016年3月2日，白泉所钻探的岩溶水水位标高为25.40m，白泉泉池水位标高为24.60m，二者水质一致，岩溶水水头高于白泉0.80m。此区域的抽水试验显示，岩溶水大规模抽水时，孔隙水水位明显下降，说明二者之间具有明显的水力联系。

在西郊腊山、平安店一带，亦存在孔隙水含水层直接覆盖于岩溶水含水层之上的情况，如在王府庄，孔隙水含水层直接覆盖于岩溶水含水层之上，二者之间无相对隔水层，水力联系明显。

孔隙水与岩溶水之间是否存在隔水层及隔水层的特征等，决定了二者之间是否具有水力联系以及水力联系的强弱。

2.2.6 岩溶水的动态特征

大气降水是济南地区泉水最重要的补给来源。岩溶水的动态特征主要受大气降水控制，并呈现一定的滞后性。降水量决定了水资源量。而济南年内降水量分布极不均匀，汛期6~9月降雨占全年雨量的70%；同时7~8月也是河川径流的主要形成期，汛期形成的水资源量占绝大部分，冬春很少。

根据近五年的降雨资料，2012年最接近济南年均降雨量，故采用更能反映济南水文情况的2012年度降雨和水位资料来分析岩溶水动态变化规律。2012年全年降水量569.2mm，各月降水量分配见图2-13、图2-14。

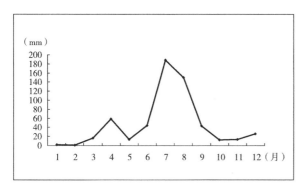

图2-13 2012年降水量图

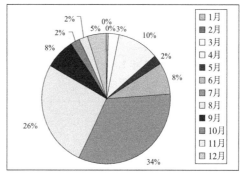

图2-14 2012年降水量分配图

2012年各月大气降水量的分布，遵从济南市多年来降水量分布的总体特征。1~5月，降水量约占全年的16.2%；6~9月，降水量占全年的74.6%，特别是7~8月，降水量占全年的60%；10～12月，降水量占全年的9.2%。

济南地区岩溶水水位、泉水涌水量，随大气降水变化而变化。2012年，泉域水位自1～4月，降水量较小的时间段，水位呈逐月下降的趋势；在6～9月，随着雨季的来临，水位不断攀升，到9月达到全年最高值；10～12月，随着雨季的结束，水位缓慢下降。泉域范围内，典型监测点全年水位变化如图2-15～图2-18所示。

图2-15所示为补给区崔马庄催1水井曲线，图2-16所示为趵突泉水位曲线，图2-17所示为泉域西郊水位曲线，图2-18所示为泉域东郊水位曲线，可以看出，泉域范围内，岩溶水水位曲线变化特征趋于一致，均随雨季的到来水位升高。泉群的流量亦呈现与水位变化一致的特征，雨季水位较高时，对应的流量较高，旱季降水量较小时，水位降低，流量相应减小，见图2-19、图2-20。

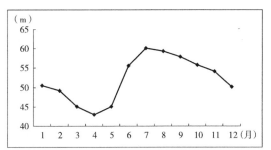

图2-15　2012年催1（泉域南部）水位变化曲线图

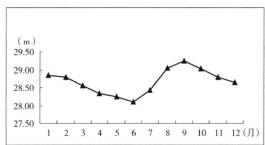

图2-16　2012年趵突泉（泉域中心）水位变化曲线图

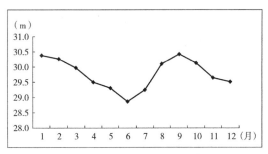

图2-17　2012年KA5（泉域西部）水位变化曲线图

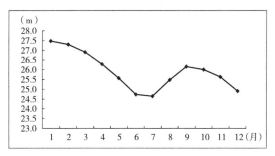

图2-18　2012年E33（泉域东部）水位变化曲线图

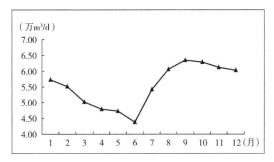

图2-19　2012年趵突泉流量变化曲线图

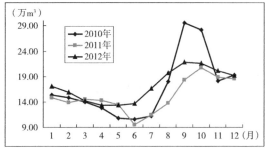

图2-20　2010～2012年四大泉群总流量变化曲线图

2.2.7 岩溶水的化学特征

通过对近几年水样资料的统一整理和分析可知，泉水出露区附近岩溶水水化学成分中，阳离子以 Ca^{2+} 为主，含量为 80~123mg/L，其次为 Mg^{2+}，含量为 15~24mg/L；阴离子以 HCO_3^- 为主，含量为 171~338mg/L，其次为 SO_4^{2-}，含量为 43~107mg/L。矿化度为 492~699mg/L，总硬度为 262~405mg/L，pH 值为 7.1~7.8，岩溶水水化学类型单一，皆为 HCO_3^- 型水，水质良好，反映了岩溶水的总体特征。

矿化度及总硬度：岩溶水水质类型主要取决于岩溶水的循环交替条件，在水交替相对积极的地带，硬度、矿化度较低，在水交替相对滞缓的地带，矿化度、总硬度较高。评价区岩溶水的硬度一般都集中在 250~350mg/L 范围内，矿化度一般集中在 500~600mg/L 范围内，差值都很小。

圣凯、泺文路、黑虎泉的矿化度和总硬度较其他各点都明显偏高，其最主要的因素还是人类活动对其造成的影响。黑虎泉和圣凯都在火成岩形成的"灰岩天窗"内，此区域碳酸盐岩的直接顶板是第四系的碎石土；泺文路距离灰岩裸露区很近，由钻探资料知，其碳酸盐岩直接顶板为全风化辉长岩，厚度较薄，灰岩埋深较浅。人类生活排放的大量固体污染物，经雨水冲刷、溶解，形成垃圾渗漏液，与液体污染物一起，直接垂直下渗，补给岩溶水。污物中的 K^+ 和 Na^+ 入渗后，与碳酸盐矿物产生离子交换，使溶液中的 Ca^{2+}、Mg^{2+} 增加，离子总量增加，矿化度和硬度上升。

以趵突泉水质资料为例，分析近 60 年出露泉群水质变化。1958 年趵突泉水质非常好，接近于天然状态，以此作为分析资料的背景值，1958~2015 年，趵突泉泉水矿化度及总硬度总体呈缓慢上升趋势，增幅较大的为 Cl^-、SO_4^{2-}、NO_3^-。硬度和矿化度的总体变化趋势基本保持一致。各项指标增长情况如下：总硬度由 214mg/L 增长到 360mg/L，增长近 1.73 倍；矿化度由 317mg/L 增长到 593.26mg/L，增长 1.87 倍；Cl^- 由 12.7mg/L 增长到 44.51mg/L，增长近 3.5 倍；SO_4^{2-} 由 11.2mg/L 增长到 70.40mg/L，增长 6.28 倍；NO_3^- 由 4.0mg/L 增长到 35.6mg/L，增长 8.9 倍。由此可见，Cl^-、SO_4^{2-}、NO_3^- 浓度增加幅度较大，反映了随着城区向南扩展，岩溶水水质已经受到了人类活动的影响。

五龙潭、珍珠泉、黑虎泉等检测结果也说明了同样的问题。五龙潭在 1998 年和近年水样对比，各种矿物质含量都有不同程度的增加。

泉水出露区附近岩溶水水质存在变差的趋势，主要原因是人为因素：①20 世纪 50~60 年代初，济南地区人口少，社会经济尚不发达，"三废"排放量少，地下水开采量小，济南泉水水质接近于天然，矿化度较低。随着经济社会的发展，城市人口的增加，工农业迅速发展，"三废"排放量迅速增多，特别是在泉域排泄区和直接补给区分布着较多的工业和生活污染源，污水垂直下渗或侧渗污染地下水。②垃圾堆放和土壤污染，使岩溶水产生氧化还原，污染物随着地下水流速加快而加速运移，地下水溶蚀能力增强，从而促使灰岩中的Ca、Mg的溶解。③大气中含有大量游离氮氧化物、硫氧化物，易被降水溶解，形成SO_4^{2-}、NO_3^-，降水中SO_4^{2-}、NO_3^-含量相应增高，降水质量直接影响地下水质量。④随着城市发展所需供水量增加，地下水的水循环速度加快，促使岩溶水在地下的径流时间变短，水的自净能力变差。

泉水出露区附近岩溶水水质受到一定程度的污染，泉水水质存在变差的趋势。地下水一旦遭受污染，治理和恢复的难度和代价都是巨大的，甚至在一定时期内不可能完全恢复。地下水的污染，也会加快地下建筑中混凝土及钢材的腐蚀速度。

2.2.8 含水岩组的划分及其水文地质特征

根据含水介质的特点以及地下水在含水层中的运动、储存的特点，济南地区可划分为四大含水岩组，即：松散岩类孔隙含水岩组；碳酸盐岩裂隙—岩溶含水岩组；碎屑岩夹碳酸盐岩岩溶—裂隙含水岩组；变质岩及岩浆岩裂隙含水岩组，其富水性因岩性及所处的地貌部位不同差别很大，各类型含水岩组受到相邻隔水层（组）的控制，虽然形成了各自独立的循环条件，但因受构造作用影响，在地下水总循环中又有机地联系在一起。表2-1显示了济南地区主要含水岩组的特征。

济南地区主要含水岩组特征一览表　　　表2-1

地下水类型	含水岩组代号	主要岩性	单井出水量（m^3/d）
松散岩类孔隙水	Q_4	粉砂及粉细砂	< 200
	Q_3 Q_2	中粗砂、砂砾石夹黏土	山前50~300，冲积扇1000~5000
碳酸盐岩裂隙岩溶水	ϵ_2^z、ϵ_3^f、O_1、O_2	鲕状灰岩、灰岩、豹斑灰岩、白云岩	低山丘陵100~500，山前1000~5000
碎屑岩夹碳酸盐岩岩溶裂隙水	ϵ_1、ϵ_2^x、ϵ_3^g、ϵ（中、下部）	以页岩为主间夹少数薄层灰岩	一般<100，局部100~1000
变质岩及岩浆岩裂隙水	Ar、δ	花岗片麻岩、辉长岩、闪长岩裂隙	一般<100

图2-21显示了济南的水文地质，在济南市内主要有四个含水层。所有的含水层都联系成一个水环境整体并受到构造运动的影响。表2-2显示了各个含水层的特征。

松散岩类孔隙含水岩组：主要分布在山区河谷和山前河流形成的冲洪积平原以及沿黄河地带。山间河谷内含水层呈带状分布，厚度5~15m，局部达30m。主要分布在玉符河及北沙河上游地段。含水层岩性以砂砾石及卵石夹黏土组成，分选性极差。水位及富水性随季节变化。

碳酸盐岩裂隙—岩溶含水岩组：该含水岩组由寒武系中统张夏组、上统凤山组和奥陶系含水岩组组成，其中张夏组的顶、底皆为页岩所隔，形成一单独含水层。凤山组至奥

第2章 泉城水文地质

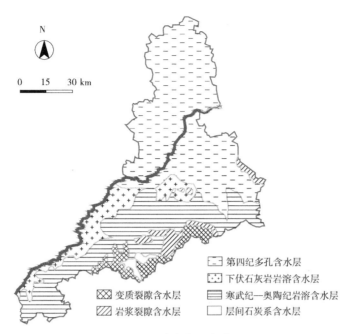

图 2-21 济南水文地质图

图例：第四纪多孔含水层；下伏石灰岩岩溶含水层；变质裂隙含水层；寒武纪—奥陶纪岩溶含水层；岩浆裂隙含水层；层间石炭系含水层

表 2-2 济南含水层群特征（SGMB，1988；Wang，2007；JSMI，2014）

含水层组			特征		地质年代	井流量（m³/d）	补给—排泄状态
含水层组	子组	编号	岩性	厚度（m）			
第四纪多孔含水层（AqP）	AqPI	—	砂砾、黏土砾石	5～15	Q_4	50～100	雨水和河流补给、河流径流；蒸发、径流和人工开采排放
	AqPII	$AqPII_1$	中砂、中粗砂砾	50～70	Q_2、Q_3	1000～2000 部分：>2000	
		$AqPII_2$	黏土砂砾				
		$AqPII_3$	砾石黏土	＜70		—	
	AqPIII	—	粉砂、砂	8～19	Q_4	＜200	
	AqPIV	$AqPIV_1$	粉土、粉、砂	5～30	Q_3、Q_4	500～1000	
		$AqPIV_2$	粉砂、砂	—	Q_2		
		$AqPIV_3$	粉砂、砂	—	Q_1		
岩溶水（AqK）	AqKI	$AqKI_1$	石灰岩、白云石灰岩、方解石白云岩、白云石、泥质灰岩	—	O_1、O_2	100～1000	雨水补给、河床渗漏、上覆孔隙水；泉、径流和人工开采排泄
		$AqKI_2$				1000～5000，部分：>10000	
		$AqKI_3$				＜1000	
		$AqKI_4$		—	$\in_3$	500～1000，部分：>1000	
	AqKII	$AqKII_1$	石灰石	—	O_1、O_2	＜100	
		$AqKII_2$		—	$\in_2$		
层间岩溶裂隙含水层组（AqKF）	—	—	石灰石、页岩	—	$\in_1$、$\in_2$、$\in_3$	＜100，部分：100～500	雨水补给
裂隙含水层组（AqF）	—	—	花岗片麻岩、板岩、辉长岩、闪长岩	10～15	σ、Ar	＜100	雨水、径流和岩溶水补给泉、径流排泄

陶八陡组含水岩组，岩性为厚层纯灰岩、白云质灰岩、灰质白云岩、白云岩和泥质灰岩。岩溶裂隙发育，且彼此联通，导水性强，有利于地下水的补给、径流和富集，在重力的作用下，形成一个具有统一水面的含水层。但因分布位置及构造、地形、埋藏条件的影响，其富水性相差悬殊。寒武系中统张夏组灰岩主要分布在南部山区。涝坡、崔马及前大彦庄以南，裸露地表，其北即隐伏于地下。含水层顶、底板分别具有相对隔水作用的上统崮山组页岩和中统徐庄组页岩。灰岩顶部及底部岩溶发育，富水性一般为中等。

碎屑岩夹碳酸盐岩岩溶—裂隙含水岩组：由寒武系下统馒头组、中统徐庄组及上统长山组的灰岩组成，其中馒头组由于相变，其底部的灰岩在本区变薄，长山组虽然灰岩组合比例大，但灰岩多为薄层，岩溶不发育，故也列入裂隙水含水岩组内。由于上述含水层与页岩成夹层或互层，故裂隙不发育，富水性差。该含水岩层分布的地势一般较高，且有页岩隔水相互无水力联系，因此地下水无统一的水面形态。在沟谷切割或构造的控制下，往往出现阶梯水位。地下水流向受地层倾向及地形坡度控制。

变质岩及岩浆裂隙含水岩组：岩性主要为花岗片麻岩、板岩以及辉长岩、闪长岩等，地下水的运动主要在岩石风化带的孔隙和裂隙中，风化带厚度一般在 10～15m。由于裂隙细小，故富水性极差且不均匀。变质岩区季节性裂隙泉较多，但流量小。地下水流向与地形坡向一致，以基流形式汇入沟谷河流，以表流形式向碳酸盐岩分布区排泄（图 2-22）。

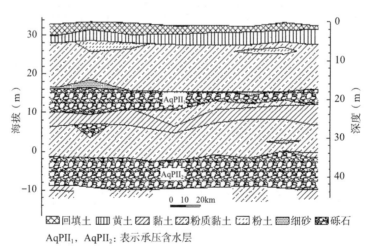

$AqPII_1$，$AqPII_2$：表示承压含水层

图 2-22　典型冲洪积水文地质

第 3 章
泉城地铁建设风险与挑战

3.1　引言

济南是山东省省会，黄河中下游和环渤海经济带南翼的重要战略城市。作为中国的历史名城，济南因泉水众多而被称为"泉城"。济南市又因其丰富的地下水裸露出地表形成喷泉而被称为岩溶喷泉盆地。济南岩溶泉水盆地是一个封闭的地下水系统，在这个系统中，补给、径流和排放是完全独立的。泉水盆地包括主要的泉水群以及被黄河分隔的排水系统内的相邻区域。除了泉群，含水层也具有富水性的特点。泉群和含水层的富水性形成了济南市独特的地下水系统。

随着人口的快速增长，中国的许多城市都加快了城市化的脚步。大量的基础设施，如高铁隧道、地下商场和地下停车库已经建成。近年来，许多地铁线已经建成或正在建设中，以缓解交通拥堵。与此同时，与地下工程开挖相关的工程事故频繁发生。为了减少地下工程建设引发的工程事故，沈水龙等提出了一系列针对软土区域的地基处理方法。吴怀娜等也提出了一种预测轨道交通沿线沉降的新方法。

此外，由于地下工程建设改变了原始的地质环境，故而会对城市地质环境、地下水渗流条件造成影响。地下工程建设将不可避免地影响地下水渗流环境。最近几年，济南市很多地下空间开发处于规划中。目前为止，正在建设的地铁线路有3条，已规划地铁线路有5条。截至2023年年底，济南将会有8条建设中的地铁线，总里程达到245km。在地下工程的建设中，地下水的抽取会给济南市带来环境问题，如岩溶塌陷、地面沉降和泉水停喷。因此，需要关注水文和地质环境、泉水和地铁线路发展之间的关系。为缓解对环境的负面影响，本文采用AHP方法和GIS技术对济南地铁线路建设给地下水系统带来的风险进行评估。

本章研究的目的是：①基于济南地形，水文地质和工程地质的特点，从地表因子和地下因子的角度评估风险等级；②评估地铁线路建设对地下水系统的区域风险；③根据评估的区域风险等级讨论正在建设和已计划的地铁线路的风险等级。

3.2　研究区域及数据

3.2.1　研究区域

作为中国的历史名城，济南市因其丰富的地下水裸露出地表形成喷泉而著名。济南岩溶盆地是一个封闭的地下水系统，在这个系统中，补给、径流和排放是完全独立的。济南市面积8177km^2，包含平阴县、长清区、章丘区、济阳区、商河县及市区。近年来，济南市正计划建设从市区到郊区的地铁线路。目前，地铁 1、2、3 号线正在建设中，L1、L2、L3、L4 和 L5 线计划在郊区建设。如图 3-1 所示，济南市郊区泉群丰富，地铁系统的建设必定会对泉群造成危害，并由此引发严重的环境问题。为了保护济南的地下水系统，评估地铁线路建设对特定岩溶泉分布和地下水系统的风险和影响具有重要意义。

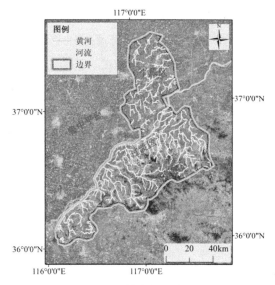

图 3-1 济南周围地形

3.2.2 数据

3.2.2.1 地形

济南行政区位于鲁中平原南部，南邻泰山，黄河穿越济南北部。因此，济南地形区域的特点是北侧海拔低，南侧海拔高。如图 3-1 所示，济南地形区域包括平原区、丘陵区和过渡区三种类型。平原区为黄河冲积平原，海拔 5~8m；丘陵区位于泰山北缘，海拔 250~1108m；过渡区为平原区与丘陵区之间的山前冲积平原。此外，济南的水系分布密集。如图 3-2（a）所示，北部方向的高程低于南部。如图 3-2（b）所示，相比于南部，济南市的北部更平坦。济南市的这些地形特征导致地势较低区域容易遭受地质灾害，如泥石流、山体滑坡和洪水等。

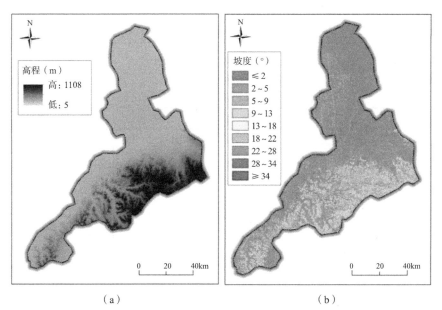

图 3-2 济南地形高程和坡度空间分布
（a）海拔；（b）坡度

3.2.2.2 水文地质

地铁施工会扰乱地下水系统的平衡,尤其是在"泉城"济南,评估地铁建设对地下水系统的风险和影响至关重要。济南岩溶泉区有三大水文地质类型:黄河冲积平原(Ⅰ区),泰山北部边界(Ⅱ区),山麓冲积平原(Ⅲ区)(图3-3)。这三个地区分别占济南总面积的30%、50%和20%。根据地形、岩性和地质构造,每个主区域可以进一步划分为几个子区域,见图3-3。表3-1总结了该区域的具体划分。十个主要泉群全部分布在黄河南部地区,其中大部分以济南市区为中心,位于子区域$Ⅱ_3$。次级地区$Ⅱ_3$是著名的岩溶泉盆地的典型地质区域,济南的泉水主要从这里排放。

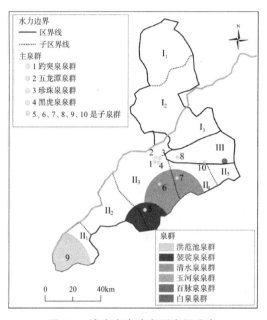

图3-3 济南市岩溶泉群空间分布

济南岩溶泉区水文地质分区表　　　　　　表3-1

代码	区名	类型	代码	子区
Ⅰ	黄河冲积平原	孔隙水	$Ⅰ_1$	商河区域
			$Ⅰ_2$	济阳区域
			$Ⅰ_3$	小清河北部区域
Ⅱ	泰山北部边界	岩溶水	$Ⅱ_1$	平阴单斜区域
			$Ⅱ_2$	长清单斜区域
			$Ⅱ_3$	济南单斜区域
			$Ⅱ_4$	郭店单斜区域
			$Ⅱ_5$	冥河周围单斜区域
			$Ⅱ_6$	小清河
Ⅲ	山麓冲积平原	孔隙水	Ⅲ	山麓冲积平原

图 3-4 显示了济南含水层的空间分布。根据其水力特性,地层单元可分为六类含水层。寒武系和奥陶系时期由碳酸盐岩形成的岩溶含水层可以储存和输送大量的地下水。岩溶裂隙在泰山的山麓内相互连接,然后形成南北方向的岩溶水排放通道。在单斜构造的影响下,岩溶含水层向下倾斜进入盆地北部的第四纪沉积岩,为泉群的喷涌提供了水头压力。在黄河北岸,较厚的冲积淤泥和砂分布广泛,为岩溶地下水进一步向北部平原运动造成了困难,在这里,只有潜水储存在第四系多孔含水层中。从这些含水层抽水可能会对周围环境产生重大影响。在远古地质时代的一些岩石中,地下水主要在山前冲积平原的岩浆裂隙含水层和泰山变质岩的裂隙中发育。

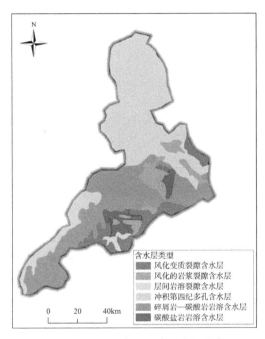

图 3-4 济南市含水层类型空间分布

3.2.2.3 工程地质

区域地质条件是影响地下工程建设和地下系统长期行为的关键因素。图 3-5 描述了济南地质地层的空间分布。地层出露从新到老为第三系和新生代第四纪,中生代三叠系侏罗系和白垩系,寒武系,奥陶系,石炭系,古生代二叠系和从南到北的太古生代的泰山群。几个大规模的北—西北(NNW)分布的活动断层已经形成:如图 3-5 所示,四条活动断层分别为 F1(马山断层)、F2(千山断层)、F3(东吴断层)和 F4(文祖新断层)。北部地区目前的地质地貌主要受到长期构造运动的影响,特别是白垩纪燕山运动中的岩浆侵入。侵入山体形成的岩体在泰山山麓广泛分布。在第二、三区的广大地区,上游地层主要是第四纪沉积的由黄河冲刷而来的冲积砂和粉砂。这些淤泥沉积物与时间相关,可能成为隧道长期沉降的内因。

3.2.2.4 地铁线分布

随着城市化进程的推进，济南以已建或在建的地铁隧道，来缓解交通紧张局势。图3-6描述了济南地铁线路的分布情况。济南地铁线路主要集中在四大泉群出露的城市地区。地铁线路建设与地形、水文和地质特征之间的相互作用导致了地铁系统对当地地下水系统的特殊影响。例如，阻止地下水渗漏、泉水流量减少等。

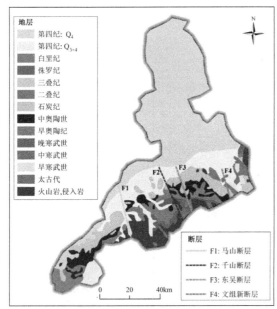

图3-5 济南地层空间分布　　　　图3-6 济南城区地铁线空间分布

3.3 研究方法

3.3.1 风险评估模型

风险评估的目的是为了保护泉地下径流的自然环境。区域灾害风险评估体系以承灾体的弱点来表示，可以表征为包含地表因子、地下因子、人类活动的系统。地表和地下因子用于构建综合评估指标体系从而评估区域弱点。因此，目标层是由地表因子和地下因子构建的评估指标体系中存在弱点的风险因子。评估指标体系的结构如图3-7所示。为了反映地铁系统的影响，地铁系统可以视为评估系统中地下因子的一个因素。评估模型可以表示如下：

$$R = f(v) = \sum_{i=1}^{i=n} S_i \times s_i + \sum_{i=1}^{i=n} U_i \times u_i \tag{3-1}$$

式中　R——风险水平，用函数 $f(v)$ 表示；

v——代表承灾体的弱点；
S_i 和 U_i——地表因子和地下因子；
s_i 和 u_i——分别为各因子对应的权重系数；
n——因子的数量。

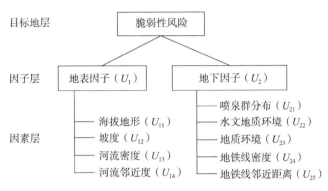

图 3-7 评价因子系统结构图

3.3.2 各个指标的处理

3.3.2.1 地表因子

地形对灾害的发展具有重大影响，例如洪水灾害、泥石流和山体滑坡。高程和坡度被广泛用于反映地形特征。为保证评估结果的准确性，将高程和坡度分为 5 级，分辨率为 100m。图 3-8 所示是海拔和坡度的分类。海拔低且坡度平坦的地表具有很高的灾害风险。济南市区南北高差和坡度有明显差异。

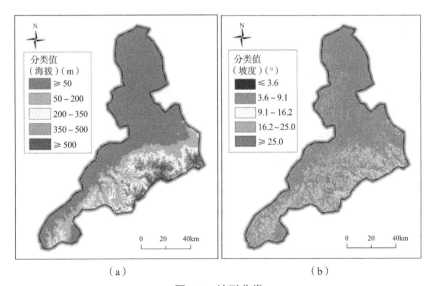

图 3-8 地形分类
（a）海拔；（b）坡度

除了海拔和坡度外，河流水系对灾害的形成也有直接影响，特别是洪水灾害。河流水系可以在暴雨时排出雨水，但当潮水超过极限时也会引发洪水。利用河流临近距离和河流密度来考虑河流水系对个体河道和多条河道的影响。图3-9显示了河流系统的特征。河流临近距离表示到最近的河道的距离，它使用200m、400m、600m、800m和1000m的多缓冲算子表示；河流密度表示每单位面积的河道长度，用线密度函数表示，半径为1.0km。

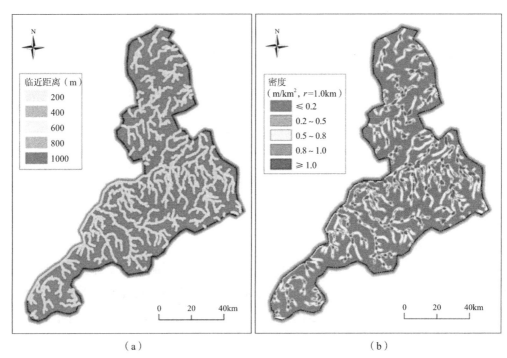

图3-9　河流水系特征
(a)河流邻近距离；(b)河流密度

3.3.2.2　地下因子

地下因子包括水文和地质条件。表3-2列出了济南的地下水平衡状况。根据地下水系统的水平衡，三种类型的水文地质分区，如黄河（Ⅰ）、泰山（Ⅱ）和山麓冲积平原（Ⅲ）分别评估为2级（低）、3级（中等）和1级（非常低）。由于泉群有显著影响，主要的四个泉群评估为5级（非常高），其他泉群评估为4级（高）。图3-10（a）显示了济南市泉群的分类水平。根据含水层的排水能力将含水层的风险等级分为五级。表3-3列出了济南市含水层的特征和分类。图3-10（b）显示了济南含水层分类的空间分布。对排放能力较高的岩溶含水层评为5级，对排放能力较低的裂缝水评为1级。根据出露层从新到老的地质年代，风险等级分为1~5级。图3-10（c）描述了地层分类的空间分布。另外，断层发育的地区对灾害的承受能力较弱。为了反映断层的影响，使用半径为1km缓冲距离计算风险等级为5级的受影响区域。

第3章 泉城地铁建设风险与挑战

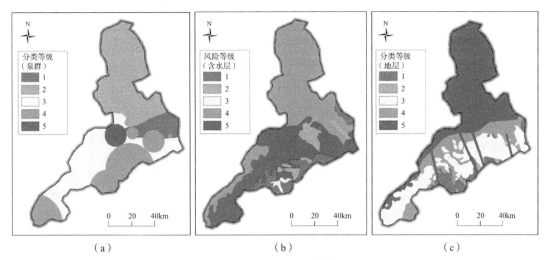

图 3-10 地下因子分类等级
（a）泉群；（b）含水层；（c）地层

济南岩溶泉盆地地下水平衡   表 3-2

区域	子区域	回灌量	抽水量	可开采量	当前开采量	风险等级
Ⅰ	I_1	69.77	28.81	40.96	32.05	2
	I_2	73.46	24.83	48.63	20.82	
	I_3	23.23	9.56	13.67	4.46	
	合计	166.46	63.20	103.26	57.33	
Ⅱ	II_1	13.92	1.15	12.77	7.09	3
	II_2	15.91	—	15.91	4.93	
	II_3	58.99	23.97	35.02	36.27	
	II_4	34.55	8.01	26.54	32.21	
	II_5	32.05	17.39	14.66	14.48	
	II_6	30.85	9.06	21.79	13.64	
	合计	186.27	59.58	126.69	108.62	
Ⅲ	Ⅲ	48.22	16.49	31.73	40.33	1

注：本表中的水量以每天百万立方米计算（100 万 m^3/d）。

济南市含水层的水力特性及分类   表 3-3

含水层类型	地质年代	排水量（m^3/d）	级别
变质岩和岩浆岩中的裂隙水	σ，Ar	一般：<100	1
风化岩浆中的裂隙水	$\in_1$，$\in_2$，$\in_3$	一般：<100	2
		部分：100~500	
层间岩溶裂隙含水层	$\in_2 z$，$\in_3 f$	一般：<500	3
		部分：500~1000	

续表

含水层类型	地质年代	排水量（m³/d）	级别
第四纪冲积多孔含水层	Q_4 Q_2 Q_3	一般：<200 山麓：50~300 冲积平原：1000~2000	4
碳酸盐—岩溶含水层	$\in_2 z$, $\in_3 f$, O_1, O_2	山丘：100~500 山麓：1000~5000 部分：>10000	5

除了水文和地质条件之外，地铁系统也被视为地下因素。为了评估和预测地铁线路建设的风险，本文考虑了在建的地铁线路和规划的地铁线路。根据此前对地铁线路长期沉降的研究，地铁线路的影响范围可达 1000m。图 3-11 显示了地铁线路临近距离和密度的空间分布。为了考虑受影响的地铁线路范围，地铁线路的邻近值分别设置为 200、400、600、800 和 1000m。地铁线路的密度以 1km 的半径计算。

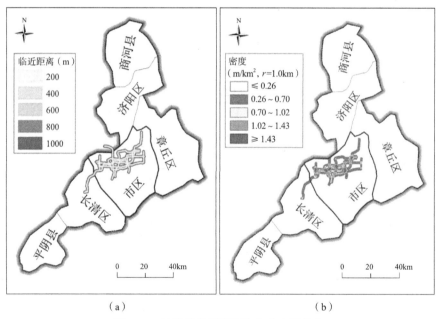

图 3-11 地铁线临近距离和密度空间分布
（a）邻近距离；（b）密度

3.3.3 AHP 权重计算

为了评估地铁线路建设对地下水系统的风险和影响，采用层次分析法（AHP）计算各因子的权重系数。AHP 的主要步骤如下：①根据评估指标体系建立分层结构；②创建判断矩阵，见等式（3-2）；③运用等式（3-3）计算每个因子的权重系数；④执行判断矩阵的一致性测试，见方程（3-4）；⑤计算各级因素的组合加权以及总体一致性测试。判断矩阵列于表 3-4 和表 3-5 中。如表 3-4 和表 3-5 所示，表面因子和地下因子的 CR 值小于 0.1，这意味着判断矩阵是一致的。表 3-6 列出了用这种方法得到的权重。

$$A_p = (a_{ij}) = \begin{pmatrix} a_{11} & a_{12} & \cdots & a_{1n} \\ a_{21} & a_{22} & \cdots & a_{2n} \\ \vdots & \vdots & \ddots & \vdots \\ a_{m1} & a_{m2} & \cdots & a_{mn} \end{pmatrix}_p \quad (3\text{-}2)$$

$$f_i = \frac{M_i}{\sum_{i=1}^{n} M_i} = \frac{\sqrt[n]{\prod_{j=1}^{n} a_{ij}}}{\sum_{i=1}^{n} M_i} \quad (3\text{-}3)$$

式中　A_p——判断矩阵；

　　　f_i——每个因子权重系数；

　　　a_{ij}——由各评价指标因子组成的判断矩阵的元素；

　　　M_i——判断矩阵的 n 次方根。

$$CR = \frac{CI}{RI} \quad (3\text{-}4)$$

式中　CR——随机一次性比率；

　　　CI——一次性指标；

　　　RI——平均随机一致性因子。

$$\lambda_{\max} = \sum_{i=1}^{n} \frac{\sum_{j=1}^{n} a_{ij} w_i}{n w_i} \quad (3\text{-}5)$$

式中　$\lambda_{\max}$——判断矩阵的最大特征值

　　　w_i——向量。

判断矩阵和地表因子的一致性验证					表 3-4
	U_{11}	U_{12}	U_{13}	U_{14}	w_i
U_{11}	1	2	3	3	0.475
U_{12}	1/2	1	1	2	0.231
U_{13}	1/3	1/3	1	4	0.188
U_{14}	1/3	1/2	1/4	1	0.105
		$CR=0.0101<0.1$			

判断矩阵和地下因子的一致性验证　　　　表 3-5

	U_{21}	U_{22}	U_{23}	U_{24}	U_{25}	w_i
U_{21}	1	1	2	3	3	0.321
U_{22}	1	1	1	2	3	0.259
U_{23}	1/2	1	1	2	3	0.208
U_{24}	1/3	1/2	1/2	1	1	0.109
U_{25}	1/3	1/3	1/2	1	1	0.101
			$CR=0.0789<0.1$			

济南市风险评估指标体系　　　　表 3-6

目标地层	子目标地层	因子层	w_i	w_i
地质环境风险	地表因子（U_1）	地形坡度（U_{11}）	0.475	0.363
		地形高程（U_{12}）	0.231	
		河流密度（U_{13}）	0.188	
		河流临近距离（U_{14}）	0.105	
	地下因子（U_2）	泉群分布（U_{21}）	0.321	0.637
		水文地质（U_{22}）	0.259	
		地质环境（U_{23}）	0.208	
		地铁线密度（U_{24}）	0.109	
		地铁线临近距离（U_{25}）	0.101	

3.3.4 归一化

为了不同因素的可比性，各因子在 0~1 范围内进行了归一化处理。在评估指标体系中，随着地形高程和坡度、河流密度、地铁线路密度的增加，灾害风险将减小。这四个因素是负面因素，其他因素是积极因素。利用方程（3-6）和方程（3-7）分别对正因子和负因子进行归一化。最终的标准化因子如图 3-12 所示。

$$i_{ij}=\frac{a_{ij}-a_{p\min}}{a_{p\max}-a_{p\min}} \quad (3-6)$$

$$i_{ij}=\frac{a_{p\max}-a_{ij}}{a_{p\max}-a_{p\min}} \quad (3-7)$$

其中，i_{ij} 是因子矩阵的归一化值，a_{ij} 是因子的原始值，$a_{p\max}$ 是判断矩阵的最大值，$a_{p\min}$ 是判断矩阵的最小值。

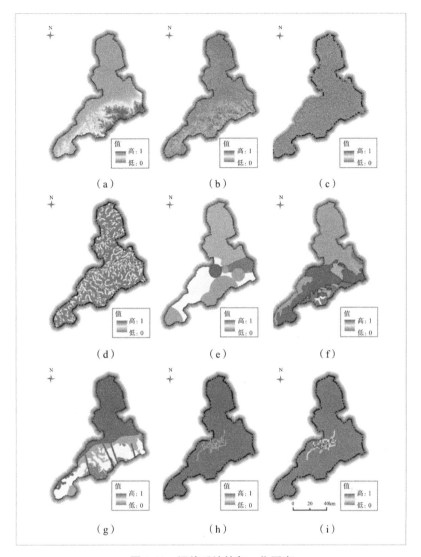

图 3-12　评价系统的归一化因素
（a）海拔；（b）坡度；（c）河流邻近距离；（d）河流密度；（e）泉群；
（f）水文地质；（g）地质；（h）地铁线邻近距离；（i）地铁线密度

3.4　结果

3.4.1　地表因子评价

在评估体系中，地表因子包括地形高程和坡度，河流临近距离和密度。基于归一化因子的权重系数和网格单元数据，获得空间分布的地表因子风险水平（图 3-13）。如图 3-13 所示，地表因子的风险水平从北向南递减。高风险等级位于黄河北部和西南部，河系密度较高，海拔较低。南部地区从高风险水平到低风险水平有明显的转变趋势。处于低风险等级的地区分布在高海拔地区。如表 3-7 所示，商河县和济阳区地形平坦，水系密集，风险高达 98% 以上。章丘区和平阴县之间的平原和山区之间的过渡地区，高风险和非常高风险区域超过 66%。市区和海拔相对较低的长清区高风险和非常高风险区域超过 51%。根据这一结果，可知地形平坦且与河流系统相邻的地区通常具有很高的灾害风险。

不同地区地表因子的风险等级　　　　　　　　　　　　　　　　表 3-7

地区	表面因子的风险覆盖率（%）				
	非常低	低	中等	高	非常高
商河县	0	0.01	0.58	65.09	34.32
济阳区	0	0.02	10.02	66.54	32.42
章丘区	7.79	13.12	12.53	40.63	25.93
城区	10.90	19.58	17.42	28.83	23.27
长清区	5.03	16.15	21.72	33.06	24.04
平阴县	0.1	8.13	23.64	42.62	24.65

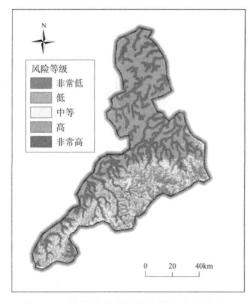

图 3-13 济南地表因子风险等级空间分布

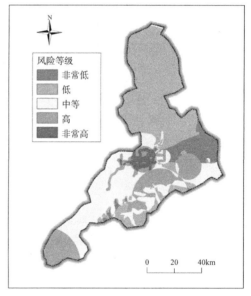

图 3-14 济南地下因子风险等级空间分布

3.4.2 地下因子评价

地下因子包括泉群的空间分布，水文和地质特征，以及地铁线的邻近性和密度。如图 3-14 所示，四个主泉组所在的区域具有较高的地下因子风险水平，而山前冲积平原（Ⅲ）的部分地区具有较低的风险水平。此外，一些有地铁线路分布的区域也具有较高的风险水平。具有第四纪地层的北部地区的风险水平相对较低。具有泉群和活动断层的北部地区具有相对较高的风险等级。总体而言，建设地铁线路的中心地区具有较高的地下指数风险水平。如表 3-8 所示，高风险等级地区主要集中在济南南部。在分布着许多泉群和活跃断层的市区和平阴县，风险等级高和非常高的区域超过 56%。低风险地区多集中在济南北部平原地区。因此，泉群和活动断层分布区往往容易受到人类活动的干扰。

不同地区地下因子的统计风险水平　　　　　　　　　　　　表 3-8

地区	表面因子的风险覆盖率（%）				
	非常低	低	中等	高	非常高
商河县	99.18	0.02	0	0	0
济阳区	73.97	26.03	0	0	0
章丘区	67.77	15.14	17.09	0	0
城区	0.9	8.43	27.55	36.84	26.28
长清区	0.02	24.41	65.54	10.03	0
平阴县	0.1	0.02	43.22	56.66	0

3.4.3 风险等级分布

最终的风险等级评估可以根据评估结果进行。如图 3-15 所示，风险极高的区域集中在地铁线路密度最大的济南市中心。具有第二高风险等级的地区主要分布在存在泉群和活动断层的地区。中度风险区域主要分布在黄河南部和西南部。非常低风险等级区域位于山前冲积平原地区（Ⅲ）。第二低风险等级区域位于第四纪地层的济南市北部。

表 3-9 列出了不同地区的综合统计风险水平。从行政区划角度可以看出，市区高风险和非常高风险等级的区域超过 33%。平阴县在济南市西南部风险等级高达 42.72%。由于平阴县及市区泉群和 4 个活跃断层，地下工程建设（如地铁线路建设）显而易受影响。因此，综合风险水平较高。风险中等的地区主要分布在长清区、平阴县和市区。低风险地区分布在商河县、济阳县和章丘区。总体而言，水文地质和地质条件易受影响的南部地区风险等级较高，低海拔的具有第四纪地层的北部平原地区风险水平较低，非常高风险等级区域则位于山地与平原之间的过渡地带。

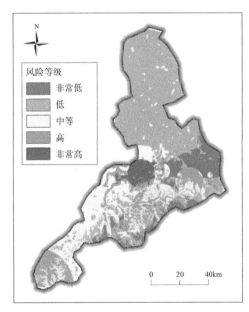

图 3-15　济南风险等级空间分布

不同地区综合统计风险水平　　　　　　　表 3-9

地区	综合风险覆盖率（%）				
	非常低	低	中等	高	非常高
商河县	0.23	96.48	3.28	0.01	0
济阳区	0.16	94.56	5.27	0.01	0
章丘区	31.24	49.70	8.71	10.35	0
城区	9.23	25.34	31.50	20.04	13.89
长清区	10.54	29.11	50.90	9.46	0
平阴县	0	7.31	49.97	42.72	0

3.4.4 地铁沿线风险等级

灾害风险评估结果可以判别城市地区是否安全。因此，风险分布图为土地利用规划和确定目标区域的风险措施提供了有价值的信息。根据整个济南市风险等级的评估结果，地铁线在建的城区风险等级较高。如图 3-16 所示，四个主要泉群位于高风险区域。在这个高风险区域内，地铁线路 R1、R2 和 R3（正在建设中），以及地铁线路 L1、L2、L3、L4 和 L5（计划中）具有非常高的风险。这些结果表明，应该对该地区内的地铁线路建设采取风险控制措施以减少灾害损失。地铁线的其他区域风险相对较低。作为主要的地下基础设施，地铁建设发展迅速。济南市地下水和泉水资源丰富，这会对地铁线的建设造成重大影响。因此，评估地铁线路建设对济南地下水系统的风险和影响是必不可少的。

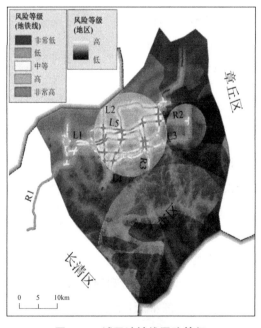

图 3-16　城区地铁线风险等级

第 4 章

回灌工程

4.1 济南地区回灌适宜性分区

济南是著名的泉城,在基坑工程建设过程中为保护济南的地下水资源,当地政府要求用回灌的方式消除基坑降水产生的不均匀沉降与地下水资源浪费。为研究济南市深基坑降水回灌的适宜性,首先从回灌区域的水文地质条件、地质条件和社会与经济效益三个方面梳理济南市回灌适宜性的影响因素,并基于层次分析法研究各影响因素的权重。此外,根据含水层渗透系数、含水层厚度、砂卵石层厚度、地下水位埋深、含水层承压性、泉水敏感性、土层压缩模量、周边重要建筑物与回灌水质九个因素的权重大小,结合济南市不同区域的实际情况,将济南市划分为优良回灌区、适宜回灌区、基本适宜回灌区和不适宜回灌区四个区域,并将各区域范围划分在济南市地图上,指导实际基坑工程回灌设计。

济南市地下水资源极其丰富,且地下水位普遍较高,这给基坑工程施工带来很大影响。因此,在基坑施工过程中常采用降低基坑内地下水位至开挖面以下以保证施工安全。但随着基坑周围地下水位的降低,周围地基中原水位以下土体的有效自重应力增加,导致地基土体固结,造成周围地面和建(构)筑物产生不均匀沉降,且极大浪费水资源,容易造成地下水资源渐渐枯竭(吴昌瑜、李思慎等,1999)。为了消除基坑降水对周围环境的影响以及带来的水资源严重浪费的情况,近年来多采用回灌法来消除此类危害。回灌法以其经济、简便、可行的特点优于其他方法。该法借助于工程措施,将水引渗于地下含水层,补给地下水,从而稳定和抬高局部因基坑降水而引起的地下水位降低,防止由于地下水位降低而产生不均匀沉降。回灌法的主要目的如下:①补充地下水资源,增加地下水可开采资源量和地下水资源的储备量;②利用地下水库,调节地表径流时空分布;③稳定地下水位,缓解、控制或修复由地下水过度开采所导致的环境负效应;④通过注入优质水源,改善含水层原生水质,或修复受污染地段的地下水环境;⑤蓄能,冬储夏采或夏储冬采,利用地下水温度,为工厂提供冷、热源。回灌法的工作原理决定了它只能适用于渗透性较好的填土、粉性土、砂性土、碎石土等地基。

由于不同的地域及其地质条件采用不同的回灌方法与回灌设计方案,故目前回灌法并没有国家规范。济南市又是一个地质条件极其复杂,地下水资源又极其丰富的城市,因此给基坑工程建设带来极大困难与挑战。为更好地设计济南市的回灌方案与提高回灌效果,采用多尺度、大数据、多手段划定回灌适宜性,主要包括济南地形地貌与地质条件分析、现场实物钻探(工程地质钻探、水文地质钻探)、地球物理勘探(地质雷达、微动探测、波速测试、原位测试)、现场试验(现场抽水试验、示踪试验、水位统测)、数值模拟与三维成像等手段与方法,通过层次分析法确定回灌适宜性的评价指标与其权重值，进而得出济南的回灌适宜性分区。该研究具有极大的社会效益与经济效益，同时给基坑工程建设与回灌方案设计提供指导性意义。

4.2 回灌方式概述

回灌法分为天然回灌法和人工回灌法，其中以人工回灌法为主，回灌方法的选择主要取决于进行回灌的目的、当地的自然地理及水文地质条件。

4.2.1 天然回灌法

天然回灌技术简单易行，是指利用已有的河道、湖泊、水库、沟渠、甚至农田等，依靠其天然渗漏性质回灌地下潜水层，达到补给地下水的目的。此时，水库、水渠的渗漏损失以及农田大水漫灌时的下渗损失等，则成为地下水的补给量。

天然回灌的方式大致有以下几种：

（1）利用干枯的河床、渠道及骨干排水系统引水、蓄水，利用其自然渗透能力补给地下水。

（2）利用自然冲沟、洼地建设塘堰和平原水库，改造平原区的各种坑塘，使之与引水渠连接起来，通过这些设施蓄水透补给地下水。

（3）利用古河道砂地淹灌、耕地休闲期淹灌以及耕地作物生长期大定额淹灌，增加渗透量。

各地由于地形、地质、土壤、水源以及工程设施现状等诸多条件的差异，以上措施并非对一切地方适用，而且每种措施在不同条件下的作用效果也会有所差别。因此，具体实施时不能生搬硬套，可根据当地条件选择采用。

4.2.2 人工回灌法

人工回灌法又称人工补给或人工回注，是指为了某种目的采用一定的工程设施将水引入地下水含水层，增加地下水资源量的过程。

人工回灌的主要目标有五个：补充地下水资源，增加地下水可开采资源量和地下水资源的储备量；利用地下水库，调节地表径流时空分布；稳定地下水位，缓解、控制或修复由地下水过量开采所导致的环境负效应，以及保持地热水、天然气和石油层的压力；通过注入优质水源，改善含水层原生水质，或修复受污染地段的地下水环境；储能，冬储夏采或夏储冬采，利用地下水温度，为工厂提供冷热源。人工回灌按回灌的方法分可分为人工地表回灌和人工地下回灌。

人工地表回灌是在透水性较好的土层上建设绿地或城市湖泊、水库、坑塘等，利用水的自重回灌地下。人工地下回灌主要是在地面打井，将回灌水直接注入地下，通过井孔向地下注水，用于补充承压层或埋藏较深的潜水层。

4.2.2.1　绿地直接回灌

绿地直接回灌是利用城市绿地土壤孔隙率大、下渗率大的特点，将雨水或处理后的污水渗入地下、补充地下水的方式。这种方法可以结合城市公园、小区绿地、道路旁绿地建设实施，具有投资小、见效快、易掌握、易推广、绿地越平坦、入渗效果越显著的特点。

采用低草坪的绿地，在小区内立面设计中将绿地高度略低于两边地面或道路路面，草坪低于路面 $0.1 \sim 0.2m$，可以将绿地及周围汇水面积视作一个小的产流区域，绿地除拦蓄其自身范围降水外，还可以容蓄绿地外汇流区域的地表径流，并且由于水能够在草坪上停留较长时间，入渗地下的水量更大，从而取得最佳拦蓄汛期降雨、回补地下的效果。蓄渗效果可以根据绿地产流方式进行局部范围的产、汇流计算，除去植物吸收和蒸发部分其余的即为下渗部分及产流部分，产流可按蓄满产流或超渗产流等模型计算。

为了增加绿地入渗补充地下水量，除采用低草坪外，也可采用对绿化植物根部培土，行与行之间形成垄沟，绿地两头每条垄沟里，各挡两条小土埂，小土埂顶略低于垄顶，可以起到垄沟蓄水、提高回灌率的目的，对于降雨，则可有效控制超渗产流量。如果降雨量大于上述情况，雨水可自然地从土埂顶部溢出，流入排水沟，不会给绿地造成沥涝。当然，在绿地规划建设时应选用具有耐淹能力的植物。实际上，当前城市草坪绝大多数草种均具有耐淹能力，不致因灌水量过大或遇暴雨影响植物生长以致破坏景观。

4.2.2.2　城市水体渗漏回灌

城市普遍存在池塘、湖泊等水体，此类水体可能是天然的或人工的贮水体。一般情况下，这些水体在雨季时充蓄其汇流范围内降雨径流，无雨时充蓄的水量则被蒸发，或渗入地下，或被置换。可以利用其渗漏的特点，授其作为回补地下水的设施，利用雨季充蓄雨水使其尽可能多地渗入地下回补地下水，无雨时将处理后的城市污水引入城市水体，渗漏回补地下。这种回灌地下水的方式具有如下特点：城市水体分布普遍，有一定的容积，便于实施；使用围护简便，不另占耕地，还可以开展水面养殖，相对来说具有较好的经济性。

城市水体渗漏回灌地下水的历程可以归纳为湿润底土、自由渗流和顶托渗流三个阶段。湿润底土阶段历时短，入渗率相当高，一段时间后，渗透强度渐趋稳定。渗透强度与城市水体的水位、来水量存在一定的关系。当水体底土层逐渐湿润，渗漏水到达地下水面之后，地下水得到补充而缓缓抬升，形成水丘，入渗进入自由流渗阶段。该阶段以垂直入渗为主，伴随水丘的形成，地下水以侧渗的方式向四周扩散，当水丘上升至与水体底部相连时自由渗流结束，开始进入顶托渗流阶段。进入顶托阶段以后，入渗速率主要决定于水丘向四周扩散的速率，水丘逐渐扩散，坡度逐渐变缓，渗流量缓缓减小，并渐趋稳定。在水体下渗补给地下水过程中水面蒸发损失居于很次要的地位。渗透包括水平浸润速率，除与其土质特性有关外，与水体深度也有密切关系。有关研究表明，水深对渗透速率起主导作用。

为加速渗透，可在城市水体内增建竖井，竖井系指在水体底部掘井连通砂层，竖井内可回填粗砂、石、炉渣等，既可以防止竖井壁坍塌，同时也起到了过滤作用。由于竖井将城市水体和地下含水层通过良好的渗水通道连接起来，对提高单位渗透能力和增大水体的下渗能力起到了显著作用，具有重大意义，因而是一种较为理想的引渗方式。城市绿地回灌和水体回灌结构简单，成本低廉，但由于其要求较大的容水量和较大入渗面积，因而占地面积大，回灌历时长，需水容量大，适合在城市绿化度较好、绿地面积较大的公园、城市湖泊、池塘等因地制宜地开展。

4.2.2.3 井孔回灌

补给水源通过钻孔、大口径井或坑道直接注入含水层中的一种方法。管井注入法的主要优点是：不受地形条件限制，也不受地面厚层弱透水层分布和地下水位埋深等条件的限制。此外，占地少，水量浪费少，不易受地面气候变化等因素影响。缺点是由于水量集中注入，井及其附近含水层中流速较大，井管和含水层易被阻塞。且对水质要求较高，需专门的水处理设备、输配水系统和加压系统，工程投资和运转时管理费用较高。主要适合于因地面弱透水层较厚或地面场地限制不能修建地面入渗工程的地区，特别适合于用来补给承压含水层或埋藏较深的潜水含水层。井孔回灌又包括无压回灌和加压回灌两种方式。

（1）无压回灌：又称自流回灌，是将回灌水引入回灌井中，抬高井内水位，利用井内水位与含水层水位水头差，渗流补给地下水。这种方式要求含水层必须具有较好的透水性能，以保证注入水的传导；同时要求井中回灌后水位与天然水位有较大的水头差，以加速回灌水源的扩散。这种方法投资少，但效率比较低。

（2）加压回灌：又称正压回灌、有压回灌，主要适用于地下水位相对较高，渗透性相对较差的含水层，需把井管密封起来，使水不能从井口溢出，并用机械动力设备加压，以增加回灌水的水头压力，使回灌水与静止水位之间产生较大的水头差而进行回灌。当含水层的透水性比较稳定，各个回灌井的滤水管过水断面一定，管井结构相似时，回灌量与压力成正比，但压力增加到一定数值时，回灌量就几乎不再增加了。另外，由于压力较大，这种方法要求水井滤网要有较高的强度，一味地增加压力，超过滤网的使用强度时，会损坏井。因此，回灌的最佳压力要根据含水层的性质与滤网的强度综合考虑。

管井注入法的主要问题是堵塞问题，按其性质可分为物理堵塞、化学堵塞和生物化学堵塞三大类。物理堵塞是由于补给水源中悬浮物（包括气泡、泥质、胶体物、各种有机物）充填于滤网和砂层孔隙中所造成的堵塞。当回灌装置密封不严时，大量空气随回灌水流入含水层中，也可能产生堵塞（亦称气相堵塞），主要是采用定期回扬抽水方法进行处理(对于气相堵塞还应及时密封回灌装置)。生物化学堵塞,特别是铁细菌和硫酸还原菌所造成的堵塞,是许多地区回灌井堵塞的主要原因,主要是采用注酸方法进行洗井处理。

井孔回灌是地下水人工补给的传统方法之一,它的主要特点是,能将回灌水流直接导向含水层,回灌效率较高,且占地面积小。故这种方法适用于以下情况:

(1)地表土层渗透性较差,地表回灌效果较差,或砂砾层埋藏浅,容易打大口井揭穿上部透水性较差的覆盖层,向砂砾含水层注水。

(2)地下水承压水层因开采过度而压力水头大幅度下降,为维持承压含水层水压力稳定,只能通过井孔向深部承压含水层注水补给。

(3)地价昂贵,没有大片的土地实施地表蓄水回灌。

(4)对现有的两用井、渗井等加以充分利用或在地下水库所在位置扩建回灌井、渗井等设施,提高补充地下水的效果,防止地质环境的恶化。

井孔回灌需要确定回灌井点的深度、布置、回灌水量等。通常情况下,单井回灌量少,当需要大量补充地下水时,通常采用大量的深机井,即井群回灌,由此需要输水渠道有足够的输水能力;需要组织管理好一大批机井的回灌工作,如定期回扬、组织观测网络等;还需要在每个机井上增添一些简易设施,如过滤设施、回灌管道等(图4-1)。

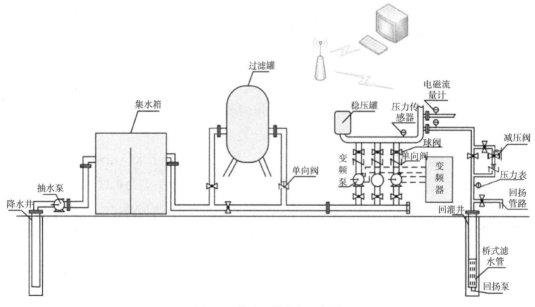

图4-1 井孔回灌设备示意图

4.2.2.4 砖井回灌

我国大部分地区存在着大量被遗弃的砖井,这些砖井大部分深度仅十余米,地下水位下降以后由于水太浅或干涸而无法使用,可以作为回灌井。利用砖井回灌地下水相当于废物利用或一井两用，而且具有占地面积小的突出优点。虽然砖井贮水容积小，但静压水头相对较大，而且多年使用后的砖井具有良好的渗透性能，其入渗率与水头的相互关系属指数函数，单位（水面）面积的入渗率远非城市水体回灌所能比拟。因此，利用废弃砖井回灌，引渗效果明显，投资省，围护便易，便于推广。

4.2.2.5 水廊回灌

在城市水体与砖井两种类型回灌设施的启示下，地下水廊回灌应运而生。在地下开挖廊道，称为水廊，水廊埋深坐落于粗砂层，侧壁由花孔砖墙构成，上顶由混凝土拱圈衬护。廊道底部铺设砾石微孔板，引灌水经过滤池后，通过管道进入廊道，然后由孔缝渗入粗砂层。

4.3 地下储水空间回灌的适宜性评价方法

基于层次分析法的多指标体系评价方法，建立济南地下储水空间的回灌适宜性评价体系。层次分析法是指将一个复杂的多目标决策问题作为一个系统，将目标分解为多个目标或准则，进而分解为多个评价指标的若干层次，通过定性指标模糊量化方法算出层次单排序（权数）和总排序，以作为多指标、多方案优化决策的系统方法。

4.3.1 建立递阶层次结构

将济南市回灌适宜性评价作为层次分析的目标层（A），将地质指标、水文地质指标和经济与社会指标作为层次分析的准则层（B），各具体回灌评价指标同样作为层次分析的准则层（C），将各地是否适宜回灌作为层次分析的方案层（D），建立济南市回灌适宜性评价层次结构模型，如图4-2所示。

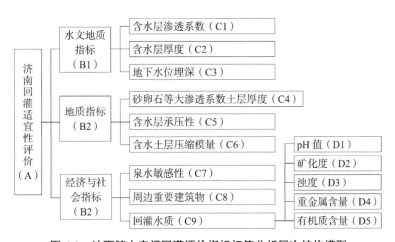

图4-2 地下储水空间回灌评价指标权值分析层次结构模型

4.3.2 各评价指标量化分级

研究区巨大的地下储水空间能否得到充分利用取决于其人工回灌的适宜性,从研究区水文地质条件特点来看,含水层透水性、地下水位埋深、含水层承压性、含水层岩性等是影响人工回灌效率与效果的核心因素。为准确定量地刻画研究区地下水储存空间人工回灌的适宜性,本次研究根据实际情况选取了含水层渗透系数、含水层厚度、地下水位埋深、含水层性质(砂卵石、灰岩破碎带等大渗透系数地层分布)、地下水承压性、岩层压缩模量、泉水敏感性、周边重要建筑物分布与回灌水质九个指标来评价地下水人工回灌适宜性。

1. 含水层渗透系数($C1$)

含水层的渗透系数与回灌难易程度直接相关,渗透系数大小决定地下水流动速度快慢,地下水流动速度越快,相应回灌量越大。水文地质调查资料显示:①黏性土大渗数系数,K 可达 3~16m/d,主要分布于白泉泉域和济南西部新城区域,其他区域可能也有不同分布,但由于地下水较深,对工程影响小。②卵碎石大渗数系数,K 一般可达 5~20m/d,局部可达 200m/d,在济南市全区均有分布,分布范围广。③灰岩破碎带大渗数系数,K 一般可达 100~300m/d,局部可达 500m/d 以上,分布极不均匀,没有规律可言,与地质构造密切相关,受地球自转的影响较大,断裂一般呈近东西和南北向发育。另外,大渗数系数与岩溶发育程度密切相关,完整的岩石很难形成,济南之所以能形成泉水,岩溶发育且形成地下连通网络是重要因素。

根据《基坑降水手册》中对各岩土层渗透系数的划分,并结合济南地区地层渗透特性将其划分为五个等级,如表 4-1 所示。

渗透系数评价等级表 表 4-1

等级	K 值范围(m/d)	特征
极大	>200	局部灰岩破碎带的渗透系数极大,分布不均匀,受断层与岩溶发育程度影响较大
大	50~200	灰岩破碎带与局部砂卵石带渗透系数大,分布范围较广,岩溶较发育
中	1~50	砂卵石带与大渗透系数黏性土分布区,范围较广,主要集中在白泉泉域和济南西部新城区域
小	0.01~1	黏性土分布较广,渗透系数较小,水性较差
极小	<0.01	渗透系数极小的黏性土与粉质黏土,一般作为隔水层

2. 含水层厚度($C2$)

含水层厚度从根本上决定了地下水的储水空间。对渗透系数较大的含水层,若厚度很小,其储水能力有限。从泰斯回灌公式可以得出,其他条件相同的情况下,含水层厚度越大,其可回灌的量相对也越高。然而,对于基坑工程,如果含水层厚度过大,则降水量会很高，进而会影响整个降水回灌系统的效率。

3. 地下水位埋深（C3）

本文评价回灌适宜性主要针对基坑工程，故选取的评价范围在地下埋深 30m 以内，超过 30m 埋深的不作分析。根据地下水位埋深确定在基坑开挖范围内的降水指标，根据降水决定回灌参数。将地下水位埋深划分为 0~5m、5~10m、10~15m、15~20m、20~25m、25~30m 六个级别进行评价。

4. 砂卵石层与大渗透系数黏性土分布（C4）

渗透系数是影响回灌的重要参数，区域内砂卵石层、大渗透系数黏性土以及灰岩破碎带的分布是影响回灌适宜性的非常重要的评价依据。在砂卵石层内回灌可将回灌效率大幅提高，补给地下水资源效果最好。现将济南市砂卵石层等大渗透系数地层划分为埋深 0~10m、10~20m、20~30m 三个范围，如图 4-3~图 4-5 所示。

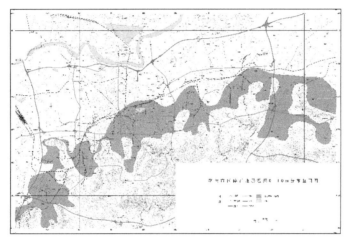

图 4-3　济南市 0~10m 埋深范围内砂卵石分区图

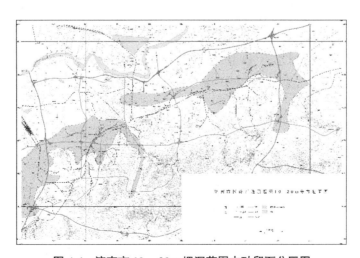

图 4-4　济南市 10~20m 埋深范围内砂卵石分区图

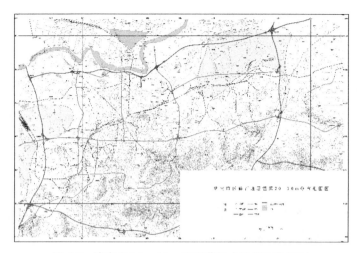

图 4-5 济南市 20~30m 埋深范围内砂卵石分区图

5. 地下水类型（C5）

地下水按承压性可分为潜水和承压水。水在埋藏条件上的不同决定了其在接受补给时的区别。前者表现为含水层孔隙的填充，后者则表现为含水层体积的膨胀。因此，在同等条件下，潜水较承压水更易于回灌。

6. 岩土压缩模量（C6）

岩土的压缩模量是一个极其重要的地质参数，压缩模量的不同直接影响着地下水位变动造成的地层沉降。由降水产生的有效应力的增加，对于压缩模量大的土层固结沉降量相对较小，以济南地区的土层性质为例，砂卵石层的压缩模量是软弱的黏性土的 5~6 倍。因此，降水引起的土层沉降主要是黏性土部分，对于压缩模量较小的区域降水，则需采用回灌方式消除地层不均匀沉降。

7. 泉水敏感性（C7）

基于各钻孔的抽水量与抽水难易程度分析该区地层的复杂性，越复杂的地层回灌涉及的问题越多，回灌难度越大。

根据以上抽水量与抽水试验数据分析并结合《济南轨道交通建设对泉水的影响研究报告》中轨道交通建设对泉水的影响，划分基坑降水对泉群的影响区域，主要分为表 4-2 所示的三个区域。

泉水敏感区域划分 表 4-2

分区	具体区域特征
降水影响敏感区	该区为泉水出露区，以经十路为界，东至历山路，西至顺河高架，北至北园大街
降水影响次敏感区	济南西站至泉水出露区之间的广大区域，地下水资源极其丰富，且与泉水联系较为密切
降水影响非敏感区	济南的其他区域，区域基坑降水并不会对泉水区域产生影响

根据工程降水对泉水的影响程度不同，在不同区域进行基坑工程地下水控制时，应采取不同形式的止水帷幕或回灌方案。例如，在泉水敏感区内的基坑降水，对泉水影响较大，因此须采取回灌措施，按照不同的地层性质与水文地质条件设计其回灌方案。

8. 周围建筑物分布（C8）

工程降水带来的危害，主要分为地层针对降水的敏感性即降水产生较大沉降以及周边重要建筑物的分布。降水工程周边是否有重要建筑物，若有重要建筑物或建筑物较密集，并且降水会对其产生不利影响时，则必须回灌；若无重要建筑物且在市郊时，则不需要回灌。

9. 回灌水质（C9）

回灌水质是影响基坑回灌适宜性的一个经济指标。目前基坑回灌在国际上通常是以回灌水质无污染、回灌水来源经济可行为基础，来研究回灌的适宜性的。因此，对回灌设备与回灌技术都有一定的要求。对于基坑工程的降水回灌，由于施工降水与再生水的水质特点有很多不同，直接采用再生水的水质标准尚存在一些争议，因此有关于施工降水回灌到地下含水层的水质标准和具体要求尚需进一步的研究。由于技术和经济因素的限制，在人工回灌的过程中，不能对地下水中的每一种污染物都制定标准，而只能选择性地从中确定一些重点的污染物予以控制。由于基坑降水是在原地从地下抽出，水质相对再生水要好，另外地层本身对回灌水也有一定的天然净化能力，因此对基坑降水人工回灌的水质控制指标可适当减少。根据施工降水的水质特点及现有的地下水人工回灌相关水质标准，基坑降水用于地下回灌水质控制指标应主要为浊度、酸碱度（pH值）、微生物指标（如BOD）、重金属含量等。一般而言，同层回灌时，由于抽出的地下水直接作为回灌水源灌入，在密闭的环境中水质变化一般不大；异层回灌时（一般为上层抽水回灌至下层含水层），因土层的过滤作用，上层的水质一般要差于下层的水质，抽出的水须经过水处理装置处理并达到污染物的控制标准后再回灌至下层。

4.3.3 构造两两比较判断矩阵

对各指标之间进行两两对比之后，按 9 分位比率排定各评价指标的相对优劣顺序。

$$w_i = w_i / \sum_{j=1}^{n} \overline{w}_j \tag{4-1}$$

$$\overline{w}_i = \left(\prod_{j=1}^{n} P_{ij} \right)^{1/n} \quad (i=1, 2, 3, 4 \cdots\cdots n) \tag{4-2}$$

$$\lambda_{\max} = \sum_{i=1}^{n} [(Aw)_i / w_i] / n \tag{4-3}$$

$$CI = (\lambda_{\max} - n) / (n-1) \tag{4-4}$$

$$CR = [(\lambda_{\max} - n) / (n-1)] / RI \tag{4-5}$$

依次构造出评价指标的判断矩阵 $P_{n \times n}$，通过式（4-1）~式（4-5）分别计算因素权重向量 w、最大特征值 $\lambda_{\max}$、随机一致性比率 CR。

$$w_j^L = \sum_{i=1}^{n_1} w_i^K \psi_{ji} \quad (j=1,2\cdots\cdots n_2) \tag{4-6}$$

$$CR^L = \left(\sum_{i=1}^{n_1} w_i^K CI_{Ki}^L\right) / \left(\sum_{i=1}^{n_1} w_i^K RI_{Ki}^L\right) \tag{4-7}$$

采用式（4-6）、式（4-7）计算因素总排序权值与对应的随机一致性比率。

式中　w_i^K——上层（K 层）的 n_1 个因素 K_i 的因素总排序权向量；

　　　ψ_{ji}——下层（L 层）的 n_2 个因素 L_j 对应于 K_i 的权值（当 L_j 与 K_i 无关时，$\psi_{ji}=0$）；

　　　w_j^L——下层（L 层）的因素总排序权向量；

CI_{Ki}^L、RI_{Ki}^L——分别为 L 层与 K_i 对应的判断矩阵的一般一致性指标和随机一致性指标；

　　　CR^L——L 层因素总排序随机一致性比率。

当判断矩阵的阶数较大时，通常难于构造出满足一致性的矩阵来。但判断矩阵偏离一致性条件又应有一个度，为此，必须对判断矩阵是否可接受进行鉴别，这就是一致性检验的内涵。故定义一致性指标：①CI 越小，说明一致性越大。考虑到一致性的偏离可能是由于随机原因造成的，因此在检验判断矩阵是否具有满意的一致性时，还需将 CI 和平均随机一致性指标 RI 进行比较，得出检验系数 CR；②如果 CR < 0.1，则认为该判断矩阵通过一致性检验，否则就不具有满意一致性。其中，随机一致性指标 RI 和判断矩阵的阶数有关，一般情况下，矩阵阶数越大，则出现一致性随机偏离的可能性也越大，其对应关系如表 4-3 所示。

平均随机一致性指标 RI 标准值　　　　表 4-3
（标准不同，RI 的值也会有微小的差异）

矩阵阶数	1	2	3	4	5
RI	0	0	0.52	0.89	1.12
矩阵阶数	6	7	8	9	10
RI	1.26	1.36	1.41	1.46	1.49

为反映判断矩阵的客观性，通过统计与理论分析相结合的方法，研究分析了影响回灌适应性的相关评价指标，遴选出影响回灌效果的主要影响因素。根据层次结构模型图，分析各指标权值，研究各指标间的相互关系及对回灌适应性的影响程度。

4.4　基于层次分析法分析济南地区回灌适宜性

现针对济南市各地区不同的地质、水文地质与社会经济等不同的影响指标条件下的区域特性，分析各地区的回灌适宜性。

4.4.1 影响因素权值计算

综合评价济南市回灌评价指标，根据专家调查法，判定各影响因素的重要程度，进而分析各指标的重要性。

$$P_{A-B} = \begin{bmatrix} 1 & 2 & 4 \\ 1/2 & 1 & 2 \\ 1/4 & 1/2 & 1 \end{bmatrix} \quad (4\text{-}8)$$

目标层 A 的判断矩阵 U 的最大特征值 λ_{max}=3.0，权重向量为 W_u（0.571，0.256，0.143），符合矩阵一致性。

$$P_{B_1-C} = \begin{bmatrix} 1 & 2 & 5 \\ 1/2 & 1 & 3 \\ 1/5 & 1/3 & 1 \end{bmatrix} \quad (4\text{-}9)$$

判断矩阵 B_1 的最大特征值 λ_{max}=3.0037，权重向量为 W_{u1}（0.581，0.309，0.110），计算得到一致性比率 CR=0.00319＜0.1，矩阵一致性可以接受。

$$P_{B_2-C} = \begin{bmatrix} 1 & 2 & 3 \\ 1/2 & 1 & 2 \\ 1/3 & 1/2 & 1 \end{bmatrix} \quad (4\text{-}10)$$

判断矩阵 B_2 的最大特征值 λ_{max}=3.0093，权重向量为 W_{u2}（0.539，0.297，0.164），计算得到一致性比率 CR=0.00798＜0.1，矩阵一致性可以接受。

$$P_{B_3-C} = \begin{bmatrix} 1 & 2 & 3 \\ 1/2 & 1 & 2 \\ 1/3 & 1/2 & 1 \end{bmatrix} \quad (4\text{-}11)$$

同理可得 B_3 的最大特征值为 λ_{max}=3.0093，权重向量为 W_{u3}（0.539，0.297，0.164），矩阵一致性可以接受。

$$P_{A-C} = \begin{bmatrix} 1 & 2 & 5 & 3 & 6 & 7 & 4 & 8 & 9 \\ 1/2 & 1 & 3 & 2 & 3 & 3 & 4 & 5 & 5 \\ 1/5 & 1/3 & 1 & 1/3 & 1 & 2 & 2 & 3 & 3 \\ 1/3 & 1/2 & 3 & 1 & 2 & 3 & 3 & 3 & 4 \\ 1/6 & 1/3 & 1/2 & 1/3 & 1/2 & 1 & 1 & 2 & 2 \\ 1/7 & 1/3 & 1/2 & 1/3 & 1/2 & 1 & 1 & 2 & 2 \\ 1/4 & 1/4 & 1/3 & 1/3 & 1/2 & 1/2 & 1/2 & 1 & 2 \\ 1/8 & 1/5 & 1/3 & 1/3 & 1/2 & 1/2 & 1/2 & 1 & 2 \\ 1/9 & 1/5 & 1/3 & 1/4 & 1/3 & 1/2 & 1/3 & 1/2 & 1 \end{bmatrix} \quad (4\text{-}12)$$

C 层所有回灌评价指标对目标层 A 层回灌适宜性的影响综合权重分析。矩阵的最大特征值为 λ_{max}=9.0366，矩阵一致性比率为 0.003155 < 0.1，一致性可以接受。权重向量为 W_u（0.3491，0.1910，0.0798，0.1350，0.0765，0.0514，0.0530，0.0368，0.0274）。

$$P_{C-D} = \begin{bmatrix} 1 & 2 & 1 & 1 & 4 \\ 1/2 & 1 & 1/2 & 1/2 & 2 \\ 1 & 2 & 1 & 1 & 4 \\ 1 & 2 & 1 & 1 & 4 \\ 1/4 & 1/2 & 1/4 & 1/4 & 1 \end{bmatrix} \quad (4-13)$$

C9 回灌水质的 D 层各影响指标的综合权重分析。矩阵的最大特征值为 λ_{max}=5.0530，矩阵一致性比率为 0.01183 < 0.1，一致性可以接受。权重向量为 W_u（0.26667，0.13333，0.26667，0.26667，0.06666）。

4.4.2 因素总排序与权值分析

该层次分析模型中，B 层因素中水文地质指标相较于地质指标、经济与社会指标更为重要。其权重大小为 W_{uA-B}=[0.571，0.256，0.143]，很明显，对回灌适宜性的影响重要程度为水文地质指标 > 地质指标 > 经济与社会指标（图 4-6）。

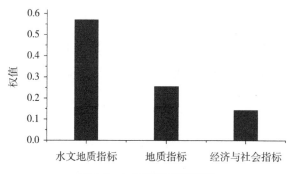

图 4-6 A-B 层权重示意图

分析 C 层评价指标的权重总排序，C1 ~ C9 的权重向量为 W_{uA-C}=[0.3491，0.1910，0.0798，0.1350，0.0765，0.0514，0.0530，0.0368，0.0274]，可得其评价指标关键性为含水层渗透系数 > 含水层厚度 > 砂卵石层厚度 > 地下水位埋深 > 含水层承压性 > 泉水敏感性 > 土层压缩模量 > 周边重要建筑物 > 回灌水质。权重大小如图 4-7 所示。

分析层次分析模型的最底层因素总排序，最底层因素是指 C1 ~ C8 与 D1 ~ D5，总排序权重向量为含水层渗透系数 > 含水层厚度 > 砂卵石层厚度 > 地下水位埋深 > 含水层承压性 > 泉水敏感性 > 土层压缩模量 > 周边重要建筑物 >pH 值 = 浊度 = 重金属含量 > 矿化度 > 有机质含量，如图 4-8 所示。

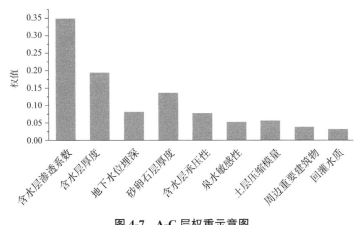

图 4-7　A-C 层权重示意图

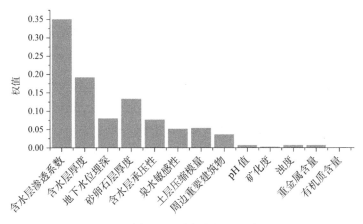

图 4-8　最底层评价指标权重示意图

综合各指标权重，分析济南地区回灌适宜性，可知含水层渗透系数、含水层厚度、地下水位埋深与砂卵石层厚度这四个因素是影响回灌适宜性的最重要的指标。由于土木工程不同于其他专业，工程人员经验较为重要，许多工程难题不能用规范或者专业知识解释时，需要用到工程经验来指导施工。因此，在划分济南地区回灌适宜性的时候，综合评价指标较多，不能严格地量化，只能给出一个区间进行综合评估。所以，在评价济南回灌区域的适宜性时用"回灌优良区、回灌适宜区、回灌基本适宜区与回灌非适宜区"来刻画济南的回灌分区，各指标对回灌分区的影响程度分别用"4、3、2、1"来评价。划分区域范围以济南市区绕城高速范围内为主，南至南部山区，北至黄河。根据各指标的影响程度得出一个综合指标，再根据该综合指标的大小来判断该地区的回灌适宜性。即各评价指标综合结果为 4.0~3.0，代表该区域为优良回灌区；各评价指标综合结果为 3.0~2.0，代表该区域为适宜回灌区；各评价指标综合结果为 2.0~1.0，代表该区域为基本适宜回灌区；各评价指标综合结果为 1.0~0，代表该区域为不适宜回灌区。

4.4.3 济南市基坑实例回灌适宜性分析

分析各地区的回灌适宜性需要综合考虑该地区的实际水文地质情况与地质情况，由于济南地区地质条件较为复杂，以下分别列举 R1 线、R2 线、R3 线以及 M3 线的车站基坑实例，分析各站点的回灌适宜性。

（1）济南轨道交通 R1 线某地下车站所属地下水为第四系松散岩类孔隙水，混合水位埋深 4.65~6.20m，相应静止水位标高为 25.86~27.25m，主要接受大气降水和地表水径流补给。把厚层黏性土视作相对隔水层时，①杂填土，平均层厚 2.3m；②黄土，平均层厚 5.2m；③粉质黏土，平均层厚 6.8m；④卵石，平均层厚 6.6m；⑤粉质黏土，平均层厚 5.0m；⑥黏土，

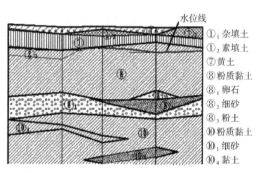

图 4-9 R1 线某车站地质剖面图

平均层厚 3.6m；⑦卵石，平均层厚 6.7m；⑧黏土，平均层厚 5.2m，地层剖面如图 4-9 所示。

该站卵石层具有承压水的埋藏条件。主要接受大气降水及地表水的下渗渗流补给及上流河道渗流补给，以民井抽取及地下水侧向径流为主要排泄方式。依据抽水试验成果，推荐降水施工使用水文地质参数：渗透系数 K=20.0m/d，渗透系数较适中，比较适宜回灌，且回灌层在砂卵石层。该车站距离泉群较远，属于降水次敏感区。

（2）济南轨道交通 R2 线某地下车站，所属地下水为第四系松散岩类孔隙水，地下水位埋深较浅，约为地下 3.0~7.5m，主要接受大气降水和地表水径流补给。地层剖面如图 4-10 所示。

该站地下水位埋深较浅，粉质黏土渗透系数相对较小。但 15~20m 深处有碎石分布，碎石的渗透系数极大，回灌到该层的水流动性很大，若碎石层附近无渗透系数相对小的

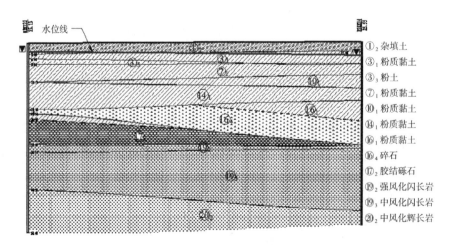

图 4-10 R2 线某车站地质剖面图

隔水层，则回灌水会迅速流走，并不能起到抬高地下水位的作用。该车站距离泉群较远，且在泉群的北部，属于降水非敏感区。

（3）济南轨道交通 R3 线某地下车站，所属地下水为第四系松散岩类孔隙水，地下水位埋深非常小，约为地下 3.2~6.5m，主要接受大气降水和地表水径流补给。地层剖面如图 4-11 所示。

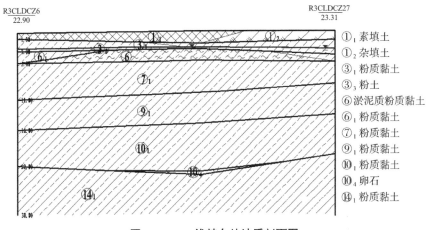

图 4-11　R3 线某车站地质剖面图

该站地下水位埋深较浅，均分布黏土与粉质黏土，但粉质黏土与黏土的渗透系数较大，该区域的抽水量也非常大。无砂卵石与碎石分布。该区域位于济南市新东站片区，与白泉非常接近，属于泉水敏感区。该区域需采用封闭降水的方式，采用坑内降水，坑外补给。钻孔采样室内试验测得的横向渗透系数较大，纵向渗透系数较小，回灌水在黏土层中效果一般。

（4）济南轨道交通 M3 线某地下车站，所属地下水为第四系裂隙岩溶水，地下水位埋深较深，约为地下 18~22m，主要接受大气降水和地表水径流补给。地层剖面如图 4-12 所示。

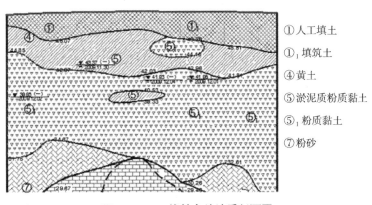

图 4-12　M3 线某车站地质剖面图

该条线路位于经十路，地下水埋深较深，属承压水。经十路位于泉群的补给区，属于泉水敏感区，但由于地下水埋深较深，地下水位以上区域开挖基坑，无需降水。若在地下水位以下开挖基坑，承压水水位较高，回灌压力较小，回灌效果较差。

车站基坑实例回灌适宜性分析表　　　　　　　　　　　　表 4-4

评价指标	C1	C2	C3	C4	C5	C6	C7	C8	C9	综合得分
权重值	0.3491	0.191	0.0798	0.135	0.0765	0.0514	0.053	0.0368	0.0274	
R1 线大杨庄站	3.2	3.0	2.8	3.5	3.0	2.5	2.0	1.5	3.5	3.0011
R2 线工业北路站	2.8	2.0	2.5	3.5	1.5	2.5	0.5	2.5	3.5	2.4892
R3 线济南新东站	3.0	3.2	3.2	3.5	3.5	3.0	4.0	1.5	1.5	3.1166
M3 线八一立交桥站	1.8	2.0	1.5	2.0	1.5	2.0	3.5	3.0	2.0	1.9683

根据表 4-4 各车站实例评价指标综合得分结果分析可知：R1 线大杨庄站地下含水层渗透系数较大，且含水层内分布砂卵石地层，储水空间较大，地下水位埋深较浅，综合分析该区域为优良回灌区；R2 线工业北路站地下含水层渗透系数较大，区域内分布砂卵石层，综合分析该区域为适宜回灌区；R3 线济南新东站含水层厚度大，对应的储水空间大，地下水位埋深较浅，且渗透系数较大，且在白泉附近，为泉水敏感区，综合分析该区域为优良回灌区；M3 线八一立交桥站地下水埋深较深，且为承压水，渗透系数相对较小，处于补给径流区，对回灌水质要求较高，综合分析该区域为基本适宜回灌区。

4.4.4　济南市回灌区域划分

采用上述层次分析法与专家调查法，以济南轨道交通车站基坑为依托，共分析 50 余个基坑，并结合上述九个评价指标在各区域内的区域特性得出济南市深基坑范围内回灌适宜性分区结果。将研究区域按埋深 0~10m、10~20m、20~30m 范围划分为三个分区图，每个分区图分别划分为优良回灌区、适宜回灌区、基本适宜回灌区与不适宜回灌区四个区域，具体划分如图 4-13~图 4-15 所示。

A 区，即优良回灌区，位于济南新东站附近与西部地区，该区域含水层的渗透系数非常大，储水空间大，地下水位埋深较浅，为回灌提供了良好的地质条件。

B 区，即适宜回灌区，济南市地质条件较复杂，南高北低，南部多为山区，北部为平原区，该区域分布在济南中部与东北部地区，渗透系数大，入渗条件较好，含水层厚度适中，在该区回灌效率较高。

C 区，即基本适宜回灌区，该区多分布在黄河南北区域，渗透系数较小，多分布黏土与粉质黏土，地下水位埋深浅，但由于入渗条件较差，导致该区域的回灌效率较差。

D 区，即不适宜回灌区，该区分布在济南的南部，多位于山区部分，为济南泉水的补给区，地下水多汇集到济南中部泉水区域。由于地下水位在该区域埋深很深，基坑开挖范围内无地下水，故为不适宜回灌区。

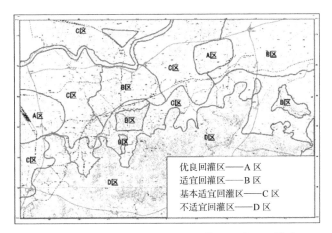

图 4-13　济南市基坑埋深 0～10m 范围回灌适宜性分区

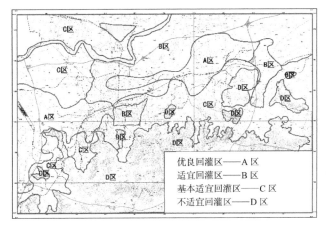

图 4-14　济南市基坑埋深 10～20m 范围回灌适宜性分区

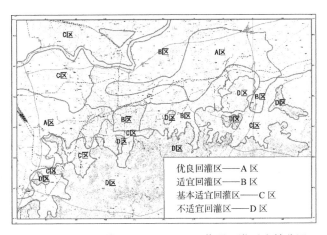

图 4-15　济南市基坑埋深 20～30m 范围回灌适宜性分区

4.5　本章小结

济南市地下水主要为孔隙水、裂隙岩溶水与裂隙水，通过对济南市地质条件与水文地质条件的研究，采用层次分析法分析回灌评价指标权重，划分济南市回灌适宜性分区，主要得出以下结论：

（1）基于层次分析法得出各回灌评价指标权重大小为：含水层渗透系数＞含水层厚度＞砂卵石层厚度＞地下水位埋深＞含水层承压性＞泉水敏感性＞土层压缩模量＞周边重要建筑物＞回灌水质，含水层渗透系数、含水层厚度、砂卵石层厚度与地下水位埋深四个评价指标所占权重最大，对回灌适宜性分区影响最大。

（2）通过层次分析法分析轨道交通 R1、R2、R3 与 M3 线的代表性地下车站回灌适宜性，得出 R1 线大杨庄站为优良回灌区；R2 线工业北路站为适宜回灌区；R3 线济南新东站为优良回灌区；M3 线八一立交桥站为基本适宜回灌区。

（3）将济南市基坑埋深 0～30m 范围划分为优良回灌区、适宜回灌区、基本适宜回灌区和不适宜回灌区四个区域，可指导实际基坑工程回灌方案设计。

（4）通过分析回灌适宜性分区图可得，优良回灌区与适宜回灌区多为砂卵石等大渗透系数分布区域，且地下水位埋深较浅，回灌效率较高；不适宜回灌区多分布在南部山区，该区域地下水位埋深较深，多大于 40m，深基坑开挖范围内不需要降水回灌。

第 5 章
止水帷幕阻挡效应研究

5.1 止水帷幕阻挡效应及帷幕渗漏研究现状综述

5.1.1 引言

位于地下水位以下的基坑工程，需要在开挖前降低地下水水位，以避免开挖过程中出现流砂及管涌现象，确保施工安全。通常采取两种措施防止流砂和管涌的发生：降水法和阻隔法。降水法是通过在基坑内外布设井点来降低基坑内地下水水位，阻隔法是在基坑外围设置止水帷幕，如钢板桩、深层搅拌桩、旋喷桩及地下连续墙等以减少坑外水位的下降。在基坑开挖过程中，止水帷幕联合井点降水的方式在很多工程中得到了应用，如隧道（Pujades 等，2012、2015）、地下室（Ervin、Morgan，2001；骆祖江、武永霞，2006）、地铁车站（Zhou 等，2010；娄荣祥等，2011）等的开挖。

基坑内降水时，止水帷幕的存在影响了地下水的渗流环境，改变了地下水的渗流状态，具体表现在以下几个方面：①地下水位发生变化，基坑内外由连续性的地下水位变为阶段性的；②地下水流速发生变化，基坑外地下水进入基坑内的速度要小于无止水帷幕的情形；③渗流路径、渗流方向发生变化，由水平流变为三维流。止水帷幕的这种阻挡效应减少了基坑外的水位降深，从而减少了降水引起的地表沉降。一般说来，止水帷幕插入含水层的深度越大，基坑外水位降深越小，降水引起的地面变形越小，当止水帷幕完全隔断含水层时，降水引起的地表沉降可忽略。然而，止水帷幕在施工过程中因施工工艺或施工质量问题等原因经常会出现不同程度的渗漏，基坑外地下水会通过止水帷幕进入基坑，使得坑外地下水位降低，土体发生固结沉降，严重的渗漏还有可能出现流砂、管涌现象，从而造成地面塌陷、管线破裂、建筑物开裂。在基坑工程中，因止水帷幕渗漏造成的基坑事故占较大比例。如周红波和蔡来炳（2015）对26个因承压水问题导致的基坑事故进行了统计分析，其中38.5%的事故是因止水帷幕渗漏导致的。故开展基坑止水帷幕对渗流场阻挡效应及止水帷幕渗漏的研究对于地表沉降控制及基坑安全具有重要的意义。

目前，关于止水帷幕对渗流场的研究主要从以下两方面着手：①止水帷幕对渗流场的阻挡效应；②止水帷幕渗漏对地下水环境的影响。本章分别从这两方面的研究现状进行综述。首先，总结基坑降排水对渗流环境的影响；其次，对止水帷幕对渗流场阻挡效应的研究现状进行综述，并分析各种方法的优缺点，包括基坑内外地下水位以及地表沉降的计算方法；再次，对止水帷幕下坑内抽水时水文地质参数的计算方法进行综述；最后，综述分析止水帷幕渗漏危害及确定渗漏位置的方法。

5.1.2 止水帷幕阻挡效应研究现状

含水层中止水帷幕的存在改变了地下水的渗流方向，减少了渗流面积，延长了渗流路径，使得含水层在厚度上发生了不连续变化。止水帷幕进入到含水层中后，其两侧水位分布情况的计算方法可分为三类，如表5-1所示：

（1）解析—半解析分析法；
（2）回归公式法；
（3）数值分析法。

止水帷幕两侧水位计算方法　　　　　　表5-1

名称	计算条件	内容	来源
解析—半解析分析法	止水帷幕很长，与流线垂直方向上无限延伸	止水帷幕两侧承压水位及潜水水位随距离分布	王军辉等（2009）
回归公式法	止水帷幕在水平方向或垂直方向将含水层完全隔断	止水帷幕两侧水位差计算公式	Pujades等（2012）
数值分析法	任意形状、任意深度的止水帷幕	有限差分法	骆祖江等（2005）黄小锐（2011）
		有限单元法	Luo等（2008）孙文娟等（2008）

5.1.2.1 解析—半解析分析法

当地下水流通过止水帷幕（地下构筑物）时，止水帷幕附近水流表现为三维流，故较难用解析计算公式计算止水帷幕附近水位分布情况。本文只搜集到一篇关于长条形止水帷幕两侧水位分布情况的解析计算方法（王军辉等，2009）。

王军辉等以地下止水帷幕对上下游最大影响范围作为假想的河流边界条件，并假设地下止水帷幕很长，与流线垂直方向上无限延伸，即地下水只能从止水帷幕下方流过，如图5-1所示。根据水均衡原理和达西定律，推导出了止水帷幕阻隔情况下承压水问题的解析解和潜水问题的半解析解。

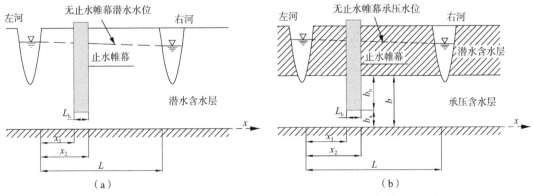

图 5-1 止水帷幕对渗流场阻隔作用剖面示意图（王军辉等，2009）
（a）承压含水层；(b）潜含水层

承压水问题解析解计算公式如下：

上游段：

$$h = \frac{-(1-\varepsilon)(h_1-h_2)x}{\varepsilon L_b + (1-\varepsilon)L} + h_1 \qquad 0 \leq x \leq x_1 \tag{5-1}$$

阻隔断：

$$h = \frac{-(h_1-h_2)x - \varepsilon(h_2 x_1 - h_1 x_2) + h_1(1-\varepsilon)L}{\varepsilon L_b + (1-\varepsilon)L} \qquad x_1 < x \leq x_2 \tag{5-2}$$

下游段：

$$h = \frac{-(1-\varepsilon)(h_1-h_2)x + h_2 L_b \varepsilon + h_1(1-\varepsilon)L}{\varepsilon L_b + (1-\varepsilon)L} \qquad x_2 < x \leq L \tag{5-3}$$

式中　ε——阻隔厚度比，即止水帷幕进入承压含水层的长度与承压含水层厚度之比；

　　　L_b——止水帷幕的宽度，$L_b = x_1 - x_2$；

　　　x_1——左河与止水帷幕左边界间的距离；

　　　x_2——止水帷幕右边界与右河间的距离；

　　　L——两河间距离；

　　　h_1——左河水位；

　　　h_2——右河水位；

　　　x——距离坐标。

潜水问题半解析解计算公式如下：

上游段：

$$h = \sqrt{\frac{-2q_l}{k}x + h_1^2} \qquad 0 \leq x \leq x_1 \tag{5-4}$$

阻隔断：

$$h = h_1 + \frac{h_2 - h_1}{a}(x - x_1) \qquad x_1 < x \leq x_2 \tag{5-5}$$

下游段：

$$h = \sqrt{\frac{-2q_l}{k}(x-L) + h_2^2} \qquad x_2 < x \leq L \tag{5-6}$$

其中：

$$\frac{\sqrt{\frac{-2q_l}{k_p}x_1 + h_1^2} - \sqrt{\frac{-2q_l}{k_p}(x_2-L) + h_2^2}}{L_b} = \frac{q_l}{k_p b_l} \tag{5-7}$$

式中　k_p——潜水含水层渗透系数；

　　　b_l——止水帷幕底板与潜水含水层底板间距离；

　　　q_l——任一断面单宽流量。

潜水情况下，公式（5-7）无法给出 q_l 或 q_l/k_p 的直接解，可利用迭代法计算出 q_l 或 q_l/k_p 的值，进而求出不同部位水位分布情况。

5.1.2.2 回归公式法

王军辉等给出的方法计算简单，但是在公式推导过程中仅考虑了地下水通过止水帷幕下方引起的水头损失，即渗流面积的减少导致的水头损失，并没有考虑地下水渗流路径、渗流方向的改变引起的水头损失，也没有考虑含水层各向异性的影响，因此计算结果偏小。Pujades 等（2012）综合考虑各种因素，给出了止水帷幕两侧水位差的计算公式。Pujades 等的方法与王军辉等的假设相似，要求止水帷幕与流线垂直方向上无限延伸，即地下水仅能从止水帷幕下方流过，如图 5-2 所示。Pujades 等首先根据数值分析法计算止水帷幕两侧承压含水层顶底板水位的差异，然后分别计算渗流面积减少产生的水头损失及渗流路径改变产生的水头损失，并利用类似于 Thiem 方程（Thiem，1906）的公式与数值模拟结果进行比较，得出止水帷幕两侧水位差的计算公式如下：

渗流面积减少产生的水头损失 s_{bi}，可用以下公式计算：

$$s_{bi} = i_N L_b \left(\frac{b}{b_a} - 1 \right) \quad (5-8)$$

渗流路径改变产生的水头损失 s_{bo}，可用以下公式计算：

$$s_{bo} = \begin{cases} 2i_N b b_{bd} & b_{bd} < 0.28 \\ i_N b \sqrt{\dfrac{3}{8}} \ln \left(\dfrac{2b_{bd}^{0.29}}{(1-b_{bd})^2} \right) & b_{bd} \geq 0.28 \end{cases} \quad (5-9)$$

式中　i_N——无止水帷幕下水力梯度；

L_b——止水帷幕宽度；

b——承压含水层厚度；

b_a——止水帷幕底部与承压含水层底板间距离；

b_{bd}——止水帷幕进入承压含水层厚度与承压含水层厚度之比。

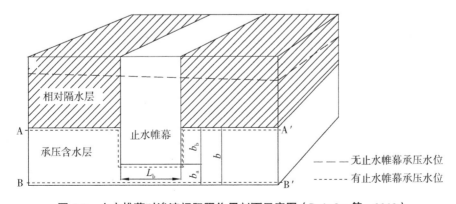

图 5-2　止水帷幕对渗流场阻隔作用剖面示意图（Pujades 等，2012）

Pujades 等的方法能够计算止水帷幕在水平方向或垂直方向上将含水层完全隔断时，天然状态下止水帷幕作用下其两侧的水位差，不能计算基坑内抽水时地下水从不同方向进入基坑的情况。

5.1.2.3 数值分析法

现阶段利用数值法分析地下水渗流问题的方法有：有限单元法（Clough，1960；Ou 等，1996；Sharif 等，2001；卞锦宇等，2002）、有限差分法（Taflove，1998；孟长江等，2014）、边界单元法（雷卫东等，2015）、有限体积法（杨海英等，2005）、有限分析法（Chen 和 Chen，1984）、多尺度有限元法（薛禹群等，2004）等。其中，有限单元法和有限差分法在基坑降水地下水渗流中应用最为广泛。

1. 地下水位预测方法

对于基坑降水模式，目前尚没有解析计算方法计算基坑止水帷幕下承压水位的分布。许多学者采用数值模拟方法来分析止水帷幕对渗流场的阻挡效应（骆祖江等，2005；Luo 等，2008；黄小锐，2011；廖翔等，2014）。鉴于基坑工程边界条件的特性，一般采用三维渗流模型。

现阶段应用较为广泛的地下水流模型 Modflow 是美国地调所开发的基于有限差分原理的三维渗流模型（McDonald 和 Harbaugh，1988），以 Modflow 为水流计算核心的三维渗流模型计算软件有 Visual Modflow（骆祖江等，2005；Lautz 和 Siegel，2006；Zaidel 等，2010）、Processing Modflow（Chiang 和 Kinzelbach，1998；阚京梁，2010）、GMS（祝晓彬等，2003、2005）等，如表 5-2 所示。

Visual Modflow 操作简便，对计算机硬件要求较低，可视化功能强大，在基坑降水设计中应用最多，其缺点是不能计算抽水引起的地表沉降。北京（徐耀德和童利红，2004）、天津（张楠和胡鹏辉，2010）、上海（Zhou 等，2010）、南京（黄小锐，2011）、杭州（李福清等，2007）等基坑工程，都曾采用该软件进行基坑降水设计，模拟预测了基坑开挖到底部时基坑内及其周边的地下水流特征。Prosessing Modflow 可以计算抽水引起的地表沉降，其计算原理基于太沙基一维固结理论，但界面操作较为复杂，对计算机硬件要求较高，后处理可视化功能较弱。该软件模拟预测了上海环球金融中心基坑降水引起的地表沉降（付延玲和郭正法，2006）。GMS 作为一种综合性很强的地下水模拟软件，在基坑降水工程中应用较少，更多地应用于区域性的地下水资源评价中（祝晓彬等，2003、2005）。

此外，基坑降水设计中，也会采用基于有限单元法的渗流模型计算基坑降水问题。如廖翔等（2014）采用三维有限单元法模拟南京地铁 2 号线元通站修复工程的基坑降水，通过模拟分析，确定了基坑降水的最优方案。Pujades 等（2014）采用有限单元法模拟分析了西班牙巴塞罗那某圆形基坑抽水试验引起的地下水流分布情况，并利用轴对称数值模型进行了基坑降水设计。

有限差分计算软件 表 5-2

名称	优点	缺点
Visual Modflow	操作简单，可视化功能强大	不能计算土体变形
Prosessing Modflow	可计算土体竖向变形	操作较复杂，可视化功能较弱
GMS	功能强大，综合性强	建模较复杂

2. 地表沉降预测方法

利用数值法预测地下水位降低引起的地表沉降可分为三类：两步计算模型，部分耦合模型和完全耦合模型（张云和薛禹群，2002；Xu 等，2008）。

1）两步计算模型

两步计算模型的基本思想是，首先根据渗流模型计算出地下水位的变化，其次根据孔隙水压力的变化计算出有效应力的变化，最后利用分层总和法计算出地表沉降量（Gambolati 和 Freeze，1973）。当渗流模型无法计算沉降时，可采用此方法计算基坑降水引起的地表沉降。Zhou 等（2010）、Pujades 等（2014）分别应用该法计算出了上海某基坑、巴塞罗那某基坑降水引起的地表沉降。

2）部分耦合模型

部分耦合模型是通过某些参数，如储水系数与压缩系数或渗透系数与孔隙比，将水流模型和沉降模型耦合在了一起（冉启全和顾小芸，1998；Rivera 等，1991；Chen 等，2005）。周志芳等（2004）针对长江中下游地区的地层特性，采用双层结构模型计算出润扬长江公路大桥的基坑降水引起的地表沉降，计算中承压水流考虑水平运动，上部潜水考虑垂直运动，同时综合考虑土层物理参数与水文参数的非线性耦合，该模型实质上是基于准三维模型的部分耦合模型。Shen 等（2006，2011）曾采用三维渗流与一维土体固结的部分耦合模型分析地下水开采引起的沉降问题。该方法成功分析了上海基坑降水引起的地表沉降（唐翠萍等，2005；孙文娟等，2008）。

3）完全耦合模型

完全耦合模型是基于比奥固结理论的真三维固结模型（Biot，1941）。在 20 世纪 70 年代，Gambolati 等最早应用该模型分析了地面沉降（Gambolati 等 1973，1974）。根据比奥理论与土体间的关系，完全耦合模型可分为三类：线弹性模型；非线弹性模型，如邓肯—张模型（Duncan 和 Chang，1973），剑桥模型（Roscoe 和 Burland，1968）；黏弹性模型（王猛等，2009）。刘婧等（2013）基于线弹性模型分析了上海虹桥交通枢纽基坑降水引起的沉降变形；骆祖江等（2008）基于邓肯—张模型分析了上海轨道交通 4 号线董家渡隧道修复工程基坑降水引起的地表沉降；朱悦铭等（2013）基于剑桥模型分析了上海会德丰广场基坑降水导致的地面及邻近隧道的沉降；许胜等（2008）基于黏弹性模型分析了上海环球中心基坑工程抽水试验期间抽水引起的沉降变形。

两步计算模型将渗流与沉降分开计算，没有实现两者的耦合。部分耦合模型可以考虑地下水位下降时孔隙率、储水率的变化，其优点是所需参数较少，计算速度快，缺点是不能计算水平位移。完全耦合模型可以计算不同本构关系下的土体变形问题，包括水平变形和垂直变形，其缺点是所需参数多，计算速度慢，非线性模型不易收敛。

3. 止水帷幕两侧水位分布情况计算方法

对基坑止水帷幕对渗流场的阻挡效应进行了综述分析，止水帷幕两侧水位分布情况计算方法包括：解析—半解析分析法、回归公式法和数值分析法。

1）解析—半解析分析法

该方法可以计算无限长止水帷幕下，止水帷幕两侧承压水位、潜水水位的分布情况，在推导过程中仅考虑渗流面积的减少对地下水位的影响，没有考虑地下水渗流路径、渗流方向的改变以及含水层各向异性对水位的影响，因此计算结果有一定的误差。

2）回归公式法

该方法综合考虑了止水帷幕作用下渗流面积减少、渗流路径和渗流方向改变对地下水位的影响，得出的计算公式可以计算止水帷幕在水平方向或垂直方向将含水层完全隔断时，天然状态下止水帷幕两侧的水位差。不适用于计算基坑内抽水时地下水从不同方向进入基坑的情况。

3）数值分析法

该方法可以分析各种边界下的地下水流问题，且可以计算地下水位降低引起的地面沉降，在基坑降水设计中应用最为广泛，但它难以对止水帷幕的作用机理进行非常严格的探讨，此外建立数值模型计算也较为复杂。

综上所述，有必要对基坑内抽水时止水帷幕的作用机理及其引起的基坑内外水位的变化作进一步研究，以提出应用性较广的解析计算方法。

5.2 境内降水引起止水帷幕两侧水位差的计算方法

5.2.1 引言

当抽水井在基坑内抽水时，基坑止水帷幕的作用改变了地下水的渗流方向，减少了渗流面积，延长了渗流路径。止水帷幕的挡水作用使得基坑内水位快速下降，基坑外水位缓慢下降，从而使基坑内外承压含水层出现水位差。一方面可以满足基坑开挖需求，另一方面对周边环境起到保护作用。如上海轨道交通4号线董家渡修复工程，基坑最大开挖深度约41m，基坑开挖过程中，基坑内最大水位降深为35m，基坑外最大水位降深仅为4m（瞿成松，2010）；上海轨道交通9号线宜山路站基坑工程，基坑最大开挖深度约30m，基坑开挖过程中，基坑内最大水位降深为17.6m，基坑外最大水位降深仅为1m（王建秀，2010）。这两个案例基坑内外都有水位观测孔，因此能够及时了解基坑内外的水位变化情况，从而能及时了解坑内抽水对基坑周边渗流场的影响。然而，在很多工程中，因现场场地限制，在基坑外没有布设观测井，或者因某种原因使得已布设的观测井被破坏，导致无法了解基坑外水位变化情况。

通常采用数值模拟的方法计算止水帷幕作用下基坑内抽水时，基坑内外水位的变化（Wang 等，2009；Pujades 等，2014a、b；陈兴贤等，2013）。但是利用数值模型计算比较复杂，计算建模需要一定的时间，而且工程师在现场难以直接利用数值分析法解决问题。目前，尚没有可以直接计算基坑内外水位差的计算方法。Pujades 等（2012）利用解析及数值模拟的方法推导出了天然状态下承压含水层中出现长条形构筑物（如隧道）时，构筑物两侧水位差的计算方法，但 Pujades 的方法要求整个研究范围内无源汇项，且构筑物在水平方向或垂直方向将含水层完全隔断，此时地下水仅从一个方向流向构筑物另一侧，不能计算基坑内抽水时地下水从不同方向进入基坑的情况。因此，有必要在基坑内抽水时止水帷幕两侧水位差方面作进一步研究，寻找一种应用性较广的解析计算方法。

为了使问题简化与分析计算方便，本章基于圆形基坑中心抽水的情况，首先利用有限差分软件 Modflow 中的三维非稳定流渗流模型分析了坑内抽水时，不同深度止水帷幕作用下地下水位降深沿承压含水层竖向的分布规律，探讨了止水帷幕两侧水位降深差产生的原因。通过理论分析和数值模拟分析相结合的方法，提出了止水帷幕两侧水位降深差的简化计算公式，该计算公式基于圆形基坑推导出，但也适用于其他任意形状的基坑帷幕。最后将提出的方法应用到工程实例中进行验证。

5.2.2　止水帷幕作用下的三维渗流模型

圆形基坑止水帷幕下基坑内抽水时，渗流情况相对简单，为了便于分析，本研究采用圆形基坑帷幕进行分析。需要说明的是虽然推导过程中采用圆形帷幕结构，但基于大井理论的结果也可应用于方形或长条形等任意形状的基坑。计算误差在后面给予证明，误差大小在工程影响允许范围内。

如图 5-3 所示的一个半径为 r_0 的圆形基坑，其中心有一口完整井以抽水量 Q_w 抽水。基坑围护结构采用厚度为 L_b 的止水帷幕。设承压含水层厚度为 b，进入承压含水层的止水帷幕的厚度为 b_b，未进入承压含水层的厚度为 b_a，如图 5-4 所示。采用数值法分析讨论止水帷幕插入承压含水层不同深度对基坑内外承压水位的影响。

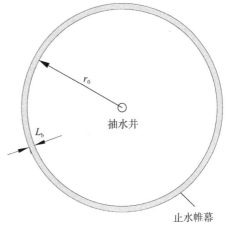

图 5-3　圆形基坑平面图

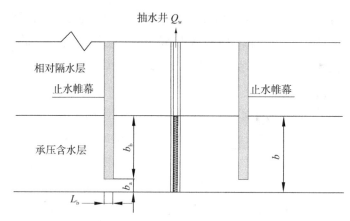

图 5-4 止水帷幕在承压含水层中相对位置示意图

Q_w—抽水量;L_b—止水帷幕厚度;b_a—地下连续墙未进入承压含水层的厚度;
b_b—地下连续墙进入承压含水层的厚度;b—承压含水层厚度

5.2.2.1 分析范围

本研究以上海典型地层为依据,土层物理力学性质参考上海 500kV 静安(世博)变电工程地质资料(上海长凯岩土工程有限公司,2007)。水文地质情况自上而下分别为:潜水层,由②粉质黏土、③淤泥质粉质黏土、④淤泥质黏土组成;第Ⅰ相对隔水层,由⑤$_{1-1}$黏土、⑤$_{1-2}$粉质黏土、⑥粉质黏土组成;第Ⅰ承压含水层,由⑦粉砂组成;第Ⅱ相对隔水层,由⑧粉质黏土组成(图 5-5)。假设基坑半径为 18m,止水帷幕厚度为 1m。

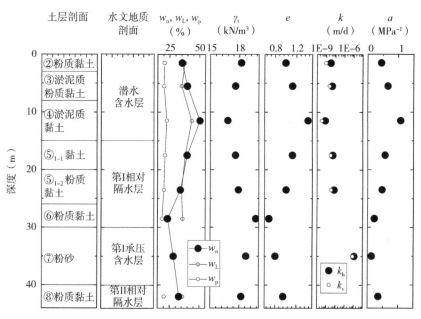

图 5-5 土层物理力学性质

w_p—塑限;w_n—含水量;w_L—液限;γ_t—重力密度;e—孔隙比;k_h—水平渗透系数;k_v—垂向渗透系数;a—压缩系数

分析模型以基坑中心点为中心，向外扩展约410m，以消除边界条件对计算结果的影响，分析范围为830m×820m×44m。图5-6所示为平面网格剖分图，x方向划分为121列，y方向划分为121行，共计14641个单元。网格从基坑向外由密到疏，基坑及其附近单元尺寸为1.3m×1.3m，模型边缘最大单元尺寸为20m×20m。z方向划分为29层，其中承压含水层划分为20层。图5-7所示为三维网格剖分图。为了解网格尺寸对数值模拟计算结果的影响，采用三种网格划分方式进行计算，其区别为网格尺寸的最大比率，即最大网格的长度与最小网格长度之比。三种划分方式如下：①当前网格尺寸，最大比率为20∶1.3；②最大比率为10∶1；③最大比率为40∶1。计算结果表明，这三种网格划分方式下所得结果的差别小于1.0%，其主要原因为网格最大尺寸远离抽水井所在区域。此外，网格划分数量越多，计算速度越慢。因此，在网格划分过程中，只要基坑及其网格附近划分较密即可。

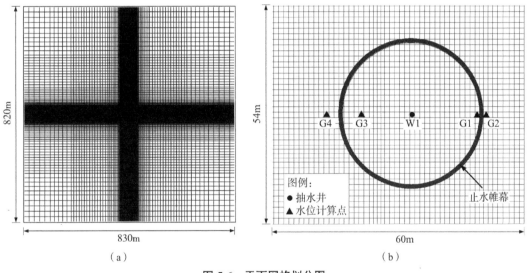

图5-6 平面网格划分图
（a）平面网格图；（b）网格局部放大图

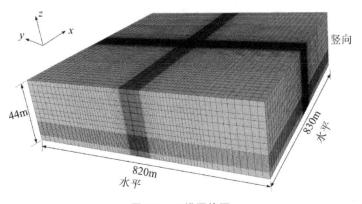

图5-7 三维网格图

5.2.2.2 计算参数

本研究计算参数见表 5-3，承压含水层渗透系数及储水系数依据上海 500kV 静安（世博）变电工程抽水试验报告。其他土层渗透系数依据室内试验。储水系数取值参考骆祖江等（2006）。止水帷幕渗透系数取混凝土渗透系数，值为 1.00×10^{-9} m/s。

渗流模型计算参数　　　　　　　　　　　　　　表 5-3

编号	土层名称	厚度（m）	渗透系数（m/s）	储水率（1/m）
1	②粉质黏土	3	4.63×10^{-8}	1.0×10^{-6}
2	③淤泥质粉质黏土	5	5.90×10^{-9}	1.0×10^{-6}
3	④淤泥质黏土	7	2.78×10^{-9}	1.0×10^{-6}
4	⑤$_{1-1}$黏土	5	3.51×10^{-8}	1.0×10^{-6}
5	⑤$_{1-2}$粉质黏土	6	2.90×10^{-8}	1.0×10^{-6}
6	⑥粉质黏土	4	3.31×10^{-9}	1.0×10^{-6}
7	⑦粉砂	10	4.17×10^{-5}	6.0×10^{-5}
8	⑧粉质黏土	4	4.63×10^{-8}	1.0×10^{-6}
9	止水帷幕	1	1.00×10^{-9}	—

5.2.2.3 初始及边界条件

以地面作为基准点，初始潜水及第Ⅰ隔水层水位取为 –1m，承压水及第Ⅱ隔水层水位取为 –7m；4 个边界条件为定水头边界。止水帷幕采用模型中的墙边界单元，厚度为 1m，渗透系数为 1.0×10^{-9} m/s。抽水井为模型的唯一源汇项，其过滤器长度为 10m。

5.2.3 止水帷幕作用下承压含水层水位降深竖向分布规律

止水帷幕作用下承压含水层水位降深竖向分布规律主要受两方面因素影响：抽水井完整性和承压含水层各向异性。

5.2.3.1 抽水井完整性对水位降深的影响

为使计算结果具有代表性，采用无量纲形式表示。无量纲变量为：

$$r_\mathrm{d} = \frac{r}{r_0} \quad (5\text{-}10)$$

$$b_\mathrm{d} = \frac{b'}{b} \quad (5\text{-}11)$$

$$s_\mathrm{d} = \frac{s}{s_\mathrm{c}} \quad (5\text{-}12)$$

式中　r_d——无量纲距离；

　　　r——观测点到抽水井的距离；

　　　r_0——基坑半径；

b_d——承压含水层竖向相对深度；

b'——承压含水层内任一观测点到该含水层顶板的距离；

b——承压含水层厚度；

s_d——无量纲水位降深；

s——水位降深；

s_c——特征水位降深。

根据 Thiem（1906）的理论，承压含水层中单井抽水时任一点水位降深可按下式计算：

$$s = \frac{Q_w}{2\pi T}\ln\frac{R}{r} \tag{5-13}$$

式中　Q_w——抽水量；

T——承压含水层导水系数。

此处特征水位降深 s_c 用下式表示：

$$s_c = \frac{Q_w}{2\pi T} \tag{5-14}$$

式（5-10）~式（5-14）表明，变换后的无量纲形式不再受承压含水层厚度、土层导水系数、抽水量及基坑形状的影响。即计算结果反映了任意形状基坑内抽水井抽取承压水的情况。

1. 完整井抽水

承压含水层厚度 10m，抽水井过滤器长 10m，保持抽水量不变，改变止水帷幕插入承压含水层的厚度 b_b。

图 5-8 所示为三种不同止水帷幕插入深度下，抽水稳定后承压含水层水位降深沿含水层深度的分布形态。以止水帷幕为界，其上方及下方曲线不同。①在止水帷幕上方，承压水位降深沿含水层深度曲线近似呈指数函数型。基坑内测点，靠近承压含水层顶部的水位降深最大，随深度增加水位降深逐渐减小；基坑外测点，靠近承压含水层顶部的水位降深最小，随深度增加水位降深逐渐增大。②在止水帷幕下方，曲线呈直线型。水位降深随深度增加无明显变化。表明当止水帷幕插入到承压含水层中，坑内抽水时，止水帷幕附近产生三维流，止水帷幕插入含水层的深度越大，三维流特征越明显。需要注意的是，在任意深度下，坑内承压水位降深随止水帷幕插入深度的增大而增大。而坑外水位降深却有所不同，在承压含水层上部，水位降深随止水帷幕插入深度的增大而减小；在承压含水层的下部，水位降深随止水帷幕插入深度的增大而增大。

图 5-9 所示为当止水帷幕插入 80% 承压含水层深度时，基坑外不同距离下，承压含水层竖向相对深度与水位降深关系图，观测点离止水帷幕越近，承压水位降深沿深度的分布越不均匀，地下水三维流特征越明显。

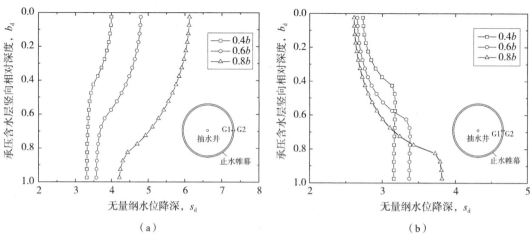

图 5-8　承压含水层竖向深度与水位降深关系图
(a) 坑内观测点 G1；(b) 坑外观测点 G2

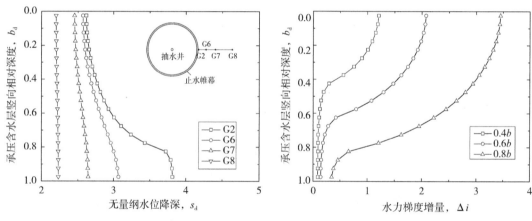

图 5-9　基坑外沿径向承压含水层竖向深度
与水位降深关系图

图 5-10　水力梯度增量与承压含水层
竖向深度关系图

图 5-10 所示为止水帷幕不同插入深度下，墙两侧观测点水力梯度增量与承压含水层竖向深度关系图。此处水力梯度增量指抽水稳定后，止水帷幕插入承压含水层的深度为 nb（$0<n<1$）时，两观测点间的水力梯度与无止水帷幕时的水力梯度之差。两观测点间的水力梯度增量按下式计算：

$$\Delta i = i_B - i_N \tag{5-15}$$

式中　Δi——水力梯度增量；

i_B——止水帷幕存在时两观测点间的水力梯度；

i_N——无止水帷幕时两观测点间的水力梯度。

i_B 及 i_N 分别用下式计算：

$$i_B = \frac{h_{W1} - h_{W2}}{L_{12}} \quad (5\text{-}16)$$

$$i_N = \frac{h_1 - h_2}{L_{12}} \quad (5\text{-}17)$$

式中 h_{W1}——止水帷幕存在时观测点 G1 的承压水位;

h_{W2}——止水帷幕存在时观测点 G2 的承压水位;

h_1——无止水帷幕时观测点 G1 的承压水位;

h_2——无止水帷幕时观测点 G2 的承压水位;

L_{12}——G1 与 G2 间的距离,此处即为止水帷幕的厚度 L_b。

从图 5-10 可以看出,止水帷幕插入承压含水层的深度越大,水力梯度增量越大,水力梯度增量沿含水层深度的分布越不均匀。因此,在基坑降水过程中,应尽量使观测井过滤器位于承压含水层的上部,以避免造成超降。

2. 非完整井抽水

承压含水层厚度 20m,抽水井过滤器长 10m,保持抽水量不变,改变止水帷幕插入承压含水层的厚度 b_b。

图 5-11 所示为不同止水帷幕插入深度下,抽水稳定后承压含水层水位降深沿含水层深度的分布形态。与完整井一样,止水帷幕上方及下方曲线不同。①在止水帷幕上方,承压水位降深沿含水层深度曲线近似非线性函数型。基坑内测点,靠近承压含水层顶部的水位降深最大,随深度增加水位降深逐渐减小;基坑外测点,靠近承压含水层顶部的水位降深最小,随深度增加水位降深逐渐增大。②在止水帷幕下方,曲线仍为非线性函数型。所有测点的水位降深均随深度增加逐渐减少,这是由于非完整井附近产生三维流,而观测点位置小于 1.5 ~ 2b 的缘故。

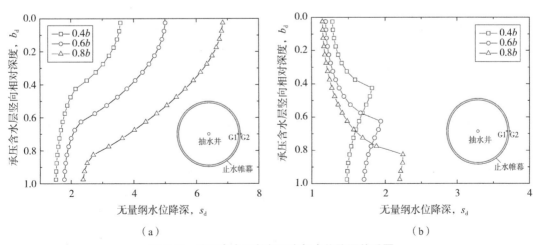

图 5-11 承压含水层竖向深度与水位降深关系图

(a) 坑内观测点 G1;(b) 坑外观测点 G2

与完整井抽水一样，在任意深度下，坑内承压水位降深随止水帷幕插入深度的增大而增大。对于坑外地下水位而言，在承压含水层上部，水位降深随止水帷幕插入深度的增大而减小；在承压含水层的下部，水位降深随止水帷幕插入深度的增大而增大；在止水帷幕趾端，水位降深最大。

图 5-12 所示为完整井及非完整井两种情况下，止水帷幕墙两侧观测点水力梯度增量与承压含水层竖向深度关系图。在止水帷幕上方，非完整井的水力梯度增量大于完整井的水力梯度增量；在止水帷幕下方，非完整井的水力梯度增量小于完整井的水力梯度增量。也就是说，相同抽水量抽水时，抽水井的非完整性使基坑内水位降深增大。

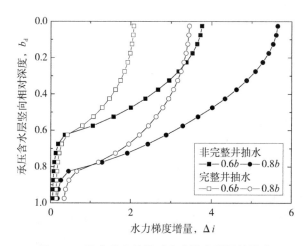

图 5-12 抽水井完整性对水力梯度增量的影响

5.2.3.2 承压含水层各向异性对水位降深的影响

1. 完整井抽水

在抽水井抽水量不变及抽水井水位降深不变两种情况下，改变承压含水层垂向渗透系数，分析止水帷幕插入承压含水层的深度 b_b 等于 $0.4b$、$0.6b$ 及 $0.8b$ 三种情形下含水层各向异性对基坑内外承压水位的影响。

图 5-13 所示为抽水井抽水量不变时，承压含水层各向异性与水位降深间的关系。从图中可以看出，b_b 越大，含水层各向异性对水位降深的影响越大。垂向与水平向渗透系数之比 k_z/k_x 越小，基坑内承压水位下降的幅度越大，基坑外承压水位下降的幅度越小。此外，各向异性对坑内水位的影响要大于对坑外水位的影响。

图 5-14 所示为抽水井水位降深不变时，承压含水层各向异性与水位降深间的关系，与抽水量不变的情况相似，b_b 越大，含水层各向异性对水位降深的影响越大；不同的是各向异性对坑内水位的影响要小于对坑外水位的影响。以 $b_b=0.8b$ 为例，当 $k_z/k_x=0.1$ 时，基坑内观测点 G3 无量纲水位降深为 5.37，基坑外观测点 G4 水位降深为 1.97，基坑内外水位降深差为 3.4；当 $k_z/k_x=1$ 时，基坑内水位降深为 3.64，基坑外观测点 G4 水位降深为

2.87，基坑内外水位降深差为 0.77。这说明含水层各向异性越大，同等条件下抽水时，基坑内外水位差越大。若 $b_b=0.6b$，当 $k_z/k_x=0.1$ 时，基坑内水位降深为 4.66，基坑外观测点 G4 水位降深为 2.12，基坑内外水位降深差为 2.54，该值大于止水帷幕插入深度为含水层深度 80% 时含水层为各向同性时的水位降深差（0.77）。这表明，基坑内抽水时，止水帷幕插入含水层的深度并非决定基坑内外水头差的唯一因素，含水层的各向异性对基坑内外水头的影响也很大。因此，当含水层各向异性较大时，在不影响基坑安全开挖的前提下，止水帷幕插入承压含水层的深度可适度减小。

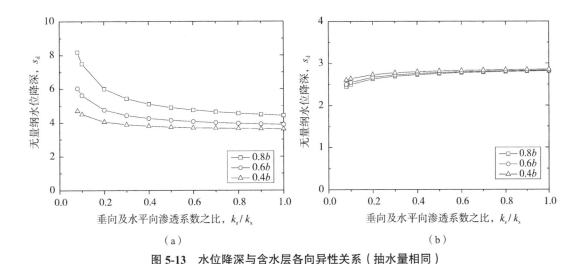

图 5-13 水位降深与含水层各向异性关系（抽水量相同）
（a）坑内观测点 G3；（b）坑外观测点 G4

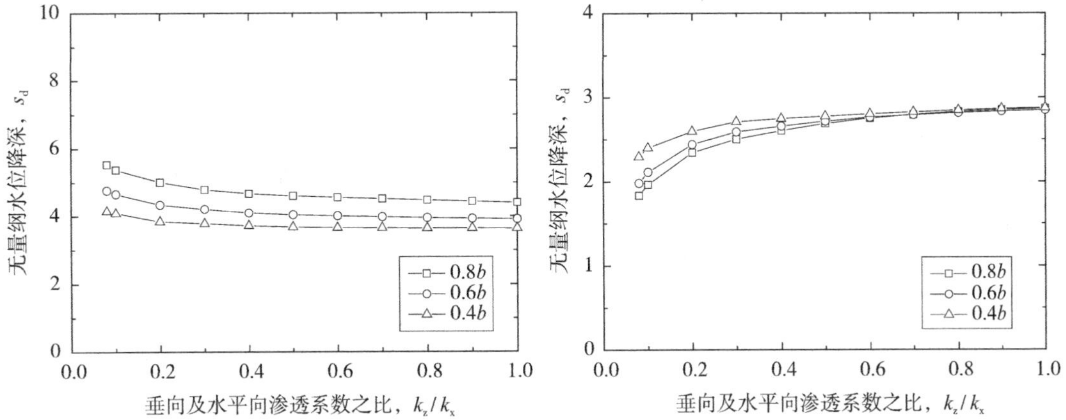

图 5-14 水位降深与承压含水层各向异性关系（抽水井水位降深相同）
（a）坑内观测点 G3；（b）坑外观测点 G4

比较图 5-13 和图 5-14 中 $b_b=0.8b$ 的情况可得如下结论：在基坑内，当抽水井抽水量取定值，$k_z/k_x>0.8$ 时，各向异性对水位降深几乎无影响；当水位降深取定值，$k_z/k_x>0.4$ 时，各向异性对水位降深几乎无影响。在基坑外,当抽水井抽水量取定值,k_z/k_x>0.4 时,各向异性对水位降深几乎无影响;当水位降深取定值,k_z/k_x>0.8 时,各向异性对水位降深几乎无影响。

2. 非完整井抽水

在止水帷幕进入 80% 承压含水层厚度的前提下,通过改变抽水井过滤器长度及含水层厚度,分析非完整井定流量抽水时含水层各向异性对水位降深的影响。

1)过滤器长度

假设承压含水层厚度保持不变,为 10m。改变抽水井过滤器的长度,过滤器长度分别为 4、6、8 及 10m。分别计算不同垂向及水平向渗透系数比值下水位降深情况。图 5-15 所示为承压含水层各向异性与水位降深间的关系。在基坑内,当 k_z/k_x > 0.5 时,不同过滤器长度下,各向异性对水位降深的影响几乎一样;当 k_z/k_x ≤ 0.5 时,过滤器长度越短,各向异性对水位降深的影响越大。在基坑外,不同过滤器长度下,各向异性对水位降深的影响几乎一样。

2)含水层厚度

假设抽水井过滤器长度保持不变,为 10m。改变承压含水层的厚度,含水层厚度分别为 10、15 及 20m。分别计算不同垂向及水平向渗透系数比值下水位降深情况。图 5-16 所示承压含水层各向异性与水位降深间的关系。在基坑内,当 k_z/k_x > 0.3 时,含水层厚度越小,水位降深越大;当 k_z/k_x < 0.2 时,含水层厚度越小,水位降深越小;从整体来看,含水层厚度越大,各向异性对水位降深的影响越大。在基坑外,含水层厚度越小,水位降深越大;不同含水层厚度下,各向异性对水位降深的影响几乎一样。

上述分析表明,基坑内抽水时,基坑内外承压含水层水头差与止水帷幕的插入深度、含水层的各向异性及基坑内抽水井距离止水帷幕底端的距离密切相关。如王建秀等(2010)所述上海轨道交通 9 号线宜山路站基坑工程,承压含水层厚度 26m,地下连续墙插入承压含水层 9m,抽水井底部在地下连续墙上方 2m,当基坑内水位降深为 17.6m 时,基坑外水位降深仅为 1m 左右,基坑内外水位差达 16.6m。尽管地下连续墙的深度并不是很深,但是坑内外却形成较大水头差,其主要原因是承压含水层的各向异性性,该工程承压含水层 k_z/k_x 很小,为 0.04。也就是说,承压含水层的各向异性性能够大大增大基坑内外含水层的水头差。

因此,在基坑降水设计中了,除了要考虑止水帷幕与抽水井的共同作用外,还需考虑含水层的各向异性。利用含水层的各向异性性能在一定程度上减少止水帷幕插入承压含水层的深度,从而减少工程造价。若工程场地含水层各向异性明显,那么止水帷幕的深度只需大于抽水井的深度就可以使基坑内外产生较大的水头差,就能达到保护环境的目的;若含水层各向异性不明显,k_z/k_x > 0.4,那么要想使基坑内外有较大水头差,就要使止水帷幕与抽水井间的距离加大,即止水帷幕深度要大一些。

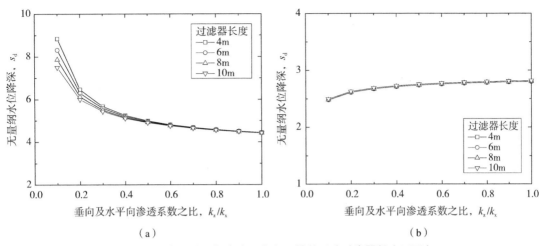

图 5-15 水位降深与含水层各向异性关系（过滤器长度不同）

（a）坑内观测点 G3；（b）坑外观测点 G4

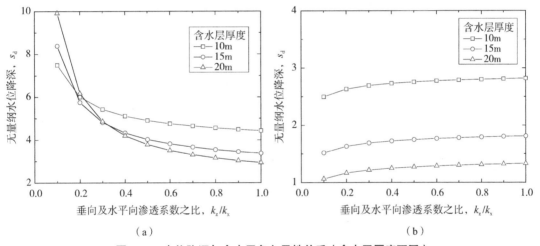

图 5-16 水位降深与含水层各向异性关系（含水层厚度不同）

（a）坑内观测点 G3；（b）坑外观测点 G4

5.2.4 止水帷幕作用下抽水井抽水量变化特征

5.2.4.1 止水帷幕不同深度

抽水井水位降深 s_w 不变时，特征抽水量 $Q_c = s_w T$，则无量纲抽水量 Q_d 可由下式确定：

$$Q_d = \frac{Q}{Q_c} \tag{5-18}$$

止水帷幕插入承压含水层的相对深度 b_{bd}，由下式确定：

$$b_{bd} = \frac{b_b}{b} \tag{5-19}$$

式中　b_b——止水帷幕插入承压含水层的厚度。

图 5-17 所示为当抽水井水位降深一定时，抽水量与止水帷幕插入承压含水层的关系。如图所示，随止水帷幕插入承压含水层深度的增加，抽水量逐渐降低。Q_d 与 b_{bd} 的关系可用指数函数及直线形式拟合。当 $b_{bd} \leq 0.58$ 时，随着 b_{bd} 的增加，抽水量缓慢减少；当 $0.58 < b_{bd} \leq 0.95$ 时，随着 b_{bd} 的增加，抽水量较快减少；当 $b_{bd} > 0.95$ 时，随着 b_{bd} 的增加，抽水量快速减少。这表明当止水帷幕插入承压含水层，要使基坑内承压水位降深达到一定值时，止水帷幕插入承压含水层的深度越大，抽出的水量越少。

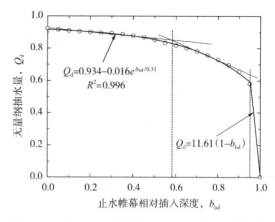

图 5-17 抽水井水位降深一定时，Q_d 与 b_{bd} 关系图

5.2.4.2 承压含水层各向异性

在抽水井水位降深不变的情况下，改变承压含水层垂向渗透系数，分析止水帷幕插入承压含水层的深度 b_b 等于 $0.4b$、$0.6b$ 及 $0.8b$ 三种情形下含水层各向异性对抽水井抽水量的影响。

图 5-18 为承压含水层各向异性与抽水量间的关系。从图中可以看出，在含水层渗透系数固定不变的情况下，止水帷幕插入承压含水层的深度越大，抽水量越小；在止水帷幕插入含水层深度固定不变的情况下，垂向渗透系数与水平向渗透系数比值越小，抽水量越小。抽水量与含水层各向异性间呈指数关系。以 $b_b=0.8b$ 为例，当 $k_z/k_x \leq 0.14$ 时，抽水量随 k_z/k_x 的增长快速增长；当 $0.14 < k_z/k_x \leq 0.48$ 时，抽水量随 k_z/k_x 的增长较快增长；当 $k_z/k_x \geq 0.48$ 时，抽水量随当 k_z/k_x 的增长缓慢增长。这表明当止水帷幕插入承压含水层时，要使基坑内承压水位降深达到一定值时，含水层各向异性越明显，抽出的水量越小。

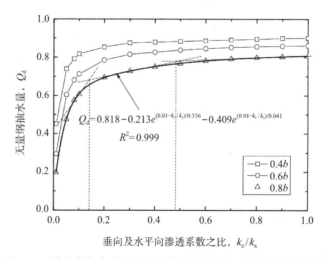

图 5-18 抽水量与含水层各向异性关系（抽水井水位降深相同）

5.2.4.3 止水帷幕两侧承压水水位差的计算方法

通过止水帷幕作用下承压含水层水位降深竖向分布规律的分析可知,止水帷幕上方水位与止水帷幕下方水位的分布差别很大,其主要原因是止水帷幕的阻挡作用。对于止水帷幕下方的承压水来说,不受止水帷幕的阻挡,但止水帷幕两侧仍存在水位差,说明水流通过止水帷幕下方进入基坑时基坑内外会产生水头差。对于止水帷幕上方的承压水来说,受止水帷幕的阻挡其水流方向发生了改变,一方面受止水帷幕的阻挡而产生水头差;另一方面水流进入基坑内时产生水头差。因此,止水帷幕的存在使得基坑内外增加的水位差由两部分组成,一部分是由止水帷幕与含水层边界间产生的;另一部分是由地下水通过止水帷幕下方进入基坑产生的。

图 5-19 所示为止水帷幕作用下基坑内外水位变化情况。当圆形基坑中心抽水井以抽水量 Q_w 抽水时,Δh_n 为止水帷幕未进入承压含水层时,止水帷幕两侧(坑内与坑外)水头差;Δh_t 为止水帷幕进入承压含水层时,止水帷幕两侧含水层顶板水头差,即止水帷幕两侧含水层水头差(Δh);Δh_b 为止水帷幕进入承压含水层时,止水帷幕两侧含水层底部水头差;s_{bi} 为止水帷幕两侧由地下水通过止水帷幕下方进入基坑时所产生的水位差;s_{bo} 为止水帷幕两侧由止水帷幕与边界间产生的水位差。

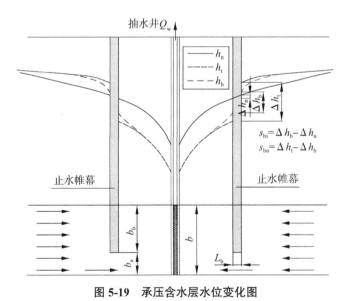

图 5-19 承压含水层水位变化图

Q_w—抽水量;L_b—止水帷幕厚度;b_a—地下连续墙未进入承压含水层的厚度;
b_b—地下连续墙进入承压含水层的厚度;b—承压含水层厚度

止水帷幕两侧水头差 Δh(Δh_t)可用下式计算:

$$\Delta h = s_{bo} + s_{bi} + \Delta h_n \tag{5-20}$$

5.2.4.4 水流通过止水帷幕下方产生的水位差

假设不论止水帷幕是否进入到承压含水层中，抽水量保持恒定值 Q_w。当止水帷幕未进入到承压含水层时，抽水稳定后 Q_w 即为从基坑外进入基坑的水量，根据达西定律，进入基坑水量可用下式表示：

$$Q_w = kAi_n = kA \cdot \frac{\Delta h_n}{L_b} \tag{5-21}$$

式中 A——过水断面面积；

k——承压含水层综合渗透系数。

由上式可得，止水帷幕两侧水头差为：

$$\Delta h_n = \frac{Q_w \cdot L_b}{A \cdot k} = i_n L_b \tag{5-22}$$

当止水帷幕进入承压含水层时，地下水仅从止水帷幕下方进入基坑，进入基坑水量可用下式表示：

$$Q_w = kAi = k \cdot 2\pi r_1 b_a \cdot \frac{\Delta h_b}{L_b} \tag{5-23}$$

止水帷幕两侧含水层底部水头差：

$$\Delta h_b = \frac{Q_w \cdot L_b}{2\pi r_1 b_a \cdot k} = \frac{i_n b L_b}{b_a} \tag{5-24}$$

则，水流通过止水帷幕下方产生的阻挡效应 s_{bi} 为：

$$s_{bi(r_1, r_1+L_b)} = \Delta h_b - \Delta h_n = \frac{i_n b L_b}{b_a} - i_n L_b = i_n L_b (\frac{b}{b_a} - 1) \tag{5-25}$$

无量纲形式为：

$$s_{bid(r_1, r_1+L_b)} = \frac{s_{bi}}{i_n L_b} = \frac{b}{b_a} - 1 = \frac{1}{b_{ad}} - 1 = \frac{b_{bd}}{1-b_{bd}} \tag{5-26}$$

改变止水帷幕插入承压含水层的深度，通过建立的模型计算承压含水层底部水位降深，从而可求得止水帷幕两侧含水层底部水头差，根据式（5-25）和式（5-26）即可求得不同 b_{bd} 下的 s_{bid} 值。将计算数值模拟结果与理论推导出的式（5-26）计算结果绘制于同一张图中进行比较，发现计算结果几乎一致，相关系数 R^2 为 0.999。表明将数值模拟结果无量纲化后，其结果可代表止水帷幕对渗流场的阻挡作用。止水帷幕进入承压含水层的深度 b_b 越大，曲线变化越剧烈，随 b_b 减小，曲线变化越来越平缓。从理论推导过程可知，s_{bid} 与承压含水层各向异性及其厚度无关（图 5-20）。

5.2.4.5 止水帷幕与边界间产生的水位差

1. 解析分析

对于图 5-3 所示的圆形基坑，当抽水井在基坑内抽水时，受止水帷幕边界效应的影响，

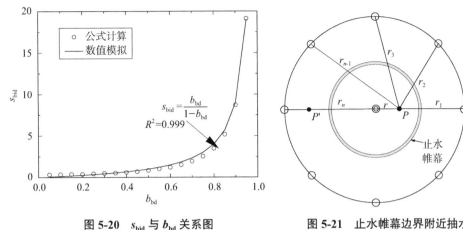

图 5-20 s_{bid} 与 b_{bd} 关系图   图 5-21 止水帷幕边界附近抽水井镜像图

基坑内水位降深增加，基坑外水位降深减少。这一现象可以利用镜像法来处理。图 5-21 中仅给出了 8 口虚拟抽水井，实际上虚井的数量可无限增大。

设抽水井抽水量为 Q_w，虚井的恒定抽水量为 CQ_w（$0 < C < 1$），C 的值与止水帷幕插入承压含水层的深度有关。如图 5-21 所示，基坑内任一点 P 距抽水井距离为 r，根据叠加法，基坑内任一点 P 水位降深为：

$$s_{内} = \frac{Q_w}{2\pi T}\ln\frac{R}{r} + \frac{CQ_w}{2\pi T}\ln\frac{R}{r_1} + 2\times\frac{CQ_w}{2\pi T}\ln\frac{R}{r_2} + L + 2\times\frac{CQ_w}{2\pi T}\ln\frac{R}{r_{n-1}} \\ + L\frac{CQ_w}{2\pi T}\ln\frac{R}{r_n} = \frac{Q_w}{2\pi T}\ln\frac{R}{r} + \frac{CQ_w}{2\pi T}\ln\frac{R^{2(n-1)}}{r_1 r_2^2 L r_{n-1}^2 r_n} \quad n=3,4,5L \tag{5-27}$$

令 $a = r_1 r_2^2 \cdots\cdots r_{n-1}^2 r_n$，则式（5-27）可简化为：

$$s_{内} = \frac{Q_w}{2\pi T}\ln\frac{R}{r} + \frac{CQ_w}{2\pi T}\ln\frac{R^{2(n-1)}}{a} \tag{5-28}$$

式中 R——影响半径。

假设基坑外水位降深由这些虚井抽水引起，抽水井流量为 BQ_w（$0 < B < 1$），B 的值同样与止水帷幕插入承压含水层的深度有关。设基坑外任一点 P' 距抽水井距离为 r'，则基坑外任一点水位降深为：

$$s_{外} = \frac{BQ_w}{2\pi T}\ln\frac{R}{r_1'} + 2\times\frac{BQ_w}{2\pi T}\ln\frac{R}{r_2'} + L + 2\times\frac{BQ_w}{2\pi T}\ln\frac{R}{r_{n-1}'} \\ + L\frac{BQ_w}{2\pi T}\ln\frac{R}{r_n'} = \frac{BQ_w}{2\pi T}\ln\frac{R^{2(n-1)}}{r_1' r_2'^2 L r_{n-1}'^2 r_n'} \quad n=3,4,5L \tag{5-29}$$

令 $a' = r_1' r_2'^2 \cdots\cdots r_{n-1}'^2 r_n'$，则式（5-27）可简化为：

$$s_{外} = \frac{BQ_w}{2\pi T}\ln\frac{R^{2(n-1)}}{a'} \tag{5-30}$$

止水帷幕与边界间产生的阻挡效应 s_{bo} 可按下式计算：

$$s_{bo} = \Delta h_t - \Delta h_b \tag{5-31}$$

将上式除以 $i_n b L_b$，可得 s_{bo} 无量纲形式 s_{bod}：

$$s_{bod(r_0, r_0+L_b)} = \frac{s_{bo}}{i_n b L_b} = \frac{\Delta h_t - \Delta h_b}{i_n b L_b} \tag{5-32}$$

其中，Δh_t 可用式（5-28）减去式（5-30）得出：

$$\Delta h_t = s_{r_0} - s_{r_0+L_b} = \frac{Q_w}{2\pi T} \ln \frac{R}{r_1} + \frac{CQ_w}{2\pi T} \ln \frac{R^{2(n-1)}}{a} - \frac{BQ_w}{2\pi T} \ln \frac{R^{2(n-1)}}{a'} \tag{5-33}$$

将式（5-24）、式（5-33）带入式（5-32）得：

$$\begin{aligned}
s_{bod(r_0, r_0+L_b)} &= \frac{\Delta h_t - \Delta h_b}{i_n b L_b} = \frac{\dfrac{Q_w}{2\pi T}\ln\dfrac{R}{r_0} + \dfrac{CQ_w}{2\pi T}\ln\dfrac{R^{2(n-1)}}{a} - \dfrac{BQ_w}{2\pi T}\ln\dfrac{R^{2(n-1)}}{a'} - (i_n L_b + s_{bid} i_n L_b)}{i_n b L_b} \\
&= \frac{\ln\dfrac{R}{r_0} + C\ln\dfrac{R^{2(n-1)}}{a} - B\ln\dfrac{R^{2(n-1)}}{a'}}{b\ln\dfrac{r_0}{r_0+L_b}} - \frac{1+s_{bid}}{b} \\
&= \frac{\ln\dfrac{R}{r_0} + C\ln\dfrac{R^{2(n-1)}}{a} - B\ln\dfrac{R^{2(n-1)}}{a'}}{b\ln\dfrac{r_0}{r_0+L_b}} - \frac{1}{b(1-b_{bd})}
\end{aligned} \tag{5-34}$$

式（5-34）表明 s_{bod} 值与止水帷幕插入含水层的相对深度、观测点位置及含水层的厚度有关，而与含水层的渗透系数无关。

如果抽水井为非完整井，当抽水井与计算点距离大于 1.5 倍承压含水层厚度时，水位降深可用完整井流公式计算；当抽水井与计算点间距离小于 1.5 倍承压含水层厚度时，水位降深可用 Kozeny 经验公式计算：

$$s_c = \frac{1}{D} \cdot \frac{Q_w}{2\pi T} \ln \frac{R}{r} \tag{5-35}$$

$$D = \frac{b_s}{b}\left(1 + 7\sqrt{\frac{r_w}{2b_s}} \cdot \cos\frac{\pi b_s}{2b}\right) \tag{5-36}$$

式中　b_s——抽水井过滤器长度。

止水帷幕所在位置两侧水位差 Δh_n 为：

$$\Delta h_n = \frac{1}{D} \cdot \frac{Q_w}{2\pi kb} \cdot \ln\left(\frac{R+L_b}{R}\right) \tag{5-37}$$

则初始水力梯度 i_n 为：

$$i_n = \frac{\Delta h_n}{L_b} = \frac{1}{L_b} \cdot \frac{1}{D} \cdot \frac{Q_w}{2\pi kb} \cdot \ln\left(1 + \frac{L_b}{R}\right) \qquad (5\text{-}38)$$

当非完整井抽水时，相当于在完整井抽水的情况下除以 D，故非完整井抽水时，仍可用式（5-34）表示。也就是说 s_{bod} 值与抽水井的完整程度无关。

2. 数值模拟

由于虚井数量较多，很难利用式（5-34）计算 s_{bod}，因此采用数值法来求解 s_{bod}。假设承压含水层为各向同性含水层，其厚度、过滤器长度均为10m，该种情况下无量纲的止水帷幕与含水层边界间产生的阻挡效应用 s_{bod} 表示。网格划分如图5-7所示。用公式（5-32）将数值模拟计算结果进行转化，将转化结果绘制为 s_{bod0} 与 b_{bd} 关系图，如图5-22所示。止水帷幕插入承压含水层的深度 b_{bd} 越大，s_{bod0} 越大。图中的点可分两段进行拟合，当 $b_{\text{bd}} < 0.25$ 时，拟合曲线呈直线型；当 $b_{\text{bd}} \geq 0.25$ 时，拟合曲线呈曲线形，可用自然对数形式进行拟合，拟合曲线的相关系数 R^2 分别为0.996和0.999，即：

当 $b_{\text{bd}} < 0.25$ 时，

$$s_{\text{bod0}} = 1.32 b_{\text{bd}} \qquad (5\text{-}39)$$

当 $b_{\text{bd}} \geq 0.25$ 时，

$$s_{\text{bod0}} = \sqrt{\frac{1}{8} \ln\left[\frac{6 b_{\text{bd}}^{1.1}}{(1 - b_{\text{bd}})^{2.23}}\right]} \qquad (5\text{-}40)$$

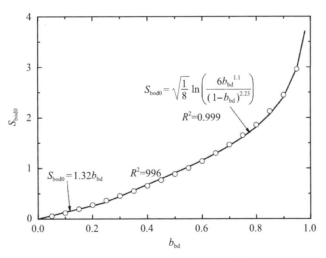

图5-22 s_{bod0} 与 b_{bd} 关系图（各向同性含水层）

3. 不同因素分析

将承压含水层厚度为10m的各向同性含水层所获得的计算结果作为标准曲线，即公式（5-39）及公式（5-40）对应曲线为标准曲线。以下分析中均与标准曲线作对比。

1）各向异性承压含水层

公式（5-34）是以含水层是各向同性为依据推导出来的，由上文分析结果可知，含水层各向异性也会对基坑内外水位产生影响。设在各向异性含水层中无量纲的止水帷幕与边界间产生的阻挡效应用 s_{bod1} 表示，修正各向异性后用 $s_{bod1'}$ 表示。图 5-23 所示为各向异性承压含水层 k_z/k_x 不同取值时，s_{bod1} 与 b_{bd} 的关系图，从图中可以看出，k_z/k_x 越小，s_{bod1} 越大。图 5-24 所示为修正含水层各向异性后，$s_{bod1'}$ 与 b_{bd} 的关系图，由图可知，修正含水层各向异性后，所有点都落在标准曲线上。

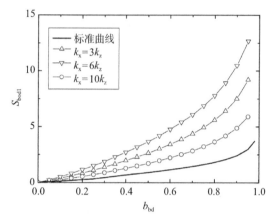

图 5-23 s_{bod1} 与 b_{bd} 关系图（各向异性含水层）

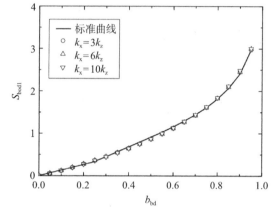

图 5-24 $s_{bod1'}$ 与 b_{bd} 关系图（修正各向异性后）

修正系数 α 可用下式计算：

$$\alpha = \left(\frac{k_x}{k_z}\right)^{\frac{5}{8}} \quad (5-41)$$

即承压含水层各向异性时的 s_{bod1}，可由各向同性时的 s_{bod0} 乘以 α，则有

$$s_{bod1} = s_{bod0}\alpha = \begin{cases} 1.32 b_{bd}\alpha & b_{bd} < 0.25 \\ \sqrt{\dfrac{1}{8}} \ln\left(\dfrac{6 b_{bd}^{1.1}}{(1-b_{bd})^{2.23}}\right)\alpha & b_{bd} \geq 0.25 \end{cases} \quad (5-42)$$

2）不同基坑半径

设不同基坑半径下各向同性含水层中无量纲的止水帷幕与含水层边界间产生的阻挡效应用 s_{bod2} 表示。图 5-25 所示为基坑半径不同时，s_{bod2} 与 b_{bd} 的关系图。由图可知，不同半径下的 s_{bod2} 都坐落在标准曲线上，表明无量纲的止水帷幕与边界间产生的阻挡效应与基坑的半径无关，即 $s_{bod2} = s_{bod0}$。

3）不同承压含水层厚度

为了解承压含水层厚度 b 对计算结果的影响，首先作这样的计算。假设抽水井过滤器长度为 7.5m，过滤器顶部为含水层顶板。分别计算止水帷幕插入承压含水层的深度 b_b

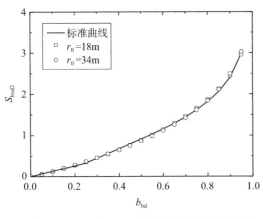

图 5-25 s_{bod1} 与 b_{bd} 关系图（基坑半径不同）

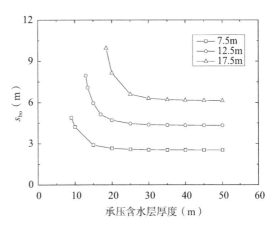

图 5-26 s_{bo} 与承压含水层厚度 b 关系图

为 7.5、12.5 及 17.5m 时，不同含水层厚度下的 s_{bo} 值。图 5-26 所示为 s_{bo} 与承压含水层厚度关系图。从图中可以看出，当抽水井以一定抽水量抽水时，相同含水层厚度下，b_b 越大，s_{bo} 越大。相同 b_b 条件下，s_{bo} 随 b 的增大，初期快速降低，随后较快降低，最后趋于不变。整体来看，当 $b \geq 2b_b$ 时，承压含水层厚度对 s_{bo} 的影响可忽略不计。因此，当承压含水层的厚度较大时，可令 $b=2b_b$，即按照含水层厚度为 $2b_b$ 来计算，此时 $b_{bd}=0.5$。

设不同承压含水层厚度下各向同性含水层中无量纲的止水帷幕与边界间产生的阻挡效应用 s_{bod3} 表示，修正含水层厚度后用 $s_{bod3'}$ 表示。图 5-27 所示为承压含水层厚度不同时，s_{bod3} 与 b_{bd} 的关系图。由该图可知，承压含水层厚度越大，s_{bod3} 越大。图 5-28 所示为修正含水层厚度后，$s_{bod3'}$ 与 b_{bd} 的关系图。

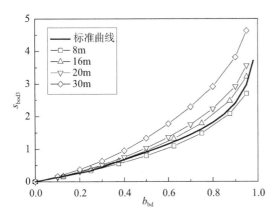

图 5-27 s_{bod3} 与 b_{bd} 关系图（含水层厚度不同）

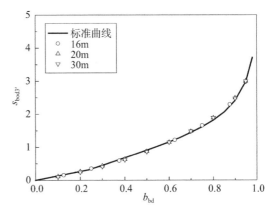

图 5-28 $s_{bod3'}$ 与 b_{bd} 关系图（修正含水层厚度后）

由图可知，修正含水层厚度后，所有点都落在标准曲线上。修正系数 β 可用下式计算：

$$\beta = \left(\frac{10}{b}\right)^{0.3668\ln b - 0.852} \tag{5-43}$$

即不同厚度时的 s_{bod3}，可由各向同性时的 s_{bod0} 乘以 β，则有

$$s_{bod3} = s_{bod0}\beta = \begin{cases} 1.32 b_{bd}\beta & b_{bd} < 0.25 \\ \sqrt{\dfrac{1}{8}}\ln\left(\dfrac{6b_{bd}^{1.1}}{(1-b_{bd})^{2.23}}\right)\beta & b_{bd} \geq 0.25 \end{cases} \quad (5\text{-}44)$$

需要注意的是，上述修正系数 β 适用于含水层厚度大于 10m 的情形，当含水层厚度小于 10m 时，曲线与标准曲线比较接近，可直接利用标准曲线进行计算。

根据公式（5-39）~公式（5-43）可得出各向异性含水层中基坑内抽水时，止水帷幕与边界间产生的无量纲形式的水头差：

$$s_{bod} = s_{bod0}\alpha\beta = \begin{cases} 1.32 b_{bd}\alpha\beta \\ \sqrt{\dfrac{1}{8}}\ln\left(\dfrac{6b_{bd}^{1.1}}{(1-b_{bd})^{2.23}}\right)\alpha\beta \end{cases}$$

$$= \begin{cases} 1.32 b_{bd}\left(\dfrac{k_x}{k_z}\right)^{\frac{5}{8}}\left(\dfrac{10}{b}\right)^{0.3668\ln b - 0.852} & b_{bd} < 0.25 \\ \sqrt{\dfrac{1}{8}}\ln\left(\dfrac{6b_{bd}^{1.1}}{(1-b_{bd})^{2.23}}\right)\left(\dfrac{k_x}{k_z}\right)^{\frac{5}{8}}\left(\dfrac{10}{b}\right)^{0.3668\ln b - 0.852} & b_{bd} \geq 0.25 \end{cases} \quad (5\text{-}45)$$

5.2.5 止水帷幕两侧水位差的计算方法

根据公式（5-20）、公式（5-22）、公式（5-26）和公式（5-45）可计算出止水帷幕两侧承压含水层的水头差 Δh：

$$\Delta h = s_{bo} + s_{bi} + \Delta h_n = s_{bod0} i_n L_B b\alpha\beta + s_{bid} i_n L_B + i_n L_B$$

$$= \begin{cases} i_n L_b\left(1.32 b_{bd}\left(\dfrac{k_x}{k_z}\right)^{\frac{5}{8}}\left(\dfrac{10}{b}\right)^{0.3668\ln b - 0.852} b + \dfrac{b_{bd}}{1-b_{bd}} + 1\right) & b_{bd} < 0.25 \\ i_n L_b\left(\sqrt{\dfrac{1}{8}}\ln\left(\dfrac{6b_{bd}^{1.1}}{(1-b_{bd})^{2.23}}\right)\left(\dfrac{k_x}{k_z}\right)^{\frac{5}{8}}\left(\dfrac{10}{b}\right)^{0.3668\ln b - 0.852} b + \dfrac{b_{bd}}{1-b_{bd}} + 1\right) & b_{bd} \geq 0.25 \end{cases} \quad (5\text{-}46)$$

从公式（5-46）可知，当已知抽水井抽水量、承压含水层厚度、含水层渗透系数及止水帷幕插入承压含水层的深度时，就可计算出承压含水层两侧的水头差。

公式（5-46）是根据圆形基坑止水帷幕下基坑中心抽水得出的，其结果适用于任何形状的基坑帷幕。如果有多口井抽水，那么只需利用叠加原理求出无止水帷幕时基坑内外观测点间 i_n，代入式（5-46）进行计算。

毛昶熙和周保中（1980）曾提出闸坝地基渗流计算的改进阻力系数法，该法主要应用于坝基渗流的潜水中，难以应用于基坑工程中的承压水问题。今后将考虑研究如何将

该法应用到止水帷幕下的承压水抽水问题。

5.2.6 小结

基坑内抽水时，止水帷幕的存在会使坑内水位与坑外水位产生水头差，本章采用数值模拟及理论分析相结合的方法进行分析讨论，得出如下结论：

（1）基坑内抽水井抽水稳定后，含水层竖向不同位置处水位降深不同，且基坑内外水位在止水帷幕上方及下方表现出不同的分布规律。在基坑降水过程中，应尽量使坑内观测井过滤器位于承压含水层的上部，以避免造成超降。

（2）坑内抽水时，止水帷幕插入承压含水层的深度、含水层各向异性、抽水井过滤器长度均会对基坑内外水位降深及抽水量产生影响。基坑降水设计中应综合考虑这三个方面的关系，给出最优的降水方案。利用含水层的各向异性性能在一定程度上减少止水帷幕插入承压含水层的深度，从而减少工程造价。

（3）止水帷幕的存在减少了渗流面积，改变了渗流方向，延长了渗流路径。其阻挡作用表现在基坑内外出现水位差和进入基坑水量的减少。止水帷幕对水位的影响包括两部分，一部分是渗流方向和渗流路径改变的影响；另一部分是渗流面积减少的影响。

（4）本研究将数值法模拟结果进行分析，得出抽水井在基坑内抽取某一厚度各向同性承压含水层中承压水时，止水帷幕两侧水位降深差的计算公式，通过修正含水层各向异性和含水层厚度，提出了适用于任何形状基坑帷幕及基坑内任意位置抽水的水位降深差计算公式。

5.3 止水帷幕作用下水文地质参数的解析算法

5.3.1 引言

基坑工程中，当止水帷幕插入到目标含水层时，止水帷幕的存在改变了地下水渗流环境，使得含水层厚度发生了不连续的、阶段性的变化。当抽水井在此类基坑内抽水时，因止水帷幕的作用，基坑内外水位出现不连续的变化。在这种情况下，利用抽水试验资料计算水文地质参数（导水系数、渗透系数、储水系数）时，现阶段对于应用解析法计算该类问题的认识有两种：①不能使用；②勉强使用。大多数学者认为，现有计算水文地质参数的解析算法，如 Theis 法、Cooper-Jacob 法、Hantush-Jacob 法仅适用于无界承压含水层中，对于这种厚度发生不连续变化的含水层不能使用。也有部分人勉强使用解析法计算含水层渗透系数等参数，如张楠（2011）利用 Hantush-Jacob 法对上海虹口商城基坑工程抽水试验进行了拟合，该工程地下连续墙部分或全部隔断上海市第Ⅰ承压含水层，该作者利用抽水井所有时段观测数据进行拟合，显然是不合理的。

目前,对于止水帷幕作用下的利用抽水试验资料求解含水层水文地质参数的方法,应用最为广泛的是数值反演法。如 Luo 等(2008)模拟分析了上海轨道交通 4 号线董家渡修复工程抽水试验,周念清等(2010)模拟分析了上海轨道交通 10 号线南京东路站基坑工程抽水试验,杨建民等(2010)模拟分析了天津站综合交通枢纽工程基坑抽水试验,分别反演求出了各含水层渗透系数、储水率。数值法能计算含水层水平及垂向渗透系数,具有一定的优越性,但是建立数值模型进行计算比较复杂,而且数值模拟时含水层初始参数的选择对于后续反演求参效率上的影响较大。此外,对于现场工程师来说,也难以直接利用数值法求取参数。因此,有必要在止水帷幕作用下求解水文地质参数方面作进一步研究,寻找一种简单、方便的计算方法。

本节首先建立三维非稳定流有限差分模型,分析基坑内抽水井在不同深度止水帷幕下抽水时,基坑内外地下水位随时间的变化特征,探讨抽水井完整性、含水层厚度及过滤器长度对水位变化规律的影响。进而提出止水帷幕作用下水文地质参数的解析算法,并将提出的方法应用到工程实例中进行验证。

5.3.2 承压含水层水位降深随时间变化特征

因圆形基坑渗流较为简单,故仍采用图 5-3 所示的圆形基坑进行分析。为实现用解析法计算止水帷幕作用下基坑内抽水时含水层的水文地质参数,首先采用本章所建立的数学模型,分别计算止水帷幕作用下完整井及非完整井抽水时基坑内外观测点 G3、G4 及 G5 水位随时间的变化特征,抽水井及观测点如图 5-6 所示。

5.3.2.1 完整井抽水

为使计算结果具有代表性,采用无量纲形式表示。在第 3 章已经定义了水位降深和计算点与抽水井间距离的无量纲形式,本章用到的有关时间的无量纲形式如下:

$$t_d = \frac{t}{t_c} \quad (5-47)$$

式中 t_d——无量纲时间;

t——时间;

t_c——特征时间。

此处将 t_c 称为特征水位降深,用下式表示:

$$t_c = \frac{Sr_0^2}{T} \quad (5-48)$$

式中 S——储水系数;

r_0——基坑半径;

T——导水系数。

承压含水层厚度 10m,抽水井过滤器 1 长为 10m,保持抽水量不变,改变止水帷幕插入承压含水层的深度 b_b。

图 5-28 所示为止水帷幕不同插入深度下基坑内距抽水井 $0.75r_0$（r_0 为基坑半径）处无量纲水位降深随抽水时间的变化曲线，其中图 5-29（a）所示为半对数形式，图 5-29（b）所示为对数形式。在止水帷幕未隔断承压含水层时，可将基坑内水位的变化分为四个时段。

第一时段：在抽水早期，各种工况下水位降深相同，止水帷幕尚未起作用，抽水量均来自坑内的承压水。通常该时段持续时间很短。此时段结束时观测点的无量纲水位降深用 s_{1ed} 表示，所对应的无量纲时间用 t_{1ed} 表示。

第二时段：水位降深受止水帷幕的影响而不同，同一时刻下，止水帷幕插入承压含水层的深度越大，水位降深越大。该时段抽水井抽水量一部分为来自基坑内的承压水，一部分为基坑外通过止水帷幕底部进入基坑内的承压水。当抽水井抽水量均由基坑外承压水提供时，第二时段结束。此时段结束时观测点的无量纲水位降深用 s_{2ed} 表示，所对应的无量纲时间用 t_{2ed} 表示。止水帷幕插入承压含水层的深度越大，s_{2ed} 越大，t_{2ed} 越大。

第三时段：半对数坐标下，排除止水帷幕完全隔断承压含水层的工况，所有曲线均与无止水帷幕时的曲线平行。对数坐标下近似与横坐标轴平行。此时段结束时观测点的无量纲水位降深用 s_{3ed} 表示，所对应的无量纲时间用 t_{3ed} 表示。

当止水帷幕未进入承压含水层时，水位降深 s_0 可用下式表示：

$$s_0 = \frac{Q_w}{4\pi T} W(u) \tag{5-49}$$

式中 $W(u)$——泰斯井函数；

u——井函数的自变量。

当抽水时间较长，$u < 0.01$ 时，式（5-49）可简化为：

$$s_0 = \frac{Q_w}{4\pi T} W(u) = \frac{Q_w}{4\pi T} \ln \frac{2.25Tt}{Sr^2} \tag{5-50}$$

将式（5-47）及式（5-48）代入式（5-50），可得无量纲形式为：

$$s_{0d} = \frac{1}{2} \ln(2.25 t_d) \tag{5-51}$$

由于此时段所有曲线具有相同的斜率，故不论止水帷幕进入承压含水层深度为多少（不包含隔断承压含水层的情况），第三时段所产生的降深 s_{3d} 均可用无止水帷幕时所产生的降深表示，即：

$$s_{3d} = \frac{1}{2}\ln(2.25 t_{3ed}) - \frac{1}{2}\ln(2.25 t_{2ed}) = \frac{1}{2}\ln\frac{t_d}{t_{2ed}} \tag{5-52}$$

无量纲形式下，总水位降深为：

$$s_d = s_{2ed} + \frac{1}{2}\ln\frac{t_{3ed}}{t_{2ed}} = s_{2ed} + 1.15\log\frac{t_{3ed}}{t_{2ed}} \tag{5-53}$$

式（5-53）与 Jacob's 方程具有相似的表达。需要说明的是，当止水帷幕插入承压含水层的深度不同时，s_{2ed}及t_{2ed}亦不相同。止水帷幕插入承压含水层的深度越大，第三时段持续时间越短。

第四时段：抽水达到稳定，对数坐标下曲线与横坐标轴平行。

图 5-30 所示为止水帷幕不同插入深度下基坑外距抽水井 $1.25r_0$ 处无量纲水位降深随抽水时间的变化曲线，其中图 5-30（a）所示为半对数形式，图 5-30（b）所示为对数形式。与坑内降深曲线相似，基坑外降深曲线也可分为四个时段。

第一时段：抽水影响边界为基坑边缘，坑外水位降深为 0。抽水井离止水帷幕越远，该时段持续时间越长。

第二时段：抽水井抽水量部分来自坑外水体。抽水井离止水帷幕越远，该时段持续时间越长。

第三时段：抽水井抽水量全部来自坑外水体，所有曲线都平行，具有相同的斜率，且斜率等于 1.15，可用式（5-53）计算。第二时段后期曲线斜率与第三时段曲线斜率相近。对数坐标下不同止水帷幕下水位降深曲线与无止水帷幕时的曲线接近。

第四时段：抽水达到稳定，对数坐标下曲线与横坐标轴平行，且不同止水帷幕下所有水位降深曲线非常接近。

5.3.2.2　非完整井抽水

承压含水层厚度 10m，抽水井过滤器长 6m，保持抽水量不变，改变止水帷幕插入承压含水层的厚度 b_b。

图 5-29、图 5-30 所示为止水帷幕不同插入深度下基坑内、外水位降深随抽水时间的变化曲线，其中图 5-29（a）、图 5-30（a）所示为半对数形式，图 5-29（b）、图 5-30（b）所示为对数形式。从图中可以看出，当抽水井为非完整井时，不同止水帷幕插入深度下水位降深随时间具有和完整井抽水时相似的变化规律。与完整井抽水时一样，可将水位的变化分为四个时段。

5.3.2.3　影响因素分析

1. 无止水帷幕作用下抽水井完整性

抽水井抽水量保持不变，改变承压含水层的厚度。分别计算无止水帷幕下承压水位变化情况：①抽水井为非完整井，过滤器长 10m；②抽水井为完整井，过滤器长与承压含水层厚度相同。

图 5-31 所示为三种不同承压含水层厚度下，水位降深随抽水时间的变化情况，其中图 5-31（a）所示为坑内观测点，图 5-31（b）所示为坑外观测点。从图中可以看出，抽水时，可将水位的变化分为三个时段。当承压含水层的厚度一定时，第一时段受抽水井不完整性的影响，完整井降深曲线与非完整井降深曲线不平行；第二时段与第三时段两条曲线平行，第三时段抽水基本达到稳定。此外，承压含水层的厚度越大，基坑内外水位降深越小，第三时段持续时间越短。

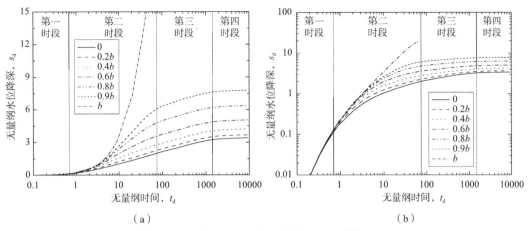

图 5-29　无量纲降深时间关系图（坑内观测点 G3）

(a) 半对数；(b) 对数

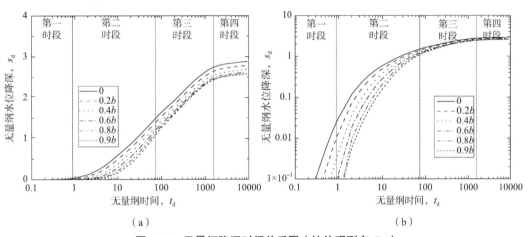

图 5-30　无量纲降深时间关系图（坑外观测点 G4）

(a) 半对数；(b) 对数

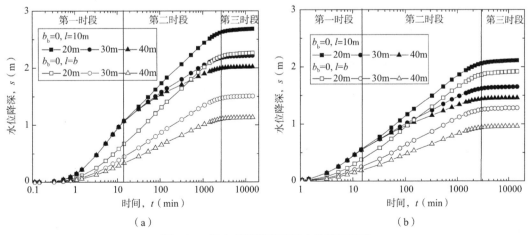

图 5-31　抽水井完整程度对水位降深影响

(a) 坑内观测点 G3；(b) 坑外观测点 G4

2. 承压含水层厚度

1）止水帷幕插入承压含水层的深度与承压含水层厚度之比保持不变

抽水井抽水量及深度保持不变，过滤器长 6m，改变承压含水层的厚度。分别计算不同含水层厚度下承压水位变化情况：①止水帷幕插入 80% 承压含水层厚度；②无止水帷幕。

图 5-32 所示为三种不同承压含水层厚度下，水位降深随抽水时间的变化情况，其中图 5-32（a）所示为坑内观测点，图 5-32（b）所示为坑外观测点。

对比 b_b=0.8b 及 b_b=0 的情况可知：

（1）在 b_b=0 的情况下，承压含水层的厚度越大，基坑内、外水位降深越小；在 b_b=0.8b 的情况下，承压含水层的厚度越大，基坑内水位降深越大，基坑外水位降深越小。

（2）承压含水层的厚度越大，两种情况下基坑内、外承压水位降深差越大。

（3）承压含水层的厚度越大，坑外水位开始降低的时间越晚，这是由于 b 越大，b_b=0.8b 的值越大，坑外承压水进入抽水井时所需的路径越长，导致时间越长。

（4）承压含水层的厚度越大，止水帷幕作用下 5.3.2.2 节中降深曲线第三时段持续时间越短。

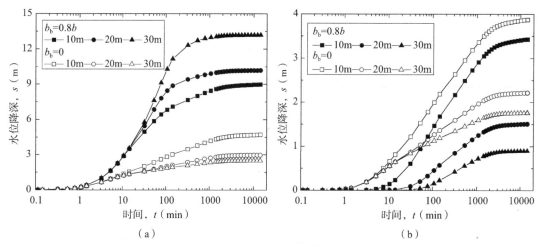

图 5-32 承压含水层厚度对水位降深影响（b_b/b 保持不变）

（a）坑内观测点 G3；（b）坑外观测点 G4

2）止水帷幕插入承压含水层的深度保持不变

抽水井抽水量保持不变，过滤器长 10m，改变承压含水层的厚度。分别计算不同含水层厚度下承压水位变化情况：①止水帷幕插入承压含水层的厚度不变，为 14m；②无止水帷幕。

图 5-33 所示为三种不同承压含水层厚度下，水位降深随抽水时间的变化情况，其中图 5-33（a）所示为坑内观测点，图 5-33（b）所示为坑外观测点。对比分析可知：

①承压含水层的厚度越大，基坑内外水位降深越小；②承压含水层的厚度越大，止水帷幕作用下 5.3.2.2 节中降深曲线第三时段持续时间越短。

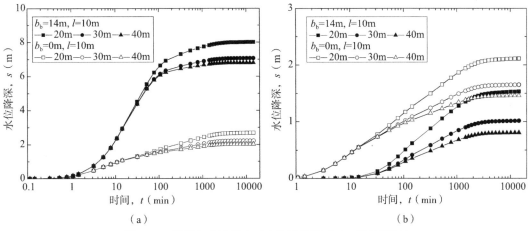

图 5-33 承压含水层厚度对水位降深影响（b 保持不变）
（a）坑内观测点 G3；（b）坑外观测点 G4

3）抽水井过滤器长度

抽水井抽水量保持不变，承压含水层厚度保持不变，为 20m，改变抽水井过滤器长度。分别计算不同含水层厚度下承压水位变化情况：①止水帷幕插入 80% 承压含水层厚度；②无止水帷幕。

图 5-34 所示为三种不同抽水井过滤器长度下，水位降深随抽水时间的变化，其中图 5-34（a）所示为坑内观测点，图 5-34（b）所示为坑外观测点。

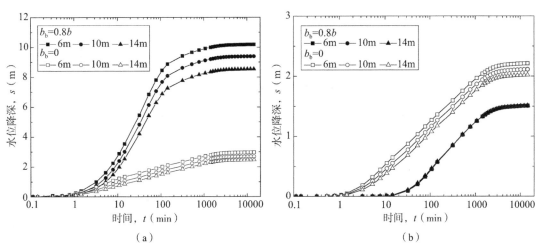

图 5-34 抽水井过滤器长度对水位降深的影响
（a）坑内观测点 G3；（b）坑外观测点 G4

对比 $b_b=0.8b$ 及 $b_b=0$ 的情况可知：

（1）在 $b_b=0$ 的情况下，过滤器越长，基坑内外水位降深越小；在 $b_b=0.8b$ 的情况下，过滤器长度越大，基坑内水位降深越小，基坑外水位降深无明显变化。

（2）过滤器越长，两种情况下基坑内外承压水位降深差越小。

5.3.3　止水帷幕作用下水文地质参数的计算方法

利用现场抽水试验资料确定含水层水文地质参数（渗透系数、导水系数、储水系数）方法包括解析法和数值法。本节主要讨论止水帷幕作用下如何用解析法确定含水层的水文地质参数。

5.3.4　无界承压含水层水文地质参数计算方法

假设均质、各向同性、等厚、无越流补给的无限承压含水层中有一口完整井抽水，抽水井的半径无限小，任一点水位降深可用下式表示（Theis，1935）：

$$s = \frac{Q}{4\pi T} W(u) \tag{5-54}$$

式中　$W(u)$——Theis 井函数；
　　　u——井函数的自变量。

u 可由下式计算：

$$u = \frac{r^2 S}{4Tt} \tag{5-55}$$

若观测井随时间变化的关系已知，则可用 Theis 双对数法或 Cooper-Jacob 半对数法计算含水层的水文地质参数。

5.3.4.1　Theis 双对数法（配线法）

将观测点实测水位降深时间资料画在双对数坐标上，并与 Theis 标准曲线配合，则含水层的导水系数 T 可由式（5-54）计算得出，储水系数 S 可用式（5-55）计算得出。在配合曲线上或外部任取一点，选取 $W(u)$、u、s 和 t，即可求出含水层的导水系数和储水系数。

含水层的渗透系数 k 可由下式得出：

$$k = \frac{T}{b} \tag{5-56}$$

式中　b——含水层的厚度。

5.3.4.2　Cooper-Jacob 半对数法（直线图解法）

将观测点实测水位降深时间资料画在半对数坐标上，当抽水试验时间较长时，s-lgt 曲线为一直线。根据 Cooper-Jacob 直线图解法，含水层的导水系数 T，可由图形直线段的斜率求出：

$$T = \frac{2.30Q}{4\pi i_s} \tag{5-57}$$

储水系数 S，可由时间截距求出：

$$S = \frac{2.25Tt_0}{r^2} \tag{5-58}$$

式中　i_s——直线段斜率；

t_0——直线段延长线与 x 轴的交点。

5.3.5　天然状态下降深曲线影响因素分析

在无越流补给的承压含水层中抽水时，若将泰斯曲线作为标准降深曲线，则降深曲线的影响因素包括：抽水井的不完整性（Kruseman 和 de Ridder，1990；Istok 和 Dawson，1991；Ni 等，2011、2013），大口径井的储水效应（Driscoll，1986；Chapuis 和 Chenaf，2003；Sethi 等，2011）以及周期性潮汐现象的影响（Liu，1996；Chapuis 等，2005；Ou 和 Chen，2010）等。

5.3.5.1　抽水井非完整性

对于抽水井非完整性对水位降深曲线的影响在无止水帷幕作用下抽水井完整性中进行了探讨。图 5-35 中线 C 代表非完整井抽水时的观测井水位降深曲线。图中 b 点将线 C 分为了两段，将 b 点所对应的时间用 t_b 来表示。t_b 与抽水井的完整程度相关，抽水井不完整程度越大，t_b 越大。当 $t<t_b$ 时，水位降深受抽水井不完整性的影响，线 C 表现为曲线，且水位降深大于完整井抽水时的水位降深；当 $t>t_b$ 时，水位降深不受抽水井不完整性的影响，线 C 表现为直线，且与泰斯曲线（图中线 A）平行，可用 Cooper-Jacob 直线图解法计算含水层的导水系数。线 C 与线 A 间的垂向距离 Δs_1 即为抽水井不完整效应引起的水位降深差，观测井离抽水井的距离越近，Δs_1 越大。当观测井与抽水井间的距离大于 1.5 倍含水层厚度时，抽水井不完整效应对降深曲线没有影响（Hantush，1961a、1961b）。若将线 C 及线 A 延长与横坐标轴相交，则两条线间的水平距离相差 Δt_1，若用式（5-58）计算含水层的储水系数，计算结果偏小。然而，从图 5-30 中可以看出，第一时段直线段的延长线与横坐标轴的交点与完整井抽水时直线段与横坐标轴的交点非常接近，故可将早期数据直线段与横坐标轴的交点作为 t_0 来计算储水系数。

5.3.5.2　大口径井的储水效应

图 5-35 中线 D+A 代表大口径井抽水时（完整井）观测井水位降深曲线。图中线 D 与线 A 的交点为 a 点，它所对应的时间用 t_a 来表示。t_a 与抽水井的井径相关，抽水井的井径越大，t_a 越大。当 $t<t_a$ 时，水位降深受大口径井储水效应的影响，线 D 表现为曲线，且水位降深小于抽水井半径可忽略时的完整井抽水。这是由于抽水时首先抽取的是抽水井井管内储存的水，之后才抽取含水层中的地下水；所以，抽水初期观测井中水位降深比

较小，且离抽水井越远，观测井水位开始下降的时间越晚。当 $t > t_b$ 时，大口径井抽水效应对水位降深的影响消失，此时可用 Cooper-Jacob 直线图解法计算含水层的导水系数。

5.3.5.3 周期性潮汐现象

图 5-36 所示为上海第一承压含水层与黄浦江水位变化关系图。由图可知，承压含水层水位与黄浦江水位变化相似，这说明位于河流或海洋附近的地下水会受河流或海水潮汐现象的影响。当抽水井在河流或海水附近抽水时，观测井水位也会受潮汐现象影响。图 5-35 中线 D+B 为考虑潮汐效应时大口径井抽水时（完整井）观测井水位降深曲线。关于周期性潮汐现象的影响，Ni 等（2013）作了详细的论述，根据潮汐现象的变化规律，寻找水位不受潮汐现象影响的时间点，进而利用 Cooper-Jacob 直线图解法计算含水层的导水系数。

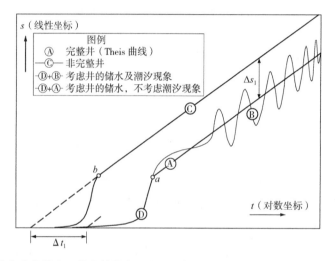

图 5-35 考虑井的储水、非完整效应及潮汐现象的降深时间曲线示意图（Ni 等，2013）

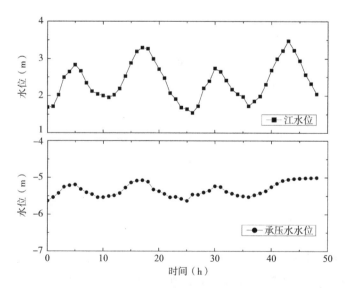

图 5-36 承压水与黄浦江水力联系特征

5.3.6 止水帷幕作用下水文地质参数计算方法

根据 5.3.3 节的分析结果，将观测井水位变化分为 4 个时段，其中第三时段，半对数坐标下不同止水帷幕作用下曲线均与无止水帷幕时的曲线平行，当抽水时间足够长时，可用 Cooper-Jacob 直线图解法计算含水层的水文地质参数。

图 5-37 所示为止水帷幕作用下完整井抽水时基坑内外观测井降深时间曲线示意图。图中线 E 为止水帷幕作用下基坑内观测井水位降深曲线，c 点将线 E 分为了两段，将 c 点所对应的时间用 t_c 来表示。t_c 与止水帷幕的插入深度密切相关，止水帷幕插入承压含水层的深度越大，t_c 越大。当 $t < t_c$ 时，水位降深受止水帷幕的影响，线 E 表现为曲线，且水位降深大于无止水帷幕完整井抽水时的水位降深；当 $t > t_c$ 时，水位降深不受止水帷幕的影响，线 E 表现为直线，且与泰斯曲线（图中线 A）平行。线 E 与线 A 间的垂向距离 Δs_2 即为止水帷幕作用下基坑内增加的水位降深。图中线 E′ 为基坑外观测井水位降深曲线，与基坑内曲线相似，c' 点（对应的时间为 t_c'）将线 E′ 分为了两段。线 E′ 与线 A 间的垂向距离 $\Delta s_2'$ 即为止水帷幕作用下基坑外减少的水位降深。基坑外观测井离止水帷幕的距离越近，$\Delta s_2'$ 越大。若将线 E 及线 E′ 延长与横坐标轴相交，则线 E 与线 A 的水平距离相差 Δt_2，用式（5-58）计算含水层的储水系数时，计算结果偏小；线 E′ 与线 A 的水平距离相差 $\Delta t_2'$，其相应计算结果偏大。由于止水帷幕作用下抽水时，止水帷幕对坑外水位降深的影响比对坑内水位降深的影响小得多，故利用坑外观测井计算出的储水系数更接近于含水层的真实值。对于坑内观测井，由图 5-28（a）知，不同止水帷幕作用下第二时段后期直线段和横坐标轴的交点与无止水帷幕时直线段与横坐标轴的交点非常接近，故可利用第二时段后期数据直线段与横坐标轴的交点来计算含水层的储水系数。

图 5-38 所示为止水帷幕作用下非完整井抽水时基坑内外观测井降深时间曲线示意图。图中线 F 及线 F′ 分别为止水帷幕作用下基坑内外观测井水位降深曲线，与完整井相似，线 F 及线 F′ 分别由两部分组成，一部分为曲线，另一部分为直线，分界点分别为 d 点（对应的时间为 t_d）及 d' 点（对应的时间为 t_d'）。需要说明的是，坑内观测井水位受抽水井不完整性及止水帷幕的双重影响导致坑内观测井水位降深明显增大，与无止水帷幕非完整井抽水相比，增加了 Δs_3；与无止水帷幕完整井抽水相比，增加了 $\Delta s_3+\Delta s_1$。对于坑外观测井，抽水井的不完整性增加了其水位降深（Δs_1），而止水帷幕的存在又减少了其水位降深（$\Delta s_3'$）。当 Δs_3（或 $\Delta s_3'$）$>\Delta s_1$ 时，说明止水帷幕的影响大于抽水井不完整性的影响；反之，止水帷幕的影响小于抽水井不完整性的影响。此外，观测井离止水帷幕越近，止水帷幕对其水位影响越大；而观测井离抽水井距离越大，抽水井不完整性对其影响越大。若将线 F 及线 F′ 延长与横坐标轴相交，则线 F 与线 A 的水平距离相差 Δt_3，再加上抽水井不完整性的影响 Δt_1，共同影响为 $\Delta t_3+\Delta t_1$，用式（5-58）计算含水层的储水系数时，计算结果偏差较大；线 F′ 与线 A 的水平距离相差 $\Delta t_3'$，它与抽水井不完整性的影响相反，

共同影响为 $\Delta t_3' - \Delta t_2$，计算结果取决于抽水井完整程度及止水帷幕插入承压含水层的深度。与前述止水帷幕作用下完整井抽水一样，可利用第二时段后期数据中直线段与横坐标轴的交点来计算含水层的储水系数。

经上述分析讨论，完整井或非完整井在止水帷幕作用下基坑内抽水时，不论是坑内观测井还是坑外观测井，半对数坐标下曲线直线段部分均可用 Cooper-Jacob 直线图解法计算含水层的水文地质参数。

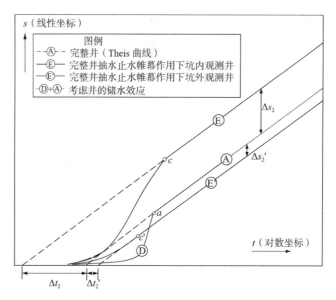

图 5-37 止水帷幕作用下完整井抽水基坑内外观测井降深时间曲线示意图

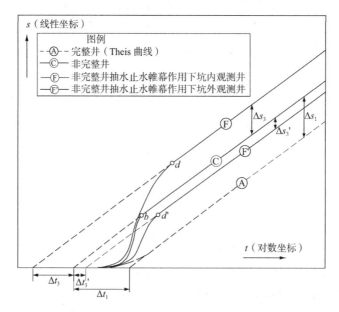

图 5-38 止水帷幕作用下非完整井抽水基坑内外观测井降深时间曲线示意图

5.3.7 小结

基坑内抽水时，止水帷幕的存在会使坑内及坑外水位发生不连续变化，本节采用有限差分分析方法，建立了止水帷幕作用下地下水位渗流数值模型，通过对数值模拟结果进行分析，得出如下结论：

1）止水帷幕未隔断承压含水层的情况下，坑内抽水时，基坑内外水位降深随时间的变化可分为四个时段：

（1）第一时段：在抽水早期，不同止水帷幕下水位降深相同，抽水井抽水量均来自坑内的承压水，该时段持续时间很短；

（2）第二时段：水位降深受止水帷幕的影响，止水帷幕插入承压含水层的深度越大，水位降深越大，抽水井抽水量一部分来自基坑内承压水，一部分来自基坑外承压水；

（3）第三时段：半对数坐标下，所有曲线均与无止水帷幕时的曲线平行，抽水井抽水量全部来自坑外水体；

（4）第四时段：抽水达到稳定，对数坐标下曲线与横坐标轴平行。

2）非完整井抽水时，相同的止水帷幕下，承压含水层的厚度、抽水井过滤器的长度均会对第二时段及第三时段持续时间有影响，承压含水层的厚度越大，过滤器长度越短，第二时段持续时间越长，第三时段持续时间越短。

3）止水帷幕作用下基坑内抽水时，含水层的水文地质参数可用 Cooper-Jacob 直线图解法求出。根据第三时段的观测井水位降深资料可计算出含水层的导水系数，根据第二时段的水位降深曲线中直线段延长线与横坐标轴的交点可计算出含水层的储水系数。该算法是基于圆形基坑提出的，但适用于任意形状的基坑帷幕。

5.4 抽灌共同作用下基坑止水帷幕对渗流场阻挡效应研究

5.4.1 承压含水层抽水问题的解析解

5.4.1.1 定水位抽水

图 5-39 所示为一个半径为 r_0 的圆形基坑，其中心有一口井以抽水量 Q_{pw} 抽取承压含水层中的水，抽水井半径为 r_w。基坑止水帷幕外边缘与抽水井中心间距为 r_0'，自然条件下，井的影响半径为 R。

图 5-40 所示为基坑所在位置剖面示意图。设均质各向同性无限大承压含水层的渗透系数为 k，厚度为 b。止水帷幕进入承压含水层厚度为 b_b，未进入承压含水层厚度为 b_a。初始测压面 $h(r)=h_0$ 为常数，抽水稳定后，抽水井处承压水位为 h_{pw}。在止水帷幕未进入承压含水层的情况下抽水时，承压含水层水位线为具有轴对称性质的连续曲线，如图

5-40 中曲线 $h_{pn}(r)$；在止水帷幕进入承压含水层的情况下抽水时，由于止水帷幕的存在使得坑内承压水位降低，坑外承压水位壅高，承压含水层水位线为不连续曲线，如图 5-39 中曲线 $h_p(r)$。

当止水帷幕插入到承压含水层时，基坑内抽水会导致基坑内水位低于无止水帷幕时相应的水位，基坑外水位高于无止水帷幕时相应的水位。即坑内水位降低、坑外水位升高。

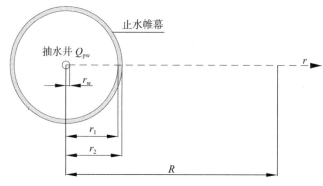

图 5-39 抽水井平面分布图

Q_{pw}—抽水量；r_w—抽水井半径；r_1—止水帷幕内侧距抽水井的距离；
r_2—止水帷幕外侧距抽水井的距离；R—抽水井的影响半径

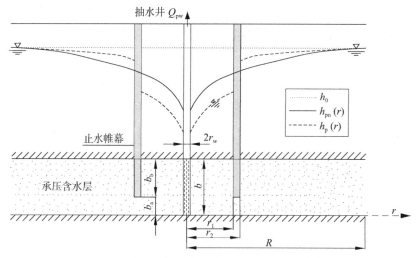

图 5-40 抽水时止水帷幕对承压含水层阻隔剖面图

b_a—止水帷幕未进入承压含水层的厚度；b—承压含水层厚度；h_0—初始测压面；
$h_p(r)$—Q_{pw} 抽水时，无止水帷幕时承压含水层水位线；$h_{pn}(r)$—Q_{pw} 抽水时，有止水帷幕时承压含水层水位线

济南 R1 线抽水假设在整个抽水期间抽水井处承压水位 h_{pw} 保持不变。当基坑止水帷幕进入承压含水层时，承压含水层厚度在止水帷幕所在位置处发生了变化，此时厚度为不连续的间断函数。即：

$$b(r) = \begin{cases} b & r_w \leq r \leq r_1 \\ b_a & r_1 < r \leq r_2 \\ b & r_2 < r \leq R \end{cases} \quad (5\text{-}59)$$

由水均衡原理知，承压水含水层任一过水断面的流量均相等，且等于抽水井流量。根据 Darcy 定律，距抽水井某一距离 r 处过水断面流量 Q_r 为：

$$Q_r = Q_{pw} = kAi = k \cdot 2\pi r \cdot b(r) \cdot \frac{dh(r)}{dr} \quad (5\text{-}60)$$

式中　A——过水断面面积；
　　　i——水力梯度。

对式（5-60）进行积分，由于函数 $b(r)$ 为非连续性函数，采用分段形式来实现，得：

$$h_p(r) = \begin{cases} \dfrac{Q_{pw}}{2\pi kb} \ln r + c_1 & r_w \leq r \leq r_1 \\ \dfrac{Q_{pw}}{2\pi kb_a} \ln r + c_2 & r_1 < r \leq r_2 \\ \dfrac{Q_{pw}}{2\pi kb} \ln r + c_3 & r_2 < r \leq R \end{cases} \quad (5\text{-}61)$$

式中　c_2、c_2、c_3——待定常数。

将边界条件：$r=r_w$，$h_p(r)=h_{pw}$；$r=R(\varepsilon)$，$h_p(r)=h_0$ 代入式（5-61）。

当 $r=r_w$ 时，有：

$$h_{pw} = \frac{Q_{pw}}{2\pi kb} \ln r_w + c_1 \quad (5\text{-}62)$$

则

$$c_1 = -\frac{Q_{pw}}{2\pi kb} \ln r_w + h_{pw} \quad (5\text{-}63)$$

当 $r=R(\varepsilon)$ 时，有：

$$h_0 = \frac{Q_{pw}}{2\pi kb} \ln R + c_3 \quad (5\text{-}64)$$

则

$$c_3 = -\frac{Q_{pw}}{2\pi kb} \ln R + h_0 \quad (5\text{-}65)$$

由于地下水流在渗流方向上连续，则当 $r=r_1$ 及 $r=r_2$ 时，有：

$$h_{p1} = \frac{Q_{pw}}{2\pi kb} \ln r_1 + c_1 = \frac{Q_{pw}}{2\pi kb_a} \ln r_1 + c_2 \quad (5\text{-}66)$$

$$h_{p2} = \frac{Q_{pw}}{2\pi kb_a} \ln r_2 + c_2 = \frac{Q_{pw}}{2\pi kb} \ln r_2 + c_3 \quad (5\text{-}67)$$

式中　h_{p1}——$r=r_1$ 处承压水位；

　　　h_{p2}——$r=r_2$ 处承压水位。

将式（5-63）代入式（5-66）、式（5-65）代入式（5-67）得如下方程：

$$h_{p1} = \frac{Q_{pw}}{2\pi kb} \ln(r_1/r_w) + h_{pw} = \frac{Q_{pw}}{2\pi kb_a} \ln r_1 + c_2 \qquad (5-68)$$

$$h_{p2} = \frac{Q_{pw}}{2\pi kb_a} \ln r_2 + c_2 = \frac{Q_{pw}}{2\pi kb} \ln(r_2/R) + h_0 \qquad (5-69)$$

联立式（5-68）及式（5-69）得 Q_{pw} 及 c_2 值为：

$$Q_{pw} = 2A\pi kbb_a \qquad (5-70)$$

$$c_2 = A[b_a \ln(r_1/r_w) - b \ln r_1] + h_{pw} \qquad (5-71)$$

其中，A 可表示为：

$$A = \frac{h_{pw} - h_0}{b\ln(r_1/r_2) - b_a \ln[r_1 R/(r_w r_2)]} \qquad (5-72)$$

将式（5-63）、式（5-65）、式（5-70）及式（5-71）代入式（5-61）中，得各部位承压水位的计算公式：

基坑内：

$$h_p(r) = Ab_a \ln(r/r_w) + h_{pw} \qquad r_w \leqslant r \leqslant r_1 \qquad (5-73)$$

止水帷幕下方：

$$h_p(r) = A[b\ln(r/r_1) + b_a \ln(r_1/r_w)] + h_{pw} \qquad r_1 < r \leqslant r_2 \qquad (5-74)$$

基坑外：

$$h_p(r) = Ab_a \ln(r/R) + h_0 \qquad r_2 < r \leqslant R \qquad (5-75)$$

当 $b_a=0$，即止水帷幕插入承压含水层的厚度为 0 时，流量及水位计算公式如下：

$$Q_{pw} = \frac{2\pi kb(h_0 - h_{pw})}{\ln(R/r_w)} \qquad (5-76)$$

$$h_p(r) = \frac{(h_0 - h_{pw})\ln(r/r_w)}{\ln(R/r_w)} + h_{pw} \qquad (5-77)$$

式（5-76）、式（5-77）即为止水帷幕不存在，定水位抽水时，均质各向同性无限大承压含水层流量及水位计算公式，与文献 Bear（1979）中一致。

5.4.1.2　定流量抽水

假设在整个抽水期间抽水井抽水量 Q_{pw} 保持不变。联立解式（5-68）及式（5-69）得 h_{pw} 及 c_2 值为：

$$h_{pw} = \frac{Q_{pw}\{b\ln(r_1/r_2) - b_a \ln[r_1 R/(r_w r_2)]\}}{2\pi k b b_a} + h_0 \tag{5-78}$$

$$c_2 = -\frac{Q_{pw}\left[b\ln r_2 - b_a \ln(r_2/R)\right]}{2\pi k b b_a} + h_0 \tag{5-79}$$

将式（5-78）带入式（5-79）可得 c_1 值为：

$$c_1 = -\frac{Q_{pw}\{b\ln(r_2/r_1) - b_a \ln[r_2/(r_1 R)]\}}{2\pi k b b_a} + h_0 \tag{5-80}$$

将式（5-63）、式（5-65）式（5-70）及式（5-71）代入式（5-61）中，得各部位承压水位的计算公式：

基坑内：

$$h_p(r) = -\frac{Q_{pw}\{b\ln(r_2/r_1) - b_a \ln[rr_2/(r_1 R)]\}}{2\pi k b b_a} + h_0 \qquad r_w \leqslant r \leqslant r_1 \tag{5-81}$$

止水帷幕下方：

$$h_p(r) = \frac{Q_{pw}\left[b\ln(r/r_2) + b_a \ln(r_2/R)\right]}{2\pi k b b_a} + h_0 \qquad r_1 < r \leqslant r_2 \tag{5-82}$$

基坑外：

$$h_p(r) = \frac{Q_{pw}\ln(r/R)}{2\pi k b} + h_0 \qquad r_2 < r \leqslant R \tag{5-83}$$

当 $b_a=0$，即止水帷幕插入承压含水层的厚度为 0 时，水位计算公式如下：

$$h_p(r) = \frac{Q_{pw}\ln(r/R)}{2\pi k b} + h_0 \tag{5-84}$$

式（5-84）即为止水帷幕不存在，定流量抽水时，均质各向同性无限大承压含水层水位计算公式，与文献 Bear（1979）中一致。

5.4.1.3 解析解的修正

上述解析计算是通过水均衡原理和达西定律推导出来的，假定水流为水平径向流，并没有考虑地下水通过止水帷幕时渗流方向的改变及渗流路径的增加。故上述解析解实际上是基坑外地下水通过止水帷幕下方时基坑内外水位分布情况。事实上，当止水帷幕上方地下水进入基坑时，止水帷幕边界的阻挡效应导致地下水渗流路径的改变，从而会使基坑内外产生水头差。因此，需要对上述解析解进行修正。若止水帷幕作用下抽水时的水位降深与无止水帷幕抽水时的水位降深差用 $\Delta h_p(r)$ 表示，基坑外地下水通过止水帷幕下方产生的水位差用 $\Delta h_{p1}(r)$ 表示，止水帷幕的边界效应产生的相应水位差用 $\Delta h_{p2}(r)$ 表示，则

$$\Delta h_p(r) = \Delta h_{p1}(r) + \Delta h_{p2}(r) \tag{5-85}$$

Shen 等（2017）、武永霞（2016）通过数值分析法得出了止水帷幕两侧水位差的计算方法，其中止水帷幕两侧由地下水通过止水帷幕下方进入基坑时产生的水位差 s_{bi} 与止水帷幕两侧由止水帷幕与边界间产生的水位差 s_{bo} 可由下面的公式计算：

$$s_{\mathrm{bi}} = s_{\mathrm{bid}} i_{\mathrm{n}} L_{\mathrm{b}} = \frac{b_{\mathrm{bd}} i_{\mathrm{n}} L_{\mathrm{b}}}{1 - b_{\mathrm{bd}}} \tag{5-86}$$

$$s_{\mathrm{bo}} = s_{\mathrm{bod}} i_{\mathrm{n}} L_{\mathrm{b}} b = \begin{cases} 1.32 b_{\mathrm{bd}} i_{\mathrm{n}} L_{\mathrm{b}} \alpha\beta b & b_{\mathrm{bd}} < 0.25 \\ \sqrt{\dfrac{1}{8} \ln\left(\dfrac{6 b_{\mathrm{bd}}^{1.1}}{(1-b_{\mathrm{bd}})^{2.23}}\right)} i_{\mathrm{n}} L_{\mathrm{b}} \alpha\beta b & b_{\mathrm{bd}} \geqslant 0.25 \end{cases} \tag{5-87}$$

式中 α——修正含水层各向异性的系数；

β——修正含水层厚度的系数，当 $\beta < 10$ 时无需修正。

令 $m_{\mathrm{p}} = s_{\mathrm{bo}} / s_{\mathrm{bi}}$，则：

$$m_{\mathrm{p}} = s_{\mathrm{bod}} \alpha\beta b / s_{\mathrm{boi}} = \begin{cases} 1.32 b(1-b_{\mathrm{bd}}) \left(\dfrac{k_{\mathrm{x}}}{k_{\mathrm{z}}}\right)^{\frac{5}{8}} \left(\dfrac{10}{b}\right)^{0.3668\ln b - 0.852} & b_{\mathrm{bd}} < 0.25 \\ \sqrt{\dfrac{1}{8} \ln\left(\dfrac{6 b_{\mathrm{bd}}^{1.1}}{(1-b_{\mathrm{bd}})^{2.23}}\right)} \dfrac{(1-b_{\mathrm{bd}}) b}{b_{\mathrm{bd}}} \left(\dfrac{k_{\mathrm{x}}}{k_{\mathrm{z}}}\right)^{\frac{5}{8}} \left(\dfrac{10}{b}\right)^{0.3668\ln b - 0.852} & b_{\mathrm{bd}} \geqslant 0.25 \end{cases} \tag{5-88}$$

随距离变化的水位用 m_{p} 进行修正，则有 $\Delta h_{\mathrm{p2}}(r) = m_{\mathrm{p}} \Delta h_{\mathrm{p1}}(r)$，故

$$\Delta h_{\mathrm{p}}(r) = \Delta h_{\mathrm{p1}}(r) + \Delta h_{\mathrm{p2}}(r) = \Delta h_{\mathrm{p1}}(r) + m_{\mathrm{p}} \Delta h_{\mathrm{p1}}(r) = (1 + m_{\mathrm{p}}) \Delta h_{\mathrm{p1}}(r) \tag{5-89}$$

将式（5-73）、式（5-75）代入式（5-77）中，可得定水位抽水时的 $\Delta h_{\mathrm{p}}(r)$ 值：

基坑内：

$$\Delta h_{\mathrm{p}}(r) = (1 + m_{\mathrm{p}}) \left[\frac{(h_0 - h_{\mathrm{pw}}) \ln(r / r_{\mathrm{w}})}{\ln(R / r_{\mathrm{w}})} - A b_{\mathrm{a}} \ln(r / r_{\mathrm{w}}) \right] \quad r_{\mathrm{w}} \leqslant r \leqslant r_0 \tag{5-90}$$

基坑外：

$$\Delta h_{\mathrm{p}}(r) = (1 + m_{\mathrm{p}}) \left[\frac{(h_0 - h_{\mathrm{pw}}) \ln(r / r_{\mathrm{w}})}{\ln(R / r_{\mathrm{w}})} + h_{\mathrm{pw}} - A b_{\mathrm{a}} \ln(r / R) - h_0 \right] \quad r_0' < r \leqslant R \tag{5-91}$$

将式（5-81）、式（5-83）及式（5-84）代入式（5-89）中，可得定流量抽水时的 $\Delta h_{\mathrm{p}}(r)$ 值：

基坑内：

$$\Delta h_{\mathrm{p}}(r) = \frac{Q_{\mathrm{pw}}(1 + m_{\mathrm{p}})}{2\pi k b} \left\{ \ln(r / R) + \frac{b \ln(r_2 / r_1) - b_{\mathrm{a}} \ln[r r_2 / (r_1 R)]}{b_{\mathrm{a}}} \right\} \quad r_{\mathrm{w}} \leqslant r \leqslant r_0 \tag{5-92}$$

基坑外：$\Delta h_{\mathrm{p}}(r) = 0$。

式（5-90）、式（5-91）及式（5-92）即为修正后的水位变化值。若要计算止水帷幕

作用下的水位分布情况，只需利用无止水帷幕时的水流公式计算出水位在不同部位的水位降深之后加上 Δh_p 即可。当多口井抽水时，可利用叠加原理进行计算。

5.4.2 承压含水层回灌问题的解析解

图 5-41 的圆形基坑与图 5-39 的具有相同的尺寸，在基坑外有一口回灌井向承压含水层补给地下水，其回灌量用 Q_{rw} 表示，回灌井半径为 r_{rw}。自然条件下，回灌井的影响半径为 R_r。

图 5-42 所示为回灌时止水帷幕对渗流场阻挡示意图。假设回灌稳定后，回灌井处承压水位为 h_{rw}。回灌时，若无止水帷幕，则承压含水层水位线为具有轴对称性质的连续曲线，如图 5-42 中的曲线 $h_m(d)$。当存在止水帷幕时，承压含水层水位线变为不连续曲线，如图 5-42 中的曲线 $h_r(d)$。与无止水帷幕作用下相比，由于止水帷幕的阻挡作用，基坑外靠近回灌井一侧水位壅高，基坑内水位降低，基坑外远离回灌井一侧水位降低。

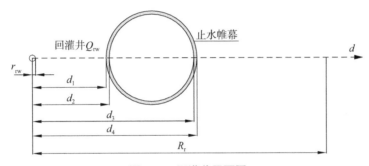

图 5-41 回灌井平面图

Q_{rw}—回灌量；r_{rw}—回灌井半径；d_1—回灌井与止水帷幕的最小距离；d_2—回灌井与基坑内壁的最小距离；d_3—回灌井与止水帷幕的最大距离；d_4—回灌井与基坑内壁的最大距离；R_r—回灌井的影响半径

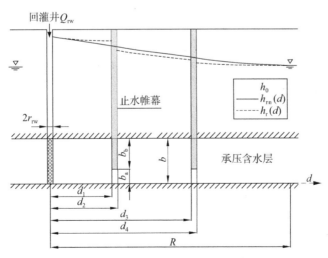

图 5-42 回灌时止水帷幕对承压含水层阻隔剖面图

b_a—止水帷幕未进入承压含水层的厚度；b—承压含水层厚度；h_0—初始测压面；
$h_m(d)$—Q_{rw} 回灌时，无止水帷幕时承压含水层水位线；$h_r(d)$—Q_{rw} 回灌时，有止水帷幕时承压含水层水位线

5.4.2.1 定水位回灌

假设回灌期间回灌井处承压水位 h_{rw} 保持不变。当止水帷幕进入承压含水层时，含水层厚度发生间断性变化，如图 5-41 所示，该函数可表示为：

$$b(d)=\begin{cases} b & r_{rw} \leq d \leq d_1 \\ b_a & d_1 < d \leq d_2 \\ b & d_2 < d \leq d_3 \\ b_a & d_3 < d \leq d_4 \\ b & d_4 < d \leq R_r \end{cases} \quad (5\text{-}93)$$

根据 Darcy 定律，距回灌井某一距离 d 处过水断面流量 Q_r 为：

$$Q_r = Q_{rw} = kAi = k \cdot 2\pi r \cdot b(d) \cdot \frac{\mathrm{d}h(d)}{\mathrm{d}d} \quad (5\text{-}94)$$

式中 A——过水断面面积；
i——水力梯度。

对式（5-93）进行积分，由于函数 $b(d)$ 为非连续性函数，采用分段形式来实现，得：

$$h_r(d)=\begin{cases} \dfrac{Q_{rw}}{2\pi kb}\ln d + c_{r1} & r_{rw} \leq d \leq d_1 \\ \dfrac{Q_{rw}}{2\pi kb_a}\ln d + c_{r2} & d_1 < d \leq d_2 \\ \dfrac{Q_{rw}}{2\pi kb}\ln d + c_{r3} & d_2 < d \leq d_3 \\ \dfrac{Q_{rw}}{2\pi kb_a}\ln d + c_{r4} & d_3 < d \leq d_4 \\ \dfrac{Q_{rw}}{2\pi kb}\ln d + c_{r5} & d_4 < d \leq R_r \end{cases} \quad (5\text{-}95)$$

式中 c_{r1}、c_{r2}、c_{r3}、c_{r4}、c_{r5}——待定常数。

将边界条件：$d=r_{rw}$，$h_r(d)=h_{rw}$；$d=R(\varepsilon)$，$h_r(d)=h_0$ 代入式（5-95），得：
当 $d=r_{rw}$ 时，有：

$$h_{rw} = \frac{Q_{rw}}{2\pi kb}\ln r_{rw} + c_{r1} \quad (5\text{-}96)$$

$$c_{r1} = -\frac{Q_{rw}}{2\pi kb}\ln r_{rw} + h_{rw} \quad (5\text{-}97)$$

当 $d=R(\varepsilon)$ 时，有：

$$h_0 = \frac{Q_{rw}}{2\pi kb}\ln R + c_{r5} \quad (5\text{-}98)$$

则

$$c_{r5} = -\frac{Q_{rw}}{2\pi kb}\ln R_r + h_0 \quad (5\text{-}99)$$

由于地下水流在渗流方向上连续，则当 $d=d_1$，$d=d_2$，$d=d_3$ 及 $d=d_4$ 时，有：

$$h_{r1} = \frac{Q_{rw}}{2\pi kb} \ln d_1 + c_{r1} = \frac{Q_{rw}}{2\pi kb_a} \ln d_1 + c_{r2} \tag{5-100}$$

$$h_{r2} = \frac{Q_{rw}}{2\pi kb_a} \ln d_2 + c_{r2} = \frac{Q_{rw}}{2\pi kb} \ln d_2 + c_{r3} \tag{5-101}$$

$$h_{r3} = \frac{Q_{rw}}{2\pi kb} \ln d_3 + c_{r3} = \frac{Q_{rw}}{2\pi kb_a} \ln d_3 + c_{r4} \tag{5-102}$$

$$h_{r4} = \frac{Q_{rw}}{2\pi kb_a} \ln d_4 + c_{r4} = \frac{Q_{rw}}{2\pi kb} \ln d_4 + c_{r5} \tag{5-103}$$

式中　h_{r1}——$d=d_1$ 处承压水位；

　　　h_{r2}——$d=d_2$ 处承压水位；

　　　h_{r3}——$d=d_3$ 处承压水位；

　　　h_{r4}——$d=d_4$ 处承压水位。

联立解式（5-97）、式（5-99）~式（5-103），可得 Q_{rw}、c_{r1}、c_{r2}、c_{r3}、c_{r4} 及 c_{r5} 值为：

$$Q_{rw} = 2B\pi kbb_a \tag{5-104}$$

$$c_{r1} = -Bb_a \ln r_{rw} + h_{rw} \tag{5-105}$$

$$c_{r2} = B[b_a \ln(d_1/r_{rw}) - b \ln d_1] + h_{rw} \tag{5-106}$$

$$c_{r3} = B[b_a \ln(d_2/r_{rw}) - b \ln(d_1/d_2)] + h_{rw} \tag{5-107}$$

$$c_{r4} = B[b_a \ln(d_4/R) - b \ln d_4] + h_0 \tag{5-108}$$

$$c_{r5} = -Bb_a \ln R + h_0 \tag{5-109}$$

其中，B 可表示为：

$$B = \frac{h_{rw} - h_0}{b \ln[d_1 d_3/(d_2 d_4)] - b_a \ln[d_1 d_3 R/(d_2 d_4 r_{rw})]} \tag{5-110}$$

将式（5-104）~式（5-110）代入式（5-95）中，得回灌时水位发生不连续变化时各部位承压水位的计算公式：

基坑外靠近回灌井一侧（承压水未经过止水帷幕）：

$$h_r(d) = Bb_a \ln(d/r_{rw}) + h_{rw} \qquad r_{rw} \leqslant d \leqslant d_1 \tag{5-111}$$

靠近回灌井一侧的止水帷幕下方：

$$h_r(d) = B[b \ln(d/d_1) + b_a \ln(d_1/r_{rw})] + h_{rw} \qquad d_1 \leqslant d \leqslant d_2 \tag{5-112}$$

基坑内：

$$h_r(d) = B\{b_a \ln[dd_1/(d_2 r_{rw})] - b \ln(d_1/d_2)\} + h_{rw} \qquad d_2 \leqslant d \leqslant d_3 \tag{5-113}$$

远离回灌井一侧的止水帷幕下方：

$$h_r(d) = B[b_a \ln(dd_4/R_r) - b\ln d_4] + h_0 \qquad d_3 \leqslant d \leqslant d_4 \tag{5-114}$$

基坑外远离回灌井一侧（承压水经过两道止水帷幕）：

$$h_r(d) = Bb_a \ln(d/R_r) + h_0 \qquad d_4 \leqslant d \leqslant R_r \tag{5-115}$$

当止水帷幕插入承压含水层的厚度为 0 时，流量及水位计算公式如下：

$$Q_{rw} = \frac{2\pi kb(h_{rw} - h_0)}{\ln(r_w/R_r)} \tag{5-116}$$

$$h_r(d) = \frac{(h_{rw} - h_0)\ln(d/r_w)}{\ln(r_{rw}/R_r)} + h_{rw} \tag{5-117}$$

5.4.2.2 定流量回灌

假设在整个回灌期间回灌井回灌量 Q_{rw} 保持不变。联立解式（5-97）、式（5-99）~式（5-103），可得 c_{r1}、c_{r2}、c_{r3}、c_{r4}、c_{r5} 及 h_{rw} 值为：

$$h_{rw} = \frac{Q_{rw}}{2\pi kbb_a}\{b\ln[d_1d_3/(d_2d_4)] + b_a\ln[r_{rw}d_2d_4/(d_1d_3R_r)]\} + h_0 \tag{5-118}$$

$$c_{r1} = \frac{Q_{rw}}{2\pi kbb_a}\{b\ln[d_1d_3/(d_2d_4)] + b_a\ln[d_2d_4/(d_1d_3R_r)]\} + h_0 \tag{5-119}$$

$$c_{r2} = \frac{Q_{rw}}{2\pi kbb_a}\{b\ln[d_3/(d_2d_4)] + b_a\ln[d_2d_4/(d_3R_r)]\} + h_0 \tag{5-120}$$

$$c_{r3} = \frac{Q_{rw}}{2\pi kbb_a}[b\ln(d_3/d_4) + b_a\ln(d_4/d_3R_r)] + h_0 \tag{5-121}$$

$$c_{r4} = \frac{Q_{rw}}{2\pi kbb_a}[b_a\ln(d_4/R_r) - b\ln d_4] + h_0 \tag{5-122}$$

$$c_{r5} = -\frac{Q_{rw}}{2\pi kb}\ln R_r + h_0 \tag{5-123}$$

将式（5-118）~式（5-123）带入式（5-95）中，得回灌时水位发生不连续变化时各部位承压水位的计算公式：

基坑外靠近回灌井一侧（承压水未经止水帷幕）：

$$h_r(d) = \frac{Q_{rw}}{2\pi kbb_a}\{b\ln[d_1d_3/(d_2d_4)] + b_a\ln[dd_2d_4/(d_1d_3R_r)]\} + h_0 \qquad r_{rw} \leqslant d \leqslant d_1 \tag{5-124}$$

靠近回灌井一侧的止水帷幕下方：

$$h_r(d) = \frac{Q_{rw}}{2\pi kbb_a}\{b\ln[dd_3/(d_2d_4)] + b_a\ln[d_2d_4/(d_3R_r)]\} + h_0 \qquad d_1 \leqslant d \leqslant d_2 \tag{5-125}$$

基坑内：

$$h_r(d) = \frac{Q_{rw}}{2\pi k b b_a}\{b\ln(d_3/d_4) + b_a\ln[dd_4/(d_3R_r)]\} + h_0 \qquad d_2 \leq d \leq d_3 \qquad (5\text{-}126)$$

远离回灌井一侧的止水帷幕下方：

$$h_r(d) = \frac{Q_{rw}}{2\pi k b b_a}[b_a\ln(d_4/R_r) + b\ln(d/d_4)] + h_0 \qquad d_3 \leq d \leq d_4 \qquad (5\text{-}127)$$

基坑外远离回灌井一侧（承压水经过两道止水帷幕）：

$$h_r(d) = \frac{Q_{rw}}{2\pi k b}\ln(d/R_r) + h_0 \qquad d_4 \leq d \leq R_r \qquad (5\text{-}128)$$

当止水帷幕插入承压含水层的厚度为 0 时，水位计算公式如下：

$$h_r(d) = \frac{Q_{rw}}{2\pi k b}\ln(d/R_{r0}) + h_0 \qquad (5\text{-}129)$$

式中　R_{r0}——无止水帷幕下回灌时回灌井的影响半径。

需要说明的是，由于地下水回灌经过两道止水帷幕，故在止水帷幕下回灌影响半径 R_r 小于无止水帷幕下的半径 R_{r0}。且止水帷幕插入承压含水层的深度越深，其影响程度越大。

5.4.3　解析解的修正

5.4.3.1　回灌作用下止水帷幕两侧水位差计算方法

地下水回灌可看做是抽水的逆过程。因此，在基坑外回灌时止水帷幕的存在会使止水帷幕两侧出现水位差。该水位差同样由两部分组成，一是由止水帷幕与含水层边界间产生的；另一部分是由回灌水流经止水帷幕下方产生的。与基坑内抽水时不同之处在于回灌水在遇到止水帷幕时会两次流经止水帷幕，即地下水流会有两次不连续现象，如图 5-41 所示。

回灌水通过止水帷幕下方产生的水位差用 s_{rbi} 表示，在此过程中止水帷幕两侧由止水帷幕与边界间产生的水位差用 s_{rbo} 表示。

s_{rbi} 的无量纲形式为：

$$s_{rbid} = \frac{s_{rbi}}{i_{rn}L_b} \qquad (5\text{-}130)$$

式中　i_{rn}——止水帷幕未进入承压含水层回灌时止水帷幕两侧水力梯度；

　　　L_b——止水帷幕的宽度。

s_{rbo} 的无量纲形式为：

$$s_{rbod} = \frac{s_{rbo}}{i_{rn}b} \qquad (5\text{-}131)$$

1. 回灌水流入基坑

1）标准状态承压含水层

与基坑内抽水时相似，将厚度为 10m 的各向同性承压含水层作为标准状态承压含水层，其拟合得到的曲线为标准曲线。

标准状态下回灌水通过止水帷幕下方进入基坑时产生的水位差用 s_{1rbid0} 表示，在此过程中止水帷幕两侧由止水帷幕与边界间产生的水位差用 s_{1rbod0} 表示。

采用数值模拟分析法分析 s_{1rbid0} 和 s_{1rbod0} 与止水帷幕插入承压含水层深度间的关系。基坑外回灌井回灌量为 300m³/d，回灌井过滤器长度为 10m，模型其他参数详见武永霞（2016）。经计算可得 s_{1rbid0} 及 s_{1rbod0} 与止水帷幕插入承压含水层的相对深度 b_{bd} 的关系，如图 5-43 及图 5-44 所示。止水帷幕插入承压含水层的深度 b_{bd} 越大，s_{1rbid0} 越大。当 $b_{bd} \leq 0.85$ 时，b_{bd} 越大，s_{1rbod0} 越大；当 $b_{bd} > 0.85$ 时，b_{bd} 越大，s_{1rbod0} 越小。图中的点可用指数函数进行拟合，拟合曲线的相关系数 R^2 均为 0.997，拟合公式分别为：

$$s_{1rbid0} = \frac{1}{2} b_{bd}^{1.4} e^{\frac{b_{bd}^2}{(1-b_{bd})^{0.28}}} \quad (5\text{-}132)$$

$$s_{1rbod0} = \frac{5}{2} b_{bd}^{1.5} e^{-\frac{b_{bd}^{1.5}}{(1-b_{bd})^{0.08}}} \quad (5\text{-}133)$$

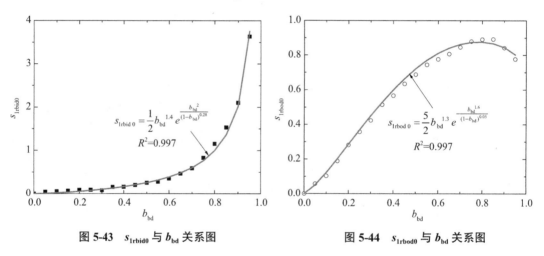

图 5-43 s_{1rbid0} 与 b_{bd} 关系图   图 5-44 s_{1rbod0} 与 b_{bd} 关系图

2）各向异性承压含水层

当基坑内抽水时，含水层的各向异性会对止水帷幕两侧水位差产生影响，因此，当地下水回灌时，也需讨论含水层的各向异性性。

设在各向异性含水层中地下水通过止水帷幕下方的阻挡效应用 s_{1rbid1} 表示，修正各向异性后用 $s_{1rbid1'}$ 表示。设在各向异性含水层中无量纲的止水帷幕与边界间产生的阻挡效应用 s_{1rbod1} 表示，修正各向异性后用 $s_{1rbod1'}$ 表示。计算时更改垂向渗透系数 k_z，其他参数保持不变。将含水层各向同性时分析所得曲线作为标准曲线，分别计算 $k_x = 3k_z$，$k_x = 6k_z$ 和 $k_x = 10k_z$ 情况下，止水帷幕两侧水位差与止水帷幕插入承压含水层深度之间的关系。图 5-45 和图 5-46 所示分别为各向异性承压含水层 k_z/k_x 不同取值时，s_{1rbid1} 与 b_{bd} 及 s_{1rbod1} 与 b_{bd} 的关系图，从图中可以看出，k_z/k_x 越小，s_{1rbid1} 越小，s_{1rbod1} 越大。图 5-47 和图 5-48 所示分别为修正含水层各向异性后，$s_{1rbid1'}$ 与 b_{bd} 及 $s_{1rbod1'}$ 与 b_{bd} 的关系，由图可知，修正含水层各向异性后，所有点都落在标准曲线附近。其修正系数可分别用下式计算：

$$\alpha_{1rbid} = \left(\frac{k_x}{k_z}\right)^{\frac{5}{14}} \tag{5-134}$$

$$\alpha_{1rbod} = \left(\frac{k_x}{k_z}\right)^{\frac{7}{20}} \tag{5-135}$$

即承压含水层各向异性时的 s_{1rbid1} 和 s_{1rbod1}，可分别由各向同性时的 s_{1rbid0} 乘以 $1/\alpha_{1rbid}$ 及 s_{1rbod0} 乘以 α_{1rbod} 来计算，则有：

$$s_{1rbid1} = s_{1rbid0}/\alpha_{1rbid} = \frac{1}{2\alpha_{1rbid}} b_{bd}^{1.4} e^{\frac{b_{bd}^2}{(1-b_{bd})^{0.28}}} \tag{5-136}$$

$$s_{1rbod1} = s_{1rbod0}\alpha_{1rbod} = \frac{5}{2} b_{bd}^{1.3} e^{-\frac{b_{bd}^{1.6}}{(1-b_{bd})^{0.05}}} \alpha_{1rbod} \tag{5-137}$$

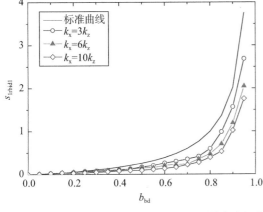

图 5-45　s_{1rbid1} 与 b_{bd} 关系图（各向异性含水层）

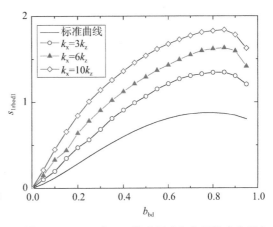

图 5-46　s_{1rbod1} 与 b_{bd} 关系图（各向异性含水层）

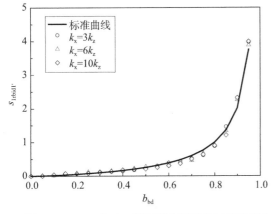

图 5-47　$s_{1rbid1'}$ 与 b_{bd} 关系图（修正各向异性后）

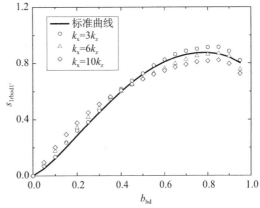

图 5-48　$s_{1rbod1'}$ 与 b_{bd} 关系图（修正各向异性后）

3）不同承压含水层厚度

当基坑内抽水时，含水层的厚度，会对止水帷幕两侧水位差产生影响，因此，当地下水回灌时，也需讨论含水层的厚度。

设在不同承压含水层厚度下地下水通过止水帷幕下方的阻挡效应用 s_{1rbid2} 表示，修正各向异性后用 $s_{1rbid2'}$ 表示。设在不同承压含水层厚度下无量纲的止水帷幕与边界间产生的阻挡效应用 s_{1rbod2} 表示，修正各向异性后用 $s_{1rbod2'}$ 表示。计算时更改含水层的厚度，其他参数保持不变。分别计算 $b=8m$、$b=16m$、$b=20m$ 和 $b=30m$ 时，止水帷幕两侧水位差与止水帷幕插入承压含水层深度之间的关系。$b=8m$ 时，回灌井过滤器长度为8m，其他条件下均为10m。图5-49和图5-50所示分别为不同承压含水层厚度下，s_{1rbid2} 与 b_{bd} 及 s_{1rbod2} 与 b_{bd} 的关系图，从图中可以看出，相同止水帷幕深度下，含水层厚度越大，s_{1rbid2} 越小，s_{1rbod1} 越大。图5-51和图5-52所示分别为修正含水层厚度后，$s_{1rbid2'}$ 与 b_{bd} 及 $s_{1rbod2'}$ 与 b_{bd} 的关系，由图可知，修正含水层厚度后，所有点都落在标准曲线附近。其修正系数可分别用下式计算：

$$\beta_{1rbid} = \left(\frac{10}{b}\right)^{0.3\ln b - 0.3} \tag{5-138}$$

$$\beta_{1rbod} = \left(\frac{10}{b}\right)^{0.032\ln b - 0.78} \tag{5-139}$$

即不同厚度时的 s_{1rbid2} 和 s_{1rbod2}，可分别由各向同性时的 s_{1rbid0} 乘以 $1/\alpha_{1rbid}$ 及 s_{1rbod0} 乘以 α_{1rbod} 来计算，则有：

$$s_{1rbid2} = s_{1rbid0}\beta_{1rbid} = \frac{1}{2}b_{bd}^{1.4}e^{\frac{b_{bd}^2}{(1-b_{bd})^{0.28}}}\beta_{1rbid} \tag{5-140}$$

$$s_{1rbod2} = s_{1rbod0}\beta_{1rbod} = \frac{5}{2}b_{bd}^{1.3}e^{\frac{b_{bd}^{1.6}}{(1-b_{bd})^{0.05}}}\beta_{1rbod} \tag{5-141}$$

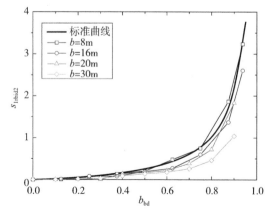 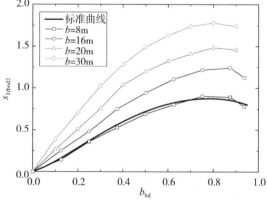

图5-49 s_{1rbid2} 与 b_{bd} 关系图（不同含水层厚度）　　图5-50 s_{1rbod2} 与 b_{bd} 关系图（不同含水层厚度）

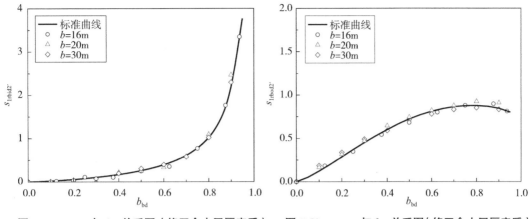

图 5-51 $s_{1rbid2'}$ 与 b_{bd} 关系图（修正含水层厚度后） 　　图 5-52 $s_{1rbod2'}$ 与 b_{bd} 关系图（修正含水层厚度后）

需要注意的是上述修正系数 β 适用于含水层厚度大于 10m 的情形，当含水层厚度小于 10m 时，曲线与标准曲线比较接近，可直接利用标准曲线进行计算。

根据式（5-132）~ 式（5-135）、式（5-138）及式（5-139）可得出各向异性含水层中基坑外回灌时，地下水通过止水帷幕底部进入基坑及在该状态下止水帷幕与边界间产生的无量纲形式的水头差：

$$s_{1rbid} = s_{1rbid0} / \alpha_{1rbid} \beta_{1rbid} = \frac{1}{2} b_{bd}^{1.4} e^{\frac{b_{bd}^2}{(1-b_{bd})^{0.28}}} \left(\frac{k_x}{k_z}\right)^{-\frac{5}{14}} \left(\frac{10}{b}\right)^{0.3\ln b - 0.3} \quad (5\text{-}142)$$

$$s_{1rbod} = s_{1rbod0} \alpha_{1rbod} \beta_{1rbod} = \frac{5}{2} b_{bd}^{1.3} e^{\frac{b_{bd}^{1.6}}{(1-b_{bd})^{0.05}}} \left(\frac{k_x}{k_z}\right)^{\frac{7}{20}} \left(\frac{10}{b}\right)^{0.032\ln b - 0.78} \quad (5\text{-}143)$$

$$s_{2rbid0} = \frac{1}{2} b_{bd}^{1.1} e^{\frac{b_{bd}^{0.8}}{(1-b_{bd})^{0.31}}} \quad (5\text{-}144)$$

$$s_{2rbod0} = 2.8 b_{bd}^{1.85} e^{\frac{b_{bd}^{1.6}}{(1-b_{bd})^{0.08}}} \quad (5\text{-}145)$$

2. 回灌水流出基坑

1）标准状态承压含水层

标准状态下回灌水通过止水帷幕下方流出基坑时产生的水位差用 s_{2rbid0} 表示，在此过程中止水帷幕两侧由止水帷幕与边界间产生的水位差用 s_{2rbod0} 表示。经计算可得 s_{2rbid0} 及 s_{2rbod0} 与止水帷幕插入承压含水层的相对深度 b_{bd} 的关系，如图 5-53 及图 5-54 所示。止水帷幕插入承压含水层的深度 b_{bd} 越大，s_{2rbid0} 越大。当 $b_{bd} \leqslant 0.85$ 时，b_{bd} 越大，s_{2rbod0} 越大；当 $b_{bd} > 0.85$ 时，b_{bd} 越大，s_{2rbod0} 越小。图中的点可用指数函数进行拟合，拟合曲线的相关系数 R^2 均为 0.998，拟合公式分别为：

$$s_{2rbid0} = \frac{1}{2} b_{bd}^{1.1} e^{\frac{b_{bd}^{0.8}}{(1-b_{bd})^{0.31}}} \quad (5\text{-}146)$$

$$s_{2\text{rbod}0} = 2.8 b_{\text{bd}}^{1.85} e^{\frac{b_{\text{bd}}^{1.6}}{(1-b_{\text{bd}})^{0.08}}} \quad (5\text{-}147)$$

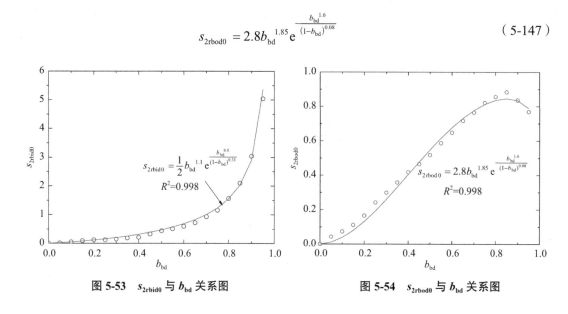

图 5-53 $s_{2\text{rbid}0}$ 与 b_{bd} 关系图　　　　图 5-54 $s_{2\text{rbod}0}$ 与 b_{bd} 关系图

2）各向异性承压含水层

设在各向异性含水层中地下水通过止水帷幕下方流出基坑的阻挡效应用 $s_{2\text{rbid}1}$ 表示，修正各向异性后用 $s_{2\text{rbid}1'}$ 表示。设在各向异性含水层中无量纲的止水帷幕与边界间产生的阻挡效应用 $s_{2\text{rbod}1}$ 表示，修正各向异性后用 $s_{2\text{rbod}1'}$ 表示。图 5-55 和图 5-56 所示分别为各向异性承压含水层 k_z/k_x 不同取值时，$s_{2\text{rbid}1}$ 与 b_{bd} 及 $s_{2\text{rbod}1}$ 与 b_{bd} 的关系图，从图中可以看出，k_z/k_x 越小，$s_{2\text{rbid}1}$ 越小，$s_{2\text{rbod}1}$ 越大。图 5-57 和图 5-58 所示分别为修正含水层各向异性后，$s_{2\text{rbid}1'}$ 与 b_{bd} 及 $s_{2\text{rbod}1'}$ 与 b_{bd} 的关系，由图可知，修正含水层各向异性后，所有点都落在标准曲线附近。其修正系数可分别用下式计算：

$$\alpha_{2\text{rbid}} = \left(\frac{k_x}{k_z}\right)^{\frac{3}{10}} \quad (5\text{-}148)$$

$$\alpha_{2\text{rbod}} = \left(\frac{k_x}{k_z}\right)^{\frac{47}{100}} \quad (5\text{-}149)$$

即承压含水层各向异性时的 $s_{2\text{rbid}1}$ 和 $s_{2\text{rbod}1}$，可分别由各向同性时的 $s_{2\text{rbid}0}$ 乘以 $1/\alpha_{2\text{rbid}}$ 及 $s_{1\text{rbod}0}$ 乘以 $\alpha_{2\text{rbod}}$ 来计算，则有：

$$s_{2\text{rbid}1} = s_{2\text{rbid}0} / \alpha_{2\text{rbid}} = \frac{1}{2\alpha_{2\text{rbid}}} b_{\text{bd}}^{1.1} e^{\frac{b_{\text{bd}}^{0.8}}{(1-b_{\text{bd}})^{0.31}}} \quad (5\text{-}150)$$

$$s_{2\text{rbod}1} = s_{2\text{rbod}0} \alpha_{2\text{rbod}} = 2.8 b_{\text{bd}}^{1.85} e^{\frac{b_{\text{bd}}^{1.6}}{(1-b_{\text{bd}})^{0.08}}} \alpha_{2\text{rbod}} \quad (5\text{-}151)$$

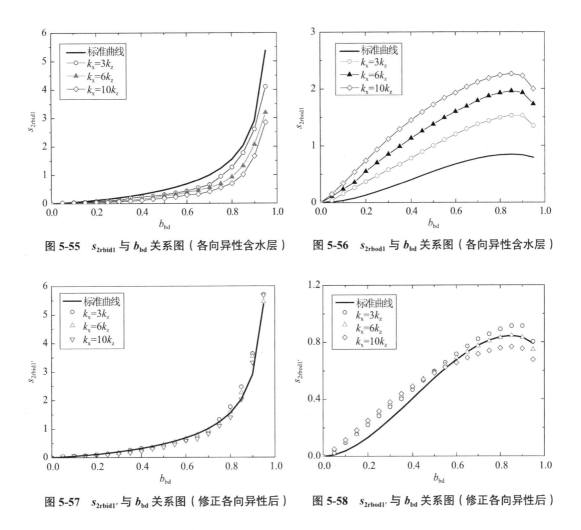

图 5-55 s_{2rbid1} 与 b_{bd} 关系图（各向异性含水层）　　图 5-56 s_{2rbod1} 与 b_{bd} 关系图（各向异性含水层）

图 5-57 $s_{2rbid1'}$ 与 b_{bd} 关系图（修正各向异性后）　　图 5-58 $s_{2rbod1'}$ 与 b_{bd} 关系图（修正各向异性后）

3）不同承压含水层厚度

设在不同承压含水层厚度下地下水通过止水帷幕下方的阻挡效应用 s_{2rbid2} 表示，修正各向异性后用 $s_{2rbid2'}$ 表示。设在不同承压含水层厚度下无量纲的止水帷幕与边界间产生的阻挡效应用 s_{1rbod2} 表示。图 5-59 和图 5-60 分别为不同承压含水层厚度下，s_{2rbid2} 与 b_{bd} 及 s_{2rbod2} 与 b_{bd} 的关系图，从图中可以看出，相同止水帷幕深度下，含水层厚度越大，s_{2rbid2} 越小。s_{2rbod2} 受含水层厚度影响不大，所有点均在标准曲线附近，因此 s_{2rbod2} 无需进行修正。图 5-61 所示为修正含水层厚度后，$s_{2rbid2'}$ 与 b_{bd} 的关系，由图可知，修正含水层厚度后，所有点都落在标准曲线附近。其修正系数可分别用下式计算：

$$\beta_{2rbid}=\left(\frac{10}{b}\right)^{0.23\ln b-0.1} \tag{5-152}$$

即不同厚度时的 s_{2rbid2} 可由含水层厚度为 10m 时的 s_{2rbid0} 乘以 β_{2rbod} 来计算，则有：

$$s_{2rbid2} = s_{2rbid0}\beta_{2rbid} = \frac{1}{2}b_{bd}^{1.1}e^{\frac{b_{bd}^{0.8}}{(1-b_{bd})^{0.31}}}\beta_{2rbid} \tag{5-153}$$

需要注意的是上述修正系数 β 适用于含水层厚度大于 10m 的情形，当含水层厚度小于 10m 时，曲线与标准曲线比较接近，可直接利用标准曲线进行计算。

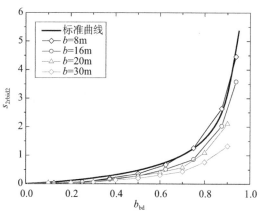

图 5-59　s_{2rbid2} 与 b_{bd} 关系图（不同含水层厚度）

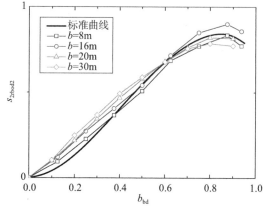

图 5-60　s_{2rbod2} 与 b_{bd} 关系图（不同含水层厚度）

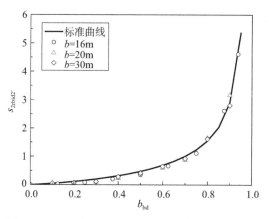

图 5-61　$s_{2rbid2'}$ 与 b_{bd} 关系图（修正含水层厚度后）

根据式（5-146）～式（5-149）及式（5-152）可得出各向异性含水层中基坑外回灌时，地下水通过止水帷幕下方流出基坑及在该状态下止水帷幕与边界间产生的无量纲形式的水头差：

$$s_{2rbid} = s_{2rbid0}/\alpha_{2rbid}\beta_{2rbid} = \frac{1}{2}b_{bd}^{1.1}e^{\frac{b_{bd}^{0.8}}{(1-b_{bd})^{0.31}}}\left(\frac{k_x}{k_z}\right)^{-\frac{3}{10}}\left(\frac{10}{b}\right)^{0.23\ln b - 0.1} \tag{5-154}$$

$$s_{2rbod} = s_{2rbod0}\alpha_{2rbod} = 2.8b_{bd}^{1.85}e^{\frac{b_{bd}^{1.6}}{(1-b_{bd})^{0.08}}}\left(\frac{k_x}{k_z}\right)^{\frac{47}{100}} \tag{5-155}$$

4）回灌作用下止水帷幕两侧水位差计算方法与抽水时相似，回灌作用下止水帷幕两侧水位差Δh_r，可用下式计算：

$$\Delta h_r = s_{rbo} + s_{rbi} + \Delta h_{rm} \qquad (5\text{-}156)$$

式中 s_{rbi}——回灌时止水帷幕两侧由地下水通过止水帷幕下方所产生的水位差；

s_{rbo}——止水帷幕两侧由止水帷幕与边界间产生的水位差；

Δh_{rm}——止水帷幕未进入承压含水层时，止水帷幕两侧（坑内与坑外）的水头差。

当回灌水通过止水帷幕进入基坑时，根据式（5-142）、式（5-143）和式（5-156）可计算出止水帷幕两侧承压含水层的水头差Δh_{1r}：

$$\begin{aligned}
\Delta h_{1r} &= s_{1rbo} + s_{1rbi} + \Delta h_{1rm} \\
&= s_{1rbod0}\alpha_{1rbod}\beta_{1rbod}i_{1rm}b + s_{1rbid0}/\alpha_{1rbid}\beta_{1rbid}i_{1rm}L_B + i_{1rm}L_B \\
&= \frac{5}{2}b_{bd}^{1.3}e^{-\frac{b_{bd}^{1.6}}{(1-b_{bd})^{0.05}}}\left(\frac{k_x}{k_z}\right)^{\frac{7}{20}}\left(\frac{10}{b}\right)^{0.032\ln b - 0.78}i_{1rm}b + \\
&\quad \frac{1}{2}b_{bd}^{1.4}e^{\frac{b_{bd}^{2}}{(1-b_{bd})^{0.28}}}\left(\frac{k_x}{k_z}\right)^{\frac{5}{14}}\left(\frac{10}{b}\right)^{0.3\ln b - 0.3}i_{1rm}L_B + i_{1rm}L_B
\end{aligned} \qquad (5\text{-}157)$$

式中 s_{1rbi}——回灌时止水帷幕两侧由地下水通过止水帷幕下方进入基坑所产生的水位差；

s_{1rbo}——回灌水进入基坑时止水帷幕两侧由止水帷幕与边界间产生的水位差；

Δh_{1rm}——相同位置处止水帷幕未进入承压含水层时，止水帷幕两侧水头差。

当回灌水通过止水帷幕流出基坑时，根据式（5-154）和式（5-155）、式（5-156）可计算出止水帷幕两侧承压含水层的水头差Δh_{2r}：

$$\begin{aligned}
\Delta h_{2r} &= s_{2rbo} + s_{2rbi} + \Delta h_{2rm} \\
&= s_{2rbod0}\alpha_{2rbod}\beta_{2rbod}i_{2rm}b + s_{2rbid0}/\alpha_{2rbid}\beta_{2rbid}i_{2rm}L_B + i_{2rm}L_B \\
&= 2.8b_{bd}^{1.85}e^{-\frac{b_{bd}^{1.6}}{(1-b_{bd})^{0.08}}}\left(\frac{k_x}{k_z}\right)^{\frac{41}{50}}i_{2rm}b + \\
&\quad \frac{1}{2}b_{bd}^{1.1}e^{\frac{b_{bd}^{0.8}}{(1-b_{bd})^{0.31}}}\left(\frac{k_x}{k_z}\right)^{\frac{3}{10}}\left(\frac{10}{b}\right)^{0.23\ln b - 0.1}i_{2rm}L_B + i_{2rm}L_B
\end{aligned} \qquad (5\text{-}158)$$

式中 s_{2rbi}——回灌时止水帷幕两侧由地下水通过止水帷幕下方流出基坑所产生的水位差；

s_{2rbo}——回灌水流出基坑时止水帷幕两侧由止水帷幕与边界间产生的水位差；

Δh_{2rm}——相同位置处止水帷幕未进入承压含水层时，止水帷幕两侧水头差。

从式（5-157）和式（5-158）可知，当已知回灌井回灌量、承压含水层厚度、含水层渗透系数，以及止水帷幕插入承压含水层的深度时，就可计算出由于回灌使得止水帷幕两侧出现的水头差。上述结果适用于任意形状的基坑回灌。

5.4.3.2 回灌作用下水位分布简易分析

对于5.3.2.1节和5.3.2.2节中获得的解析解仅考虑了回灌水通过止水帷幕下方产生的

水位差，因此需要对其进行修正。

若止水帷幕作用下回灌时的水位抬升与无止水帷幕回灌时的水位抬升差用 $\Delta h_r(d)$ 表示。经过一道止水帷幕后的水位抬升差用 $\Delta h_{1r}(d)$ 表示，基坑外地下水通过止水帷幕下方进入基坑产生的水位差用 $\Delta h_{1rbi}(d)$ 表示，止水帷幕的边界效应产生的相应水位差用 $\Delta h_{1rbo}(d)$ 表示。经过两道止水帷幕后的水位差用 $\Delta h_{2r}(d)$ 表示，地下水通过止水帷幕下方流出基坑产生的水位差用 $\Delta h_{2rbi}(d)$ 表示，止水帷幕的边界效应产生的相应水位差用 $\Delta h_{2rbo}(d)$ 表示。则：

$$\Delta h_{1r}(d) = \Delta h_{1rbi}(d) + \Delta h_{1rbo}(d) \tag{5-159}$$

$$\Delta h_{12r}(d) = \Delta h_{12rbi}(d)/c + \Delta h_{12rbo}(d) \tag{5-160}$$

$$\Delta h_{2r}(d) = \Delta h_{2rbi}(d) + \Delta h_{2rbo}(d) \tag{5-161}$$

其中，常数 c 为：

$$c = \frac{\pi}{\arcsin[(r_0 + L_B)/(r_0 + d_2)]} \tag{5-162}$$

令 $m_{1r} = s_{1rbo}/s_{1rbi}$，则：

$$\begin{aligned} m_{1r} &= s_{1rbod0}\alpha_{1rbod}\beta_{1rbod}b/\left(s_{1rbid0}\alpha_{1rbid}\beta_{1rbid}L_B\right) \\ &= \frac{5b}{L_B b_{bd}^{0.1}} e^{\frac{b_{bd}^{1.6}(1-b_{bd})^{5.6}+b_{bd}^2}{(1-b_{bd})^{0.28}}} \left(\frac{k_x}{k_z}\right)^{\frac{99}{140}} \left(\frac{10}{b}\right)^{-0.268\ln b-0.48} \end{aligned} \tag{5-163}$$

令 $m_{2r} = s_{2rbo}/s_{2rbi}$，则：

$$\begin{aligned} m_{2r} &= s_{2rbod0}\alpha_{2rbod}b/\left(s_{2rbid0}\alpha_{2rbid}\beta_{2rbid}L_B\right) \\ &= \frac{28b}{5L_B} b_{bd}^{\frac{3}{4}} e^{\frac{b_{bd}^{1.6}(1-b_{bd})^{3.875}+b_{bd}^{0.8}}{(1-b_{bd})^{0.31}}} \left(\frac{k_x}{k_z}\right)^{\frac{28}{25}} \left(\frac{10}{b}\right)^{-0.23\ln b+0.1} \end{aligned} \tag{5-164}$$

随距离变化的水位用 m_{1r} 和 m_{2r} 进行修正，则有 $\Delta h_{1rbo}(d) = m_{1r}\Delta h_{1rbo}(d)$，$\Delta h_{12rbo}(d) = (m_{1r} - m_{2r})\Delta h_{12rbi}(d)/c$，$\Delta h_{2rbo}(d) = m_{2r}\Delta h_{2rbo}(d)$，因此，

$$\Delta h_{1r}(d) = \Delta h_{1rbi}(d)/c + \Delta h_{1rbo}(d) = \frac{1+m_{1r}}{c}\Delta h_{1rbi}(d) \tag{5-165}$$

$$\Delta h_{1r}(d) = \Delta h_{12rbi}(d)/c + (m_{1r} - m_{2r})/c\Delta h_{12rbi}(d) = \left(\frac{m_{1r} - m_{2r}}{c}\right)\Delta h_{12rbi}(d) \tag{5-166}$$

$$\Delta h_{2r}(d) = \Delta h_{2rbi}(d) + \Delta h_{2rbo}(d) = \Delta h_{2rbi}(d) + m_{2r}\Delta h_{2rbo}(d) = (1+m_{2r})\Delta h_{2rbo}(d) \tag{5-167}$$

1. 定水位回灌

将式（5-111）、式（5-113）、式（5-115）及式（5-117）代入式（5-164）~式（5-167）中，可得定水位回灌时的 $\Delta h_r(d)$ 值。

1）基坑外靠近回灌井一侧（承压水未经过止水帷幕）

$$\Delta h_{1r}(d) = (1+m_{1r})\Delta h_r(d) = (1+m_{1r})\left\{\ln(d/r_{rw})\left[Bb_a - \frac{h_{rw}-h_0}{\ln(r_{rw}/R_r)}\right]\right\} \quad (5\text{-}168)$$
$$r_{rw} \leq d \leq d_1$$

2）基坑内（承压水经过一道止水帷幕）

（1）基坑内大部分区域

$$\Delta h_{1r}(d) = (1+m_{1r})\left\{B\left[b_a\ln(dd_1/d_2 r_{rw}) - b\ln(d/d_2)\right] - \frac{(h_{rw}-h_0)\ln(d/r_{rw})}{\ln(r_{rw}/R_r)}\right\} \quad (5\text{-}169)$$
$$d_2 \leq d \leq d_3$$

（2）基坑内离第二道止水帷幕稍远处

$$\Delta h_{1r}(d) = (1+m_{1r})\left\{B\left[b_a\ln(dd_1/d_2 r_{rw}) - b\ln(d/d_2)\right] - \frac{(h_{rw}-h_0)\ln(d/r_{rw})}{\ln(r_{rw}/R_r)}\right\} \quad (5\text{-}170)$$
$$d_2 \leq d \leq d_3$$

（3）基坑内第二道止水帷幕附近

$$\Delta h_{2r}(d) = \left(\frac{1-m_{2r}}{c}\right)\left\{B\left[b_a\ln(dd_1/d_2 r_{rw}) - b\ln(d/d_2)\right] - \frac{(h_{rw}-h_0)\ln(d/r_{rw})}{\ln(r_{rw}/R_r)}\right\} \quad (5\text{-}171)$$
$$d_2 \leq d \leq d_3$$

3）基坑外远离回灌井一侧（承压水经过两道止水帷幕）

$$\Delta h_{2r}(d) = (1+m_{2r})\left[Bb_a\ln(d/R_r) - \frac{(h_{rw}-h_0)\ln(d/r_{rw})}{\ln(r_{rw}/R_r)} + h_0 - h_{rw}\right] \quad d_4 \leq d \leq R_r \quad (5\text{-}172)$$

2. 定流量回灌

将式（5-124）、式（5-126）、式（5-128）及式（5-129）代入式（5-164）～式（5-167）中，可得定流量回灌时的 $\Delta h_r(d)$ 值。

1）基坑外靠近回灌井一侧（承压水未经过止水帷幕）

$$\Delta h_{1r}(d) = \frac{Q_{rw}(1+m_{1r})}{2\pi k b b_a}\{b\ln[d_1 d_3/(d_2 d_4)] + b_a\ln[d_2 d_4/(d_1 d_3)]\} \quad r_{rw} \leq d \leq d_1 \quad (5\text{-}173)$$

2）基坑内

（1）基坑内大部分区域

$$\Delta h_{1r}(d) = \frac{Q_{rw}(1+m_{1r})}{2\pi k b b_a c}[b\ln(d_3/d_4) + b_a\ln(dd_4/d_3 R_r)] \quad d_2 \leq d \leq d_3 \quad (5\text{-}174)$$

（2）基坑内离第二道止水帷幕稍远处

$$\Delta h_{12r}(d) = \frac{Q_{rw}(m_{1r}-m_{2r})}{2\pi k b b_a c}[b\ln(d_3/d_4) + b_a\ln(dd_4/d_3 R_r)] \quad d_2 \leq d \leq d_3 \quad (5\text{-}175)$$

（3）基坑内第二道止水帷幕附近

$$\Delta h_{2\mathrm{r}}(d) = \frac{Q_{\mathrm{rw}}(1-m_{2\mathrm{r}})}{2\pi k b b_{\mathrm{a}} c}\left[b\ln(d_3/d_4) + b_{\mathrm{a}}\ln(dd_4/d_3 R_{\mathrm{r}})\right] \qquad d_2 \leqslant d \leqslant d_3 \qquad (5\text{-}176)$$

3）基坑外远离回灌井一侧（承压水经过两道止水帷幕）

$$\Delta h_{2\mathrm{r}}(d) = \frac{Q_{\mathrm{rw}}(1+m_{2\mathrm{r}})}{2\pi k b c}\ln(R_{\mathrm{r}0}/R_{\mathrm{r}}) \qquad d_4 \leqslant d \leqslant R_{\mathrm{r}} \qquad (5\text{-}177)$$

需要说明的是，利用定流量回灌公式计算时，影响半径 R_{r} 对计算结果影响较大，有止水帷幕所用 R_{r} 小于无止水帷幕回灌时 R_{r}。

式（5-168）~式（5-177）为修正后的水位变化值。若要计算止水帷幕作用下水位分布情况，只需利用无止水帷幕时的水流公式计算出在不同部位的水位抬升之后加上 $\Delta h_{\mathrm{r}}(d)$ 即可。当多口井回灌时，可利用叠加原理进行计算。

5.5 抽灌共同作用的解析解

5.5.1 止水帷幕两侧水位差的计算方法

5.5.1.1 基坑内抽水

根据 Shen 等（2017）和武永霞（2016）的研究，基坑内抽水时止水帷幕两侧水位降深差 Δh_{p} 的计算公式为：

$$\Delta h_{\mathrm{p}} = \begin{cases} i_{\mathrm{n}} L_{\mathrm{b}}\left[1.32 b_{\mathrm{bd}}\left(\dfrac{k_{\mathrm{x}}}{k_{\mathrm{z}}}\right)^{\frac{5}{8}}\left(\dfrac{10}{b}\right)^{0.3668\ln b - 0.852}\dfrac{b}{L_{\mathrm{b}}} + \dfrac{b_{\mathrm{bd}}}{1-b_{\mathrm{bd}}} + 1\right] & b_{\mathrm{bd}} < 0.25 \\[2ex] i_{\mathrm{n}} L_{\mathrm{b}}\left[\sqrt{\dfrac{1}{8}\ln\left(\dfrac{6 b_{\mathrm{bd}}^{1.1}}{(1-b_{\mathrm{bd}})^{2.23}}\right)}\left(\dfrac{k_{\mathrm{x}}}{k_{\mathrm{z}}}\right)^{\frac{5}{8}}\left(\dfrac{10}{b}\right)^{0.3668\ln b - 0.852}\dfrac{b}{L_{\mathrm{b}}} + \dfrac{b_{\mathrm{bd}}}{1-b_{\mathrm{bd}}} + 1\right] & b_{\mathrm{bd}} \geqslant 0.25 \end{cases} \qquad (5\text{-}178)$$

5.5.1.2 基坑外回灌

由第三部分分析可知，基坑外回灌时止水帷幕两侧水位抬升差 $\Delta h_{1\mathrm{r}}$ 和 $\Delta h_{2\mathrm{r}}$ 可用下式计算。

1. 回灌水进入基坑（经过一道止水帷幕）

$$\Delta h_{1\mathrm{r}} = i_{1\mathrm{rn}} L_{\mathrm{B}}\left(\begin{array}{l} \dfrac{5}{2} b_{\mathrm{bd}}^{1.3}\mathrm{e}^{\frac{b_{\mathrm{bd}}^{1.6}}{(1-b_{\mathrm{bd}})^{0.05}}}\left(\dfrac{k_{\mathrm{x}}}{k_{\mathrm{z}}}\right)^{\frac{7}{20}}\left(\dfrac{10}{b}\right)^{0.032\ln b - 0.78}\dfrac{b}{L_{\mathrm{b}}} \\[2ex] + \dfrac{1}{2} b_{\mathrm{bd}}^{1.4}\mathrm{e}^{\frac{b_{\mathrm{bd}}^{2}}{(1-b_{\mathrm{bd}})^{0.28}}}\left(\dfrac{k_{\mathrm{x}}}{k_{\mathrm{z}}}\right)^{-\frac{5}{14}}\left(\dfrac{10}{b}\right)^{0.3\ln b - 0.3} + 1 \end{array}\right) \qquad (5\text{-}179)$$

2. 回灌水流出基坑（经过两道止水帷幕）

$$\Delta h_{2\mathrm{r}} = i_{2\mathrm{m}} L_{\mathrm{B}} \left(\begin{array}{l} 2.8 b_{\mathrm{bd}}^{1.85} \mathrm{e}^{-\frac{b_{\mathrm{bd}}^{1.6}}{(1-b_{\mathrm{bd}})^{0.08}}} \left(\dfrac{k_{\mathrm{x}}}{k_{\mathrm{z}}}\right)^{\frac{41}{50}} \dfrac{b}{L_{\mathrm{B}}} \\ + \dfrac{1}{2} b_{\mathrm{bd}}^{1.1} \mathrm{e}^{\frac{b_{\mathrm{bd}}^{0.8}}{(1-b_{\mathrm{bd}})^{0.31}}} \left(\dfrac{k_{\mathrm{x}}}{k_{\mathrm{z}}}\right)^{-\frac{3}{10}} \left(\dfrac{10}{b}\right)^{0.23\ln b - 0.1} + 1 \end{array} \right) \qquad (5\text{-}180)$$

5.5.1.3 基坑内抽水的同时基坑外回灌

止水帷幕存在的情况下，基坑内抽水井抽水的同时基坑外回灌井进行回灌的前提下，止水帷幕两侧水位差可用下式进行计算。

1. 回灌水进入基坑（经过一道止水帷幕）

$$\Delta h_1 = \Delta h_{\mathrm{p}} - \Delta h_{1\mathrm{r}} \qquad (5\text{-}181)$$

2. 回灌水流出基坑（经过两道止水帷幕）

$$\Delta h_2 = \Delta h_{\mathrm{p}} - \Delta h_{2\mathrm{r}} \qquad (5\text{-}182)$$

5.5.2 基坑内外水位分布解析解

5.5.2.1 水位变化量的解析算法

若在有止水帷幕下承压含水层中基坑内抽水的同时基坑外进行回灌，则与无止水帷幕时相比基坑内外水位变化情况可按叠加法进行计算。

1. 定水位抽水 + 定水位回灌

（1）回灌前提下，当 $r_{\mathrm{rw}} \leqslant d < d_1$ 时（回灌水进入基坑前），相应于坑内抽水情况下的 r 取值范围为 $r_2 < r < R$（基坑外）。与无止水帷幕相比，止水帷幕存在时，抽水与回灌均使得该部位水位抬升，根据式（5-101）和式（5-177）可得其水位抬升量为：

$$\begin{aligned}\Delta h(r,d) = \Delta h_{\mathrm{p}} + \Delta h_{1\mathrm{r}} &= (1+m_{\mathrm{p}}) \left[\dfrac{(h_0 - h_{\mathrm{pw}})\ln(r/r_{\mathrm{w}})}{\ln(R/r_{\mathrm{w}})} + h_{\mathrm{pw}} - A b_{\mathrm{a}} \ln(r/R) - h_0\right] \\ &+ (1+m_{1\mathrm{r}}) \left[\ln(d/r_{\mathrm{rw}})(B b_{\mathrm{a}} - \dfrac{h_{\mathrm{rw}} - h_0}{\ln(r_{\mathrm{rw}}/R_{\mathrm{r}})}\right] \end{aligned} \qquad (5\text{-}183)$$

（2）回灌前提下，当 $d_2 \leqslant d < d_3$ 时（基坑内），相应于坑内抽水情况下的 r 取值范围为 $r_{\mathrm{w}} < r < r_0$（基坑内）。与无止水帷幕相比，当止水帷幕存在时抽水使得该部位水位下降，回灌使得该部位水位抬升，由式（5-92）和式（5-169）~ 式（5-171）可得该部位水位变化计算公式为：

①基坑内大部分区域：

$$\Delta h(r,d) = \Delta h_p + \Delta h_{1r} = (1+m_p)\left[\frac{(h_0 - h_{pw})\ln(r/r_w)}{\ln(R/r_w)} - Ab_a\ln(r/r_w)\right]$$
$$+ \left(\frac{1+m_{1r}}{c}\right)\left\{B[b_a\ln(dd_1/d_2r_{rw}) - b\ln(d/d_2)] - \frac{(h_{rw} - h_0)\ln(d/r_{rw})}{\ln(r_{rw}/R_r)}\right\} \quad (5\text{-}184)$$

②基坑内离第二道止水帷幕稍远处：

$$\Delta h(r,d) = \Delta h_p + \Delta h_{1r} = (1+m_p)\left[\frac{(h_0 - h_{pw})\ln(r/r_w)}{\ln(R/r_w)} - Ab_a\ln(r/r_w)\right]$$
$$+ \left(\frac{m_{1r} - m_{2r}}{c}\right)\left\{B[b_a\ln(dd_1/d_2r_{rw}) - b\ln(d/d_2)] - \frac{(h_{rw} - h_0)\ln(d/r_{rw})}{\ln(r_{rw}/R_r)}\right\} \quad (5\text{-}185)$$

③基坑内第二道止水帷幕附近：

$$\Delta h(r,d) = \Delta h_p + \Delta h_{1r} = (1+m_p)\left[\frac{(h_0 - h_{pw})\ln(r/r_w)}{\ln(R/r_w)} - Ab_a\ln(r/r_w)\right]$$
$$+ \left(\frac{1-m_{2r}}{c}\right)\left\{B[b_a\ln(dd_1/d_2r_{rw}) - b\ln(d/d_2)] - \frac{(h_{rw} - h_0)\ln(d/r_{rw})}{\ln(r_{rw}/R_r)}\right\} \quad (5\text{-}186)$$

（3）回灌前提下，当 $d_4 \leqslant d < R_r$ 时（回灌水经两道止水帷幕流出基坑到基坑外），相应于坑内抽水情况下的 r 取值范围为 $r_2 < r < R$（基坑外），与无止水帷幕相比，止水帷幕存在时，抽水与回灌均使得该部位水位抬升，由式（5-91）和式（5-177）可得该部位水位变化计算公式为：

$$\Delta h(r,d) = \Delta h_p + \Delta h_{2r} = (1+m_p)\left[\frac{(h_0 - h_{pw})\ln(r/r_w)}{\ln(R/r_w)} + h_{pw} - Ab_a\ln(r/R) - h_0\right]$$
$$+ (1+m_{2r})\left[Bb_a\ln(d/R_r) - \frac{(h_{rw} - h_0)\ln(d/r_{rw})}{\ln(r_{rw}/R_r)} + h_0 - h_{rw}\right] \quad (5\text{-}187)$$

2. 定水位抽水 + 定流量回灌

（1）回灌前提下，当 $r_{rw} \leqslant d < d_1$ 时（回灌水进入基坑前），相应于坑内抽水情况下的 r 取值范围为 $r_2 < r < R$（基坑外）。与无止水帷幕相比，止水帷幕存在时，坑内抽水与坑外回灌均使得该部位水位抬升，根据式（5-91）和式（5-173）可得其水位抬升量为：

$$\Delta h(r,d) = \Delta h_p + \Delta h_{1r} = (1+m_p)\left[\frac{(h_0 - h_{pw})\ln(r/r_w)}{\ln(R/r_w)} + h_{pw} - Ab_a\ln(r/R) - h_0\right]$$
$$+ \frac{Q_{rw}(1+m_{1r})}{2\pi kbb_a}\{b\ln[d_1d_3/(d_2d_4)] + b_a\ln[d_2d_4/(d_1d_3)]\} \quad (5\text{-}188)$$

（2）回灌前提下，当 $d_2 \leqslant d < d_3$ 时（基坑内），相应于坑内抽水情况下的 r 取值范围

为 $r_w < r < r_0$（基坑内）。与无止水帷幕相比，当止水帷幕存在时坑内抽水时使得该部位水位下降，坑外回灌使得该部位水位抬升，由式（5-92）和式（5-169）～式（5-171）可得该部位水位变化计算公式为：

① 基坑内大部分区域：

$$\Delta h(r,d) = \Delta h_p - \Delta h_{1r} = (1+m_p)\left[\frac{(h_0 - h_{pw})\ln(r/r_w)}{\ln(R/r_w)} - Ab_a \ln(r/r_w)\right] \\ - \frac{Q_{rw}(1+m_{1r})}{2\pi kbb_a c}[b\ln(d_3/d_4) + b_a \ln(dd_4/d_3 R_r)] \quad (5\text{-}189)$$

② 基坑内离第二道止水帷幕稍远处：

$$\Delta h(r,d) = \Delta h_p - \Delta h_{1r} = (1+m_p)\left[\frac{(h_0 - h_{pw})\ln(r/r_w)}{\ln(R/r_w)} - Ab_a \ln(r/r_w)\right] \\ - \frac{Q_{rw}(m_{1r} - m_{2r})}{2\pi kbb_a c}[b\ln(d_3/d_4) + b_a \ln(dd_4/d_3 R_r)] \quad (5\text{-}190)$$

③ 基坑内第二道止水帷幕附近：

$$\Delta h(r,d) = \Delta h_p - \Delta h_{1r} = (1+m_p)\left[\frac{(h_0 - h_{pw})\ln(r/r_w)}{\ln(R/r_w)} - Ab_a \ln(r/r_w)\right] \\ - \frac{Q_{rw}(1-m_{2r})}{2\pi kbb_a c}[b\ln(d_3/d_4) + b_a \ln(dd_4/d_3 R_r)] \quad (5\text{-}191)$$

（3）回灌前提下，当 $d_4 \leq d < R_r$ 时（回灌水经两道止水帷幕流出基坑到基坑外），相应于坑内抽水情况下的 r 取值范围为 $r_2 < r < R$（基坑外），与无止水帷幕相比，该部位水位升降是由于基坑内抽水及坑外回灌时止水帷幕的存在引起的，由式（5-91）得该部位水位变化计算公式为：

$$\Delta h(r,d) = \Delta h_p + \Delta h_{2r} = (1+m_p)\left[\frac{(h_0 - h_{pw})\ln(r/r_w)}{\ln(R/r_w)} + h_{pw} - Ab_a \ln(r/R) - h_0\right] \\ + \frac{Q_{rw}(1+m_{2r})}{2\pi kbc}\ln(R_{r0}/R_r) \quad (5\text{-}192)$$

3. 定流量抽水 + 定水位回灌

（1）回灌前提下，当 $r_{rw} \leq d < d_1$ 时（回灌水进入基坑前），相应于坑内抽水情况下的 r 取值范围为 $r_2 < r < R$（基坑外）。与无止水帷幕相比，坑内定流量抽水时止水帷幕对坑外水位变化几乎无影响，该部位水位抬升变化由回灌引起，由公式（5-168）可得其水位抬升量为：

$$\Delta h(r,d) = \Delta h_{1r} = \frac{(1+m_{1r})}{c}\left[\ln(d/r_{rw})(Bb_a - \frac{h_{rw} - h_0}{\ln(r_{rw}/R_r)}\right] \quad (5\text{-}193)$$

（2）回灌前提下，当 $d_2 \leqslant d < d_3$ 时（基坑内），相应于坑内抽水情况下的 r 取值范围为 $r_w < r < r_0$（基坑内），与无止水帷幕相比，有止水帷幕时抽水使得该部位水位下降，回灌使得该部位水位抬升，由式（5-92）和式（5-169）~式（5-171）可得该部位水位变化计算公式为：

①基坑内大部分区域：

$$\Delta h(r,d) = \Delta h_p - \Delta h_{1r} = \frac{Q_{pw}(1+m_p)}{2\pi kb}\left\{\ln(r/R) + \frac{b\ln(r_2/r_1) - b_a\ln[rr_2/(r_1R)]}{b_a}\right\} \\ - \left(\frac{1+m_{1r}}{c}\right)\left\{B\left[b_a\ln(dd_1/d_2r_{rw}) - b\ln(d/d_2)\right] - \frac{(h_{rw}-h_0)\ln(d/r_{rw})}{\ln(r_{rw}/R_r)}\right\} \quad (5\text{-}194)$$

②基坑内离第二道止水帷幕稍远处：

$$\Delta h(r,d) = \Delta h_p - \Delta h_{1r} = \frac{Q_{pw}(1+m_p)}{2\pi kb}\left\{\ln(r/R) + \frac{b\ln(r_2/r_1) - b_a\ln[rr_2/(r_1R)]}{b_a}\right\} \\ - \left(\frac{m_{1r}-m_{2r}}{c}\right)\left\{B\left[b_a\ln(dd_1/d_2r_{rw}) - b\ln(d/d_2)\right] - \frac{(h_{rw}-h_0)\ln(d/r_{rw})}{\ln(r_{rw}/R_r)}\right\} \quad (5\text{-}195)$$

③基坑内第二道止水帷幕附近：

$$\Delta h(r,d) = \Delta h_p - \Delta h_{1r} = \frac{Q_{pw}(1+m_p)}{2\pi kb}\left\{\ln(r/R) + \frac{b\ln(r_2/r_1) - b_a\ln[rr_2/(r_1R)]}{b_a}\right\} \\ - \left(\frac{1-m_{2r}}{c}\right)\left\{B\left[b_a\ln(dd_1/d_2r_{rw}) - b\ln(d/d_2)\right] - \frac{(h_{rw}-h_0)\ln(d/r_{rw})}{\ln(r_{rw}/R_r)}\right\} \quad (5\text{-}196)$$

（3）回灌前提下，当 $d_4 \leqslant d < R_r$ 时（回灌水经两道止水帷幕流出基坑到基坑外），相应于坑内抽水情况下的 r 取值范围为 $r_2 < r < R$（基坑外），与无止水帷幕相比，坑内抽水时止水帷幕对水位变化几乎无影响，该部位水位抬升仅由于回灌引起，由公式（5-172）可得该部位水位变化计算公式为：

$$\Delta h(r,d) = \Delta h_{2r} = (1+m_{2r})\left[Bb_a\ln(d/R_r) - \frac{(h_{rw}-h_0)\ln(d/r_{rw})}{\ln(r_{rw}/R_r)} + h_0 - h_{rw}\right] \quad (5\text{-}197)$$

4. 定流量抽水 + 定流量回灌

（1）回灌前提下，当 $r_{rw} \leqslant d < d_1$ 时（回灌水进入基坑前），相应于坑内抽水情况下的 r 取值范围为 $r_2 < r < R$（基坑外）。与无止水帷幕相比，坑内定流量抽水时止水帷幕对坑外水位变化几乎无影响，该部位水位抬升变化由回灌引起，由式（5-173）可得其水位抬升量为：

$$\Delta h(r,d) = \Delta h_{1r} = \frac{Q_{rw}(1+m_{1r})}{2\pi kbb_a c}\left\{b\ln[d_1d_3/(d_2d_4)] + b_a\ln[dd_2d_4/(d_1d_3R_r)]\right\} \quad (5\text{-}198)$$

（2）回灌前提下，当 $d_2 \leq d < d_3$ 时（基坑内），相应于坑内抽水情况下的 r 取值范围为 $r_w < r < r_0$（基坑内），与无止水帷幕相比，有止水帷幕时抽水使得该部位水位下降，回灌使得该部位水位抬升，由式（5-102）和式（5-179）可得该部位水位变化计算公式为：

①基坑内大部分区域：

$$\Delta h(r,d) = \Delta h_p - \Delta h_{1r} = \frac{Q_{pw}(1+m_p)}{2\pi kb}\left\{\ln(r/R) + \frac{b\ln(r_2/r_1) - b_a\ln[rr_2/(r_1R)]}{b_a}\right\}$$
$$- \frac{Q_{rw}(1+m_{1r})}{2\pi kbb_a c}[b\ln(d_3/d_4) + b_a\ln(d_4/d_3)] \quad (5\text{-}199)$$

②基坑内离第二道止水帷幕稍远处：

$$\Delta h(r,d) = \Delta h_p - \Delta h_{1r} = \frac{Q_{pw}(1+m_p)}{2\pi kb}\left\{\ln(r/R) + \frac{b\ln(r_2/r_1) - b_a\ln[rr_2/(r_1R)]}{b_a}\right\}$$
$$- \frac{Q_{rw}(m_{1r}-m_{2r})}{2\pi kbb_a c}[b\ln(d_3/d_4) + b_a\ln(d_4/d_3)] \quad (5\text{-}200)$$

③基坑内第二道止水帷幕附近：

$$\Delta h(r,d) = \Delta h_p - \Delta h_{1r} = \frac{Q_{pw}(1+m_p)}{2\pi kb}\left\{\ln(r/R) + \frac{b\ln(r_2/r_1) - b_a\ln[rr_2/(r_1R)]}{b_a}\right\}$$
$$- \frac{Q_{rw}(1-m_{2r})}{2\pi kbb_a c}[b\ln(d_3/d_4) + b_a\ln(d_4/d_3)] \quad (5\text{-}201)$$

（3）回灌前提下，当 $d_4 \leq d < R_r$ 时（回灌水经两道止水帷幕流出基坑到基坑外），相应于坑内抽水情况下的 r 取值范围为 $r_2 < r < R$（基坑外），与无止水帷幕相比，坑内抽水和坑外回灌时止水帷幕对水位变化几乎无影响，即：

$$\Delta h(r,d) = \Delta h_{2r} = \frac{Q_{rw}(1+m_{2r})}{2\pi kbc}\ln(R_{r0}/R_r) \quad (5\text{-}202)$$

5.5.2.2 水位分布解析算法

当计算止水帷幕下抽灌共同作用的基坑内外水位分布情况时，只需利用无止水帷幕时的水流公式计算出水位在不同部位的水位后加上或减去 $\Delta h(r,d)$ 即可，基坑内为减，基坑外为加。当多口井抽水和回灌时，可分别利用叠加原理计算出相应的水位变化后，再根据上述公式进行叠加。无止水帷幕下水位计算公式如下。

1. 定水位抽水 + 定水位回灌

$$h(r,d) = h_p(r) + h_r(d) - h_0 = \frac{(h_0-h_{pw})\ln(r/r_w)}{\ln(R/r_w)} + h_{pw} + \left[\frac{(h_{rw}-h_0)\ln(d/r_{rw})}{\ln(r_{rw}/R_r)} + h_{rw}\right] - h_0 \quad (5\text{-}203)$$

2. 定水位抽水 + 定流量回灌

$$h(r,d) = h_p(r) + h_r(d) - h_0 = \frac{(h_0 - h_{pw})\ln(r/r_w)}{\ln(R/r_w)} + h_{pw} + \frac{Q_{rw}}{2\pi kb}\ln(d/R_r) \quad (5\text{-}204)$$

3. 定流量抽水 + 定水位回灌

$$h(r,d) = h_p(r) + h_r(d) - h_0 = \frac{Q_{pw}\ln(r/R)}{2\pi kb} - \left[\frac{(h_{rw} - h_0)\ln(d/r_w)}{\ln(r_w/R_r)} + h_{rw}\right] \quad (5\text{-}205)$$

4. 定流量抽水 + 定流量回灌

$$h(r,d) = h_p(r) + h_r(d) - h_0 = \frac{1}{2\pi kb}[Q_{pw}\ln(r/R) - Q_{rw}\ln(d/R_r)] - h_0 \quad (5\text{-}206)$$

5.6 算例分析

5.6.1 计算相关数据描述

假设某一均质各向同性的无限大承压含水层厚度为 10m，渗透系数 k 为 3.6m/d。一半径 r_0 为 18m 的基坑位于含水层上部，采用地下连续墙作为止水帷幕，厚度为 1m。基坑中心有一口完整井抽水，抽水井半径 r_w 为 0.5m；基坑外有一口回灌井进行回灌，距离基坑边缘 10m，回灌半径 r_{rw} 为 0.5m。如图 5-62 所示。

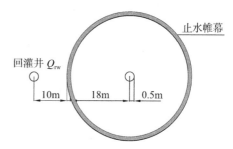

图 5-62 抽灌下基坑平面图

假设承压完整井抽水和回灌过程中抽水井及回灌井水位降深保持不变，地下连续墙阻隔厚度比分别为 0.3、0.6、0.9。分别用解析法及数值法求解在止水帷幕作用下基坑内外承压含水层的水位变化情况。

5.6.2 计算方法

5.6.2.1 解析分析法

利用 Siechardt 方程确定承压含水层抽水和回灌的影响半径 R（Chertousov，1962）：

$$R = 10s_w\sqrt{k} \quad (5\text{-}207)$$

式中 s_w——抽水井水位降深；
k——含水层的渗透系数。

根据式（5-73）及式（5-75）可计算出止水帷幕下基坑内定水位抽水时基坑内外承压水位的变化情况；根据式（5-116）~ 式（5-117）可计算出止水帷幕下基坑外定水位回灌

时基坑内外承压水位的变化情况。将抽水和回灌结果进行叠加即可计算出抽灌共同作用下基坑内外水位的变化情况。将无止水帷幕时相应的水位加上水位的变化量即可得出止水帷幕下相应水位。

需要说明的是，抽水和回灌同时进行时，基坑内抽水会导致回灌井处水位降低，基坑外回灌会使抽水井处水位升高。因此，当抽灌共同作用时，抽水井和回灌井处水位需考虑到抽水和回灌的影响。

5.6.2.2 数值分析法

使用三维地下水渗流模型来模拟阻隔比厚度为 0.3、0.6 和 0.9 时，承压含水层的水位变化情况。

数值模拟分析范围如图 5-63 所示，研究范围包括基坑及其周边 250m 范围，模型长 × 宽 × 高=536m×536m×10m。在模型研究范围内进行有差分网格划分，网格从基坑向外由密集逐渐变稀疏，基坑及其附近单元尺寸为 1m×1m，模型边缘最大单元尺寸为 26m×26m。平面上 x 方向划分为 102 列，y 方向划分为 97 行；垂直 z 方向上将承压含水层分为 10 层。图 5-64 所示为基坑局部放大网格剖分图。

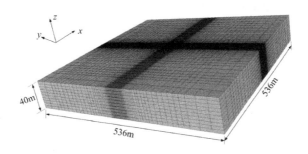

图 5-63 网格剖分图

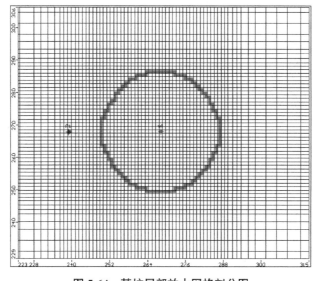

图 5-64 基坑局部放大网格剖分图

初始承压水位取 –7m，4个边界条件为定水头边界，值为 –7m，承压含水层顶底面为隔水边界。抽水井处水位为恒定值 –17m，回灌井处水位为恒定值 0m，地下连续墙采用模型中的墙边界单元，厚度为 1m，渗透系数为 0.00001m/d。承压含水层渗透系数为 3.6m/d。采用稳定流计算。

5.6.3 计算结果

5.6.3.1 单独抽水

假设基坑中心抽水井抽水，坑外回灌井未进行回灌，分别计算阻隔比厚度为 0.3、0.6 和 0.9 时，承压含水层的水位分布情况。

由于圆形基坑抽水的对称性，为了体现抽水对回灌井位置处水位的影响，计算结果给出了回灌井右侧的水位变化图。图 5-65 所示为利用简易分析模型计算出的不同阻隔程度下承压水位变化图。定水位抽水时，阻隔厚度比越大，基坑内外水位变化越大，且越靠近止水帷幕水位变化越大。图 5-66 所示为止水帷幕插入深度为含水层厚度的 90% 时简易分析模型解与数值解的比较。从图中可以看出，简易分析模型计算结果与数值模拟结果比较接近，说明本文提出的抽水水位计算方法合理。

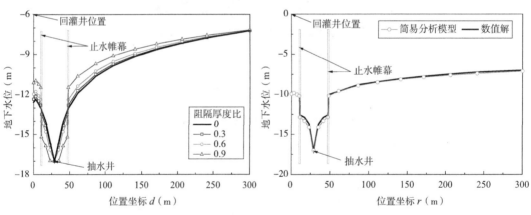

图 5-65 抽水时不同阻隔程度下承压水位分布图（简易分析模型）

图 5-66 抽水时简易分析模型解与数值解的比较

5.6.3.2 单独回灌

假设基坑中心抽水井未抽水，仅坑外回灌井进行回灌，分别计算阻隔比厚度为 0.3、0.6 和 0.9 时，承压含水层的水位分布情况。

为说明回灌对基坑内外水位的影响，计算结果给出了回灌井右侧的水位变化图。图 5-67 所示为利用简易分析模型计算出的不同阻隔程度下承压水位变化图。定水位回灌时，阻隔厚度比越大，基坑内外水位差越大，且越靠近止水帷幕水位变化越大。图 5-68

所示为止水帷幕插入深度为含水层厚度的 90% 时简易分析模型解与数值解的比较。从图中可以看出，简易分析模型计算结果与数值模拟结果比较接近，说明本文提出的回灌计算方法合理。对比图 5-65、图 5-67 可知，从止水帷幕对基坑内外水位的影响程度来看，坑内抽水时比坑外回灌时更大些。

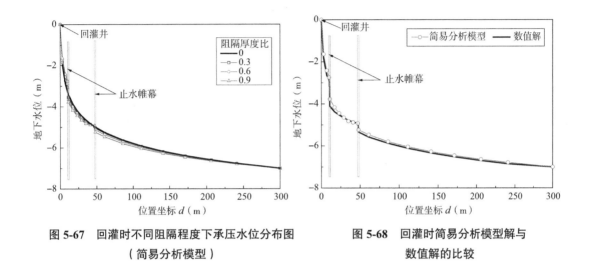

图 5-67 回灌时不同阻隔程度下承压水位分布图（简易分析模型）

图 5-68 回灌时简易分析模型解与数值解的比较

5.6.3.3 抽水同时回灌

假设基坑中心抽水井抽水的同时，基坑外回灌井进行回灌，计算阻隔比厚度为 0 及 0.9 时，承压含水层的水位分布情况。

图 5-69 所示为简易分析模型解与数值解的比较。从图中可以看出，简易分析模型计算结果与数值模拟结果比较接近，说明本文提出的抽灌计算方法合理。

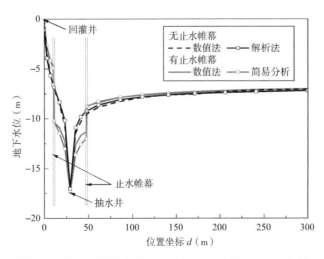

图 5-69 抽灌共同作用下简易分析模型解与数值解的比较

5.7 本章小结

本研究针对止水帷幕部分隔断承压含水层下基坑内抽水基坑外回灌，通过理论分析和数值模拟相结合的方法，提出了抽灌共同作用下止水帷幕两侧水位差的计算方法和基坑内外水位分布的简易分析模型，得出如下结论：

（1）通过达西定律和水量守恒原理，推导出了基坑内抽水时基坑外地下水通过止水帷幕下方进入基坑时，基坑内外地下水位分布的解析解，修正解析解后，提出了止水帷幕作用下承压含水层单井抽水效应的简易分析模型。该模型可以方便地计算出基坑内外水位的空间分布。

（2）通过达西定律和水量守恒原理，推导出了基坑外回灌时基坑外地下水通过止水帷幕下方进入基坑及流出基坑时，基坑内外地下水位分布的解析解。

（3）通过数值模拟结合回归分析方法，得出基坑外回灌井回灌承压含水层时，止水帷幕两侧水位降深差的计算公式。基于回灌水流经一道止水帷幕和两道止水帷幕，分别得出不同的计算公式。

（4）将回灌水通过止水帷幕下方进入基坑时所得的基坑内外水位分布的解析解进行修正，修正系数由回灌共同作用下止水帷幕两侧水位差获得。基于不同的抽灌水形式分为四种组合方式：定水位抽水＋定水位回灌，定水位抽水＋定流量回灌，定流量抽水＋定水位回灌，定流量抽水＋定流量回灌。修正解析解后，提出了四种不同组合方式下止水帷幕作用下承压含水层坑内单井抽水和坑外单井回灌效应的简易分析模型。

（5）以上计算公式基于圆形基坑帷幕得出，但也适用于其他任何形状基坑帷幕下，基坑内任意位置单井或多井抽水及基坑外任意位置单井或多井灌水的情况，同样也适用于基坑止水帷幕部分完全隔断承压含水层的情况。

第 6 章

济南 R1 线抽水与回灌试验

6.1 济南方特站抽水与回灌试验

6.1.1 工程概况

方特站是济南轨道交通 R1 线近期终点站，车站位于齐鲁大道上，处于聊城路与青岛路之间，沿齐鲁大道南北向布置。

本工程车站结构总长 359.6m，基坑总体长度为 358.2m，本次设计范围为 1~22 轴结构施工范围，南北长度为 172.9m；1~3 轴基坑开挖深度为 17.76m，3~22 轴基坑开挖深度为 16.51m。车站东侧为恒大雅苑高层住宅小区，距离主体结构最近距离 35m；车站西侧为规划商务用地，目前尚未建设，距离京沪高铁为 300m。

车站采用明挖法施工，其中 4~8 轴间作为轨排井段，采用围护桩+锚索支护体系，其余采用围护桩+内支撑支护体系；围护桩采用 ϕ1000mm 钻孔灌注桩，平均桩间距 1.5m，四周设置封闭的止水帷幕，采用支护桩外侧单独一排 ϕ0.8m 三管高压旋喷桩的形式，止水帷幕底标高为基坑底以下 2.5m，深度为 18.51m。本工程主要含水层为⑧$_2$细砂层，为承压含水层，位于基坑开挖底部以上，本工程止水帷幕以第⑧层粉质黏土作为隔水层，设计降水井深度进入⑨层粉质黏土，超过止水帷幕底标高。本次抽水试验主要在止水帷幕内侧进行布置。场地附近无地表河流等水体。

6.1.2 岩土工程特征

根据勘察钻探深度范围内所揭示的地层情况及室内土工试验结果，按地层沉积年代、成因类型，将本工程场地勘探范围内的土层划分为人工堆积物（Q_4^{ml}）、第四系全新统冲洪积层（Q_4^{al+pl}）、第四系上更新统冲洪积层（Q_3^{al+pl}）三大类。并按地层岩性及其物理力学性质进一步分为 6 个大层，各土层概述如表 6-1 所示。

地质岩性特征表　　　　表 6-1

时代成因	地层编号	岩土名称	土体层厚	层底高	岩性及分布描述
Q_4^{ml}	①$_1$	杂填土	1.2~5.6	22.11~27.40	杂色，主要成分为碎石块、混凝土块、砖块、灰土、建筑垃圾，含植物根系及生活垃圾，车站范围内普遍分布
Q_4^{al+pl}	⑦	黄土	0.8~7.5	18.73~24.79	黄褐色~褐黄色，可塑，大孔结构，垂直纹理，含少量铁锰结核及钙质菌丝，呈粉质黏土状、局部粉土状，车站范围内普遍分布
	⑦$_3$	黄土	0.7~4.0	18.28~22.75	褐黄色，稍湿，干强度低，韧性低，车站范围内普遍分布
	⑧	粉质黏土	6.9~16.3	5.22~10.25	黄褐色~褐黄色，可塑~硬塑，切面粗糙，含少量铁锰氧化物，局部偶见姜石，车站范围内普遍分布

续表

时代成因	地层编号	岩土名称	土体层厚	层底高	岩性及分布描述
Q_4^{al+pl}	⑧$_1$	卵石	—	—	杂色，密实，很湿~饱和，成分以灰岩、砂岩为主，呈圆棱状，一般粒径20~60mm，最大粒径不小于108mm，大于20mm的卵石含量约占55%，余为砂土或黏性土填充，该层为透镜体，仅在工程北部一个钻孔中揭露
	⑧$_2$	细砂	0.8~3.7	8.04~14.34	棕褐色，中密，很湿，砂质不均，具锈斑，成分以石英、长石为主，含少量云母，在车站本次设计范围内连续分布
	⑧$_3$	细砂	—	—	褐黄色，中密，稍湿，干强度低，韧性低，该层为透镜体，仅在局部揭露
	⑧$_4$	细砂	—	—	黄褐色，可塑，切面较光滑，黏性较高，含铁锰氧化物，含少量云母粉，仅在结构13~16轴范围内揭露
	⑨	粉质黏土	6.8~13.0	−4.25~0.23	褐黄色，可塑~硬塑，切面粗糙，含少量铁锰氧化物，局部偶见姜石，连续分布
	⑨$_4$	黏土	—	—	褐黄色，可塑，黏性较高，含铁锰氧化物，含少量云母粉，仅在局部揭露
Q_3^{al+pl}	⑨	粉质黏土	3.3~15.0	−17.61~−6.77	棕黄~浅棕红色，可塑~硬塑，切面较光滑，含少量铁锰氧化物及钙质结核，局部夹粉土薄层，含少量砂粒、砾石，车站范围内普遍存在
	⑩$_1$	卵石	—	—	杂色，密实，很湿~饱和，成分以灰岩、砂岩为主，呈圆棱状，一般粒径20~80mm，最大粒径不小于108mm，大于20mm的卵石含量约占60%，余为砂土或黏性土填充，该层为透镜体，仅在结构26轴附近揭露
	⑩$_2$	中砂	2.0~6.0	−18.99~−13.93	棕褐色，密实，饱和，砂质不均，具锈斑，成分以石英、长石为主，含少量云母，在局部揭露
	⑩$_{2-1}$	胶结砂	—	—	杂色，胶结成柱状，仅在局部揭露
	⑩$_4$	黏土	—	—	棕褐色，硬塑，切面较光滑，黏性较高，含铁锰氧化物，含少量云母粉，仅在一个钻孔中揭露

根据现场勘查和区域资料分析，本工程场地范围内对工程有不利影响的特殊性岩土主要有填土、湿陷性黄土，未发现膨胀土、软土等其他特殊性岩土分布。

（1）人工填土层：本车站普遍分布有人工填土层，土质不均，厚度分布不均匀，一般厚度1.2~5.6m。人工填土层成分复杂，具有高压缩性，力学性质差异较大，工程性质差，明挖施工时边坡稳定性差，易发生坍塌，如有雨水、污水管线渗漏，易形成空洞，暗挖施工地层扰动后，易造成地面塌陷，且不宜作为地基持力层。填土地段根据周边的环境条件确定合理的支护方式。

（2）湿陷性黄土：人工填土层之下普遍存在一层黄土，厚度大约0.8~7.5m，为探明本层黄土的厚度及湿陷性，本次勘查利用初勘1个人工探井，进行湿陷性评价。

通过搜集区域资料及初勘阶段湿陷性试验数据表明，本工程场地内黄土为非自重湿陷性黄土。本工程场地内黄土为非自重湿陷性黄土，部分具湿陷性，湿陷程度轻微。基坑侧壁揭露该层黄土，应采取处理措施减少湿陷性黄土的不利影响，应加强防水措施（表6-2）。

各含水层渗透系数及渗透性表　　　　　　表6-2

	地层	深度（m）	厚度（m）	P（g/cm³）	e	k_v（m/d）	k_h（m/d）	S_s（m⁻¹）
杂填土①₁	杂填土	2.5	2.5	—	—	—	—	—
黄土⑦层	黄土	5.4	2.9	1.93	0.75	0.003	0.003	—
粉土⑦₃层	粉土	7.4	2	1.96	0.697	0.038	0.038	—
粉质黏土⑧层	淤泥质黏土	19	11.6	1.95	0.772	0.007	0.007	—
卵石⑧₁层	卵石	19	—	2.08	—	120	120	—
细砂⑧₂层	砂	21.1	2.1	1.96	—	10	10	—
粉土⑧₃层	粉土	21.1	—	1.94	—	0.1	0.1	—
黏土⑧₄层	黏土	21.1	—	1.9	—	0.001	0.001	—
粉质黏土⑨层	粉质黏土	31.1	10	1.93	0.796	0.009	0.009	—
黏土⑨₄层	黏土	31.1	—	1.93	—	—	0.001	—
粉质黏土⑩层	粉质黏土	39.4	8.3	1.93	0.78	0.005	0.005	—
卵石⑩₁层	卵石	39.4	—	2.1	—	120	120	—
中砂⑩₂层	中砂	43	3.6	1.98	—	12	12	—

注：P—单位重力密度；e—孔隙比；k_v—竖向渗透系数；k_h—水平渗透系数；S_s—储水率；

6.1.3 水文地质条件

主要有两层地下水，分别为第四系松散层孔隙潜水（二）、承压水（三）。其中，（一）表示上层滞水，（二）表示潜水，（三）表示承压水。

潜水（二）：水位埋深 5.50～8.50m，水位标高 19.69～22.60m，观测时间：2015年3月，含水层主要为粉土⑦₃层。主要接受降水补给和山区地下水径流补给，以侧向径流、人工开采方式排泄。受年变幅的影响，在丰水期及枯水期地下水位有所变化。

承压水（三）：稳定水位埋深 7.50～9.20m，稳定水头标高 18.52～20.54m，观测时间：2014年6月，含水层主要为卵石⑧₁、细砂⑧₂层。主要接受大气降水入渗补给及第四系松散岩类孔隙水渗透补给，以排泄与人工开采为主。

通过本次勘察未发现上层滞水，但在施工过程中可能遇到大气降水、人工灌溉渗透补给，以蒸发、人工开采方式排泄的上层滞水，应考虑上层滞水对该工程的影响。

第四系松散岩类孔隙水：山前倾斜平原第四系松散岩类孔隙水主要富集于山前冲洪积扇内，地下水的补给源充沛，除接受大气降水补给外，山区地下水侧向径流补给、河流渗入补给,都是主要补给源;蒸发和侧向径流是孔隙水的主要排泄途径,少量也以泉和补给河流的方式排泄。

黄河冲积第四系松散岩类孔隙水主要接受大气降水和黄河侧向补给,地下水自黄河向两侧运动。人工开采和蒸发是其排泄途径。

6.1.3.1 不同类型水位影响

本车站勘察期间观测到的地下水类型分别为潜水(二)和承压水(三)。

6.1.3.2 潜水的影响

该层地下水位埋深 5.50~8.50m,水位标高 19.69~22.60m,高于结构底板,地下水主要赋存于粉土⑦$_3$层中,如果带水作业以及开挖,易造成渗透破坏,产生流土、流砂导致边坡失稳造成基坑坍塌,建议对该层地下水采用管井降水,设计及施工单位也可根据当地经验选用其他适宜的地下水控制措施;另外,由于粉土⑦$_3$层为弱透水层(渗透系数 $K=0.04$m/d),采用管井降水时易产生疏不干效应,因此,建议在采用管井降水的同时加强坑内明排措施,降低地下水位至基底以下并疏干侧壁残留水。

6.1.3.3 承压水的影响

该层地下水稳定水头埋深 7.50~9.20m,稳定水头标高 18.52~20.54m,含水层主要为粉砂⑧$_2$层。承压水头高于结构底板,对基坑开挖有直接影响,局部有发生突涌的风险,建议对该层地下水采用管井降水,设计及施工单位也可根据当地经验选用其他适宜的地下水控制措施。

依据国家行业标准《建筑基坑支护技术规程》JGJ 120—2012,按群井大井简化计算,基坑涌水量的计算公式选取承压水—潜水完整井计算公式:

$$Q = \pi k \frac{(2H_0 - M)M - h^2}{\ln(1 + \frac{R}{r_0})} \quad (6\text{-}1)$$

式中 Q——基坑总涌水量(m^3/d);

k——渗透系数(m/d);

H_0——承压含水层的初始水头(m);

M——承压含水层厚度(m);

h——降水后基坑内的水位高度(m);

R——降水影响半径(m);

r_0——基坑等效半径(m),$r_0 = \sqrt{\frac{A}{\pi}}$;

A——基坑面积(m^2)。

细砂⑧$_2$层渗透系数 k 取值 10m/d,H_0 取 8m,h 取 2m,含水层概化厚度 M 取 2.1m,R 取值 300m,基坑面积 A 取 40000m^2,$r_0=1289$m,经估算基坑涌水量约 3766m^3/d。基坑涌水量大,应采取截水措施。

在含水层处于饱和状态下开挖或防渗漏帷幕失效,在坑内外水头差作用下,易引发流砂或管涌现象,因承压水突涌具有突发性特点,且可引发大范围地面塌陷,因此本工程基坑开挖时重视承压水突涌问题。一旦发生渗透破坏,可能产生灾难性后果。发生渗流破坏后,会引起周边道路下沉,管线破坏,房屋下沉开裂,经济损失巨大,社会影响严重。因此,在基坑工程施工过程中,应对地下水进行有效控制,并加强帷幕施工的质量控制。

6.1.3.4 基坑周边环境条件

齐鲁大道呈南北走向,道路红线宽60m,双向6车道,为城市主干道,车流量大;青岛路呈东西走向,道路红线宽70m,双向4车道,车流量较大。

拟建方特站沿齐鲁大道方向管线主要有:

车站西侧:2100mm×2000mm电力沟,埋深4.8m,距离主体结构最近距离21m;$DN400$污水管,埋深2.06m,距离主体结构最近距离14m;$DN800$雨水管,埋深2.11m,距离主体结构最近距离15.5m。

车站东侧:直径800mm混凝土雨水管,埋深2.11m,距离主体结构最近距离5.8m;HDPE400污水管埋深3.49m,距离主体结构最近距离14.1m(表6-3、表6-4)。

沿车站纵向管线　　　　　　表6-3

序号	管线种类	管线规格、类型	埋深(m)
1	供电	2100mm×2000mm,铜	4.30
2	供电	200mm×100mm,铜	0.85
3	污水	$DN400$,HDPE	2.82
4	污水	$DN400$,HDPE	3.21
5	污水	$DN400$,HDPE	3.49
6	污水	$DN400$,HDPE	1.93
7	污水	$DN400$,HDPE	3.05
8	路灯、信号、监控	500mm×200mm,铜	1.20
9	雨水	$DN800$,混凝土	2.11
10	雨水	$DN600$,混凝土	2.86
11	路灯、信号、监控	500mm×200mm,铜	1.10
12	路灯、信号、监控	500mm×200mm,铜	1.10
13	给水	$DN300$,球墨铸铁	1.55

与车站正交或斜交管线　　　　　　表6-4

序号	管线种类	管线规格、类型	埋深(m)
1	雨水	$DN300$,混凝土	1.74
2	电信综合	400mm×200mm,铜	1.40

续表

序号	管线种类	管线规格、类型	埋深（m）
3	给水	DN200，铜	1.75
4	给水	DN100，PVC	1.30
5	路灯、信号、监控	500mm×200mm，铜	0.92
6	供电	600mm×450mm，铜	3.53
7	供电	900mm×300mm，铜	2.60

6.1.4 抽水试验进行情况

整个抽水试验过程分为三个阶段进行。

6.1.4.1 抽水试验运行工况

见图 6-1 ~ 图 6-4、表 6-5。

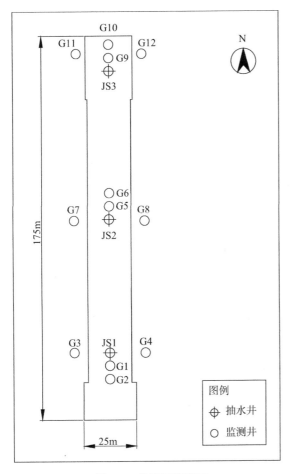

图 6-1 井平面布置图

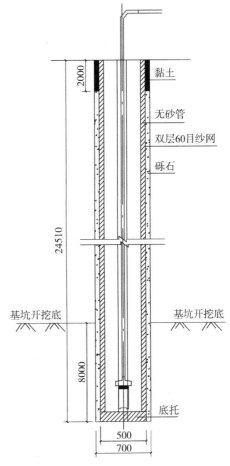

图 6-2 抽水试验井点结构图

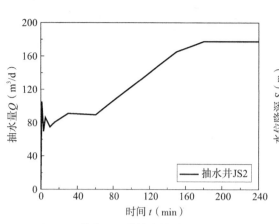

图 6-3 单井 JS2 的抽水量随时间变化关系图　　图 6-4 单井 JS2 抽水试验中观测井的水位降深随时间变化关系

井工作量及结构参数表　　表 6-5

试验井类型	试验井号	井深（m）	井径（mm）	管径（mm）	滤管埋深（m）	井管长度（m）	填砾深度（m）
抽水井	JS1~JS3	24.51	700	400	23.51	—	22.51
观测井	G1~G12	18	150	110	—	16	16

6.1.4.2　第一阶段（试验性抽水）

首先对 JS2 号水井进行试抽水，现场施工的 G5、G6 号作为观测井。其目的为对初期预估效果进行验证，根据试验性抽水结果对抽水试验方案进行调整。

在试验抽水时，由于单井出水量较大，分别采用 25SGR3-30（G）、QY15-36-3 型号的潜水泵进行试验抽水，抽水井内动水位降深分别为 0.58、2.09m。

本试验性抽水第一次从 2016 年 2 月 29 日 15 点 07 分开始，至 2016 年 2 月 29 日 18 点 07 分停止；停抽后，进行了水位恢复观测，观测时间为 2 月 29 日 18 点 07 分~2 月 29 日 19 点 07 分。第二次从 2016 年 3 月 1 日 13 点 25 分开始，至 2016 年 3 月 2 日 15 点 25 分停止；停抽后，进行了水位恢复观测，观测时间为 3 月 2 日 15 点 25 分~3 月 3 日 00 点 30 分。试验性抽水试验基本数据见表 6-6。

抽水井（JS2）抽水试验基本数据表　　表 6-6

项目	单位	降深次序 1	降深次序 2	备注
静止水位埋深	m	8.30	8.22	
静止水位高程	m	17.98	18.06	
动水位埋深	m	8.88	10.31	
动水位高程	m	17.40	15.77	

续表

项目	单位	降深次序		备注
		1	2	
抽水开始时间	d、h、min	2月29日15点07分	3月1日13点25分	
抽水结束时间	d、h、min	2月29日18点07分	3月2日15点25分	
抽水延续时间	h	3	26	
降深（S）	m	0.58	2.09	
流量（Q）	L/s	0.73	3.99	
单位涌水量（q）	L/(s·m)	1.27	1.82	

6.1.4.3 第二阶段（多孔稳定流抽水试验）

采用JS1号水井进行抽水，本次抽水采用QY40-28-5.5型号的潜水泵，进行三次降深抽水试验，由于G2号观测孔的破坏，用G1、G4、JS2作为观测井。其目的为根据调整后的抽水方案进行抽水试验，确定工程场区的综合水文地质参数。

本试验性抽水从2016年3月3日06点46分开始，至3月4日04点06分停止。停抽后，进行了水位恢复观测，观测时间为3月4日04点06分~3月4日07点11分。试验性抽水试验基本数据见表6-7、表6-8。

抽水井（JS2）抽水试验基本数据表　　　　　　　　　　表6-7

项目	单位	降深次序			备注
		1	2	3	
静止水位埋深	m	8.1	8.1	8.1	
静止水位高程	m	17.87	17.87	17.87	
动水位埋深	m	12.24	10.49	9.45	
动水位高程	m	13.73	15.48	16.52	
抽水开始时间	d、h、min	3月3日06点46分	3月3日13点16分	3月3日19点56分	
抽水结束时间	d、h、min	3月3日13点16分	3月3日19点56分	3月4日04点06分	
抽水延续时间	h	6.5	6.67	8.17	
降深（S）	m	4.14	2.39	1.35	
流量（Q）	L/s	8.88	4.34	2.18	
单位涌水量（q）	L/(s·m)	2.07	1.88	1.67	

观测孔内水位降深情况表　　　　　　　　　　表6-8

抽水降深（m）	G1（m）	JS2（m）
4.14	1.33	0.26
2.39	0.75	0.13
1.35	0.41	0.06

6.1.4.4 第三阶段（群井抽水试验）

本次抽水 JS1 水井采用 QY40-28-5.5 型号的潜水泵，JS2、JS3 水井采用 QY15-36-3 型号的潜水泵，对 JS1、JS2、JS3 水井同时进行抽水，观测 JS1、JS2、JS3、G1、G4、G5、G6、G7、G8、G9、G10、G11、G12 内的水位降深。其目的为模拟群井降水的情况下，基坑内水位降深情况，并验证止水帷幕的截水效果。

本试验性抽水从 2016 年 3 月 4 日 07 点 15 分开始，至 3 月 4 日 16 点 53 分停止。试验性抽水试验基本数据见表 6-9、图 6-5 ~图 6-11。

群井抽水试验情况表　　　　　　　　　　　　　表 6-9

井号	用途	水位标高（m）	水位降深（m）	出水量（m³/h）
JS1	抽水井	15.32	2.50	14.6
JS2	抽水井	15.76	2.24	17.8
JS3	抽水井	16.25	2.17	10
G1	坑内水位观测井	16.54	1.30	—
G4	坑外水位观测井	17.52	0.18	—
G5	坑内水位观测井	16.89	1.12	—
G6	坑内水位观测井	17.03	1.00	—
G7	坑外水位观测井	17.73	0.52	—
G8	坑外水位观测井	17.49	0.54	—
G9	坑内水位观测井	17.12	1.30	—
G10	坑内水位观测井	17.31	1.15	—
G11	坑外水位观测井	18.18	0.40	—
G12	坑外水位观测井	18.07	0.33	—

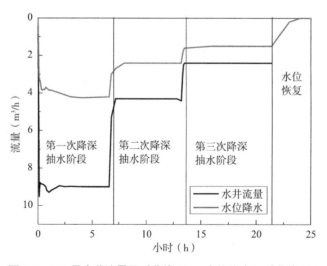

图 6-5　JS1 号水井流量历时曲线 Q-t、水位降水历时曲线 S-t

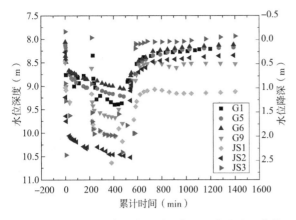

图 6-6 第二阶段抽水井观测井水位深度及降深曲线

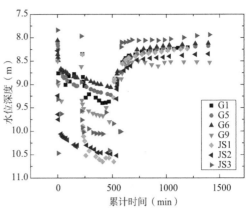

图 6-7 第三阶段抽水井观测井水位深度

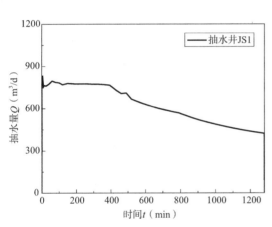

图 6-8 单井 JS1 的抽水量随时间变化关系图

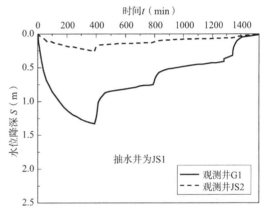

图 6-9 单井 JS1 抽水试验中观测井的水位降深随时间变化关系

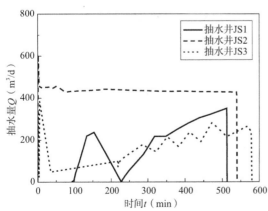

图 6-10 群井抽水试验中抽水量随时间变化关系图

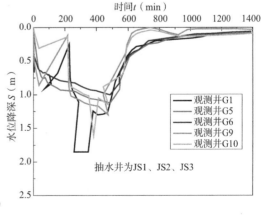

图 6-11 群井抽水试验中观测井随时间变化关系

6.1.5 现场自然回灌试验

6.1.5.1 试验系统概况

本次回灌试验场地位于方特站基坑东侧、齐鲁大道上东侧绿化带，场地基本平整，距离基坑东侧 20~25m。

1. 回灌系统

本次地下水人工回灌的目的层为⑦$_3$粉土层、⑧粉质黏土层、⑧$_2$细砂层和三层混合层，回灌水采用抽水井作为水源。

回灌系统设置见图 6-12，实物见图 6-13。

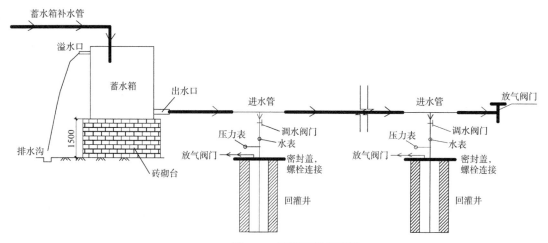

图 6-12 回灌系统示意图

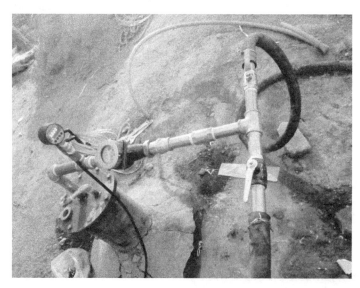

图 6-13 回灌系统实物示意图

回灌井井口焊牢,采用法兰盘固定回灌进水管,在回灌过程中,回灌井进水管上安装水表、压力表、调水阀门。蓄水箱内保持充足的水量,维持回灌进水主管道的压力,确保满足每眼回灌井的水量要求。

2. 回灌系统管理要求

因回灌开始后回灌井内产生一定量的气泡,大量气泡聚集在滤管周围会阻止回灌水进入含水层中,因此必须定期对回灌井进行回扬冲洗。

回灌时,要求排除井内空气,防止产生气泡阻挡回灌水,要求在井口盖板上安装排气阀,当水从排气阀大量出水后,才可以关闭排气阀;

回灌井上安装压力表及流量表,根据回灌水量的要求进行调节,回灌水量与压力要由小到大,逐步调节到适宜压力,初步压力在 0.01~0.02MPa 左右;

回灌井口要求密封,确保回灌时不漏水,当回灌流量不明显增加时,回灌压力最好不要增加或过大,否则回灌井周围易产生突涌,从而破坏回灌井结构;

回灌水体必须干净,不能是污染水体,否则会污染地下水;

回灌水体内不能有固体物质(如砂、土及其他杂质等),否则会影响回灌效果。

3. 回灌井作用原理

将水注入回灌井里,井周围的地下水位 H_c 就会不断地上升,上升后的水位称之为回灌水位 h_c,由于回灌井中的回灌水位与地下水位之间形成一个水头差,注入回灌井里的水才有可能向含水层里渗流。当渗流量与注入量保持平衡时,回灌水位就不再继续上升而稳定下来,此时在回灌井周围形成一个水位的上升锥,其形状与抽水的下降漏斗十分相似,只是方向正好相反。回灌井内的回灌水位最高,向四周回灌水位逐渐降低,直至与地下水位相重合,由重合点到回灌井中心轴线的距离称为回灌影响半径 R_c。回灌水位 h_c 与地下水位 H 之差,称为水位升幅 S_c,如图 6-14 所示。

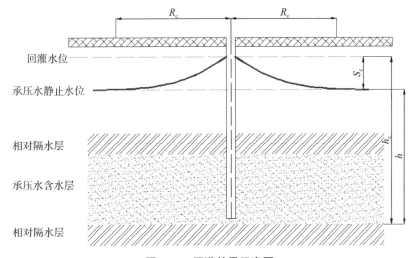

图 6-14 回灌效果示意图

回灌井的回灌量与含水层的渗透性有密切关系，在不同渗透性能的含水层中，井的回灌量差别很大。在保持一定的回灌量与满足回灌效果的前提下，渗透性好的含水层中，回灌井中所需的回灌水位较小；反之，渗透性愈差，回灌井中所需的回灌水位就愈高。

4. 回灌井施工工艺流程及质量控制

回灌井从施工到回灌的工艺流程如下：

准备工作→钻机进场→井位定位（现场场地清理，包括拆除围挡）→开孔→下护口管→钻进成孔→换浆、扫孔壁→下井管→稀释泥浆→填滤料→止水封孔→洗井→回灌设备安装调试→试运行→回灌运行。回灌井施工质量按照表6-10进行控制：

成井施工质量控制表 表6-10

序号	阶段	检验项目	质量标准	检查方法	责任人
1	成孔阶段	井位	<1000mm	经纬仪、钢尺	测量员
2		孔深（mm）	±500mm	测绳、钻杆	机长质量员
3		垂直度	1%	水平尺	机长质量员
4		孔径	≥700mm	测量钻头	质量员
5		泥浆相对密度	1.15~1.20	密度计	机长质量员
6		沉渣厚度	≤500mm	测绳	机长质量员
7	成井阶段	泥浆相对密度	1.05~1.12	密度计	机长质量员
8		井管及滤管长度	±500mm	钢尺	质量员
9		填砂厚度	+1000mm	测绳	机长质量员
10		黏土厚度	+1000mm	测绳	机长质量员
11		洗井	清水	目测	项目工程师

6.1.5.2 现场单井回灌试验

1. 单井回灌试验目的及准备工作

1）试验目的

（1）确定单井在常压情况下的最大回灌量；

（2）确定在压力回灌条件下，回灌井回灌水量与回灌压力的对应关系；

（3）了解回灌不同地层时，地下水回灌对本层地下水和场地综合地下水位的关系；

（4）了解地下水位变化与沉降监测点回弹之间的变化关系。

2）准备工作

主要包括以下工作：

（1）回灌试验方案的确定及流程安排；

（2）回灌井、观测井的成井、洗井、固井等工作；

（3）回灌试验设备的安装调试工作；

（4）回灌试验记录方式及相关试验人员的组织。

2. 单井回灌试验过程及数据

本回灌试验针对不同的回灌目的层（⑦$_3$粉土层、⑧粉质黏土层、⑧$_2$细砂层和三层混合层）各设置一眼回灌试验井，共设置了4眼回灌试验井；根据拟观测的不同地层中的水位，分别各设置一眼水位观测井，并设置一眼观测场地综合水位的观测井，共设置4眼水位观测井。对其中一眼回灌井进行回灌试验时，每一眼水位观测井均进行水位观测。详见图6-15。单井回灌的回灌井分别为H1、H2、H3和H4，其中，H1的回灌层为⑦$_3$粉土层、H2的回灌层为⑧$_2$细砂层、H3的回灌层为⑧粉质黏土层、H4的回灌层为综合层（⑦$_3$+⑧$_2$+⑧）。图6-16所示为单井回灌量随时间关系图，总体上回灌量呈上升趋势，且H2的回灌量最大，其次为H3、H4、H1。

在回灌试验之前，对沉降观测点进行了测量，取得初始高程。在回灌试验时，对沉降观测点进行了相应的保护，未对沉降观测结果造成影响。

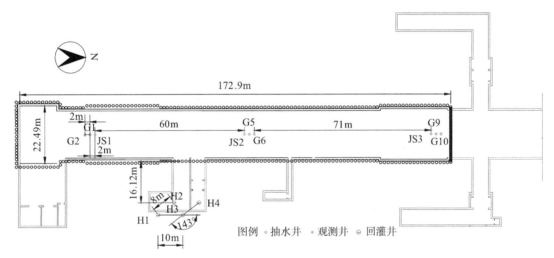

图6-15 井位平面位置图

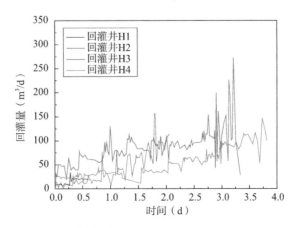

图6-16 单井回灌量随时间变化图

（1）首先对 H1（对应⑦₃粉土层）进行回灌，按照 0.02MPa、0.05MPa 的压力进行回灌试验，当压力大于 0.05MPa 后地面返水。回灌试验数据如表 6-11、图 6-17、图 6-18 所示。

回灌试验井 H1 回灌试验成果表　　　　　　　　　　　　　　表 6-11

序号	压强（MPa）	流量（m³/h）	备注
1	0.020	0.578	
2	0.050	1.215	

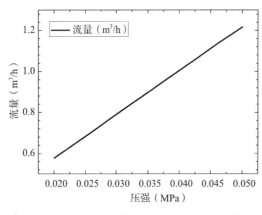

图 6-17　回灌试验井 H1 回灌 Q-P 对应曲线图

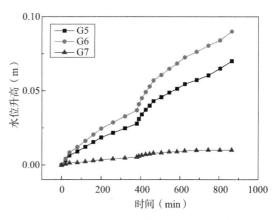

图 6-18　H1 回灌观测井水位升高曲线

（2）对 H2（对应⑧₂细砂层）进行回灌，按照 0.03MPa、0.05MPa、0.08MPa、0.11MPa、0.135MPa、0.145MPa、0.155MPa、0.165MPa、0.175MPa、0.185MPa 的压力进行回灌试验，当压力大于 0.19MPa 后地面返水。回灌试验数据如表 6-12、图 6-19、图 6-20 所示。

回灌试验井 H2 回灌试验成果表　　　　　　　　　　　　　　表 6-12

序号	压强（MPa）	流量（m³/h）	备注
1	0.030	1.742	
2	0.050	2.787	
3	0.080	3.338	
4	0.110	4.073	
5	0.135	4.009	
6	0.145	3.824	
7	0.155	3.995	
8	0.165	4.692	
9	0.175	4.851	
10	0.185	5.731	

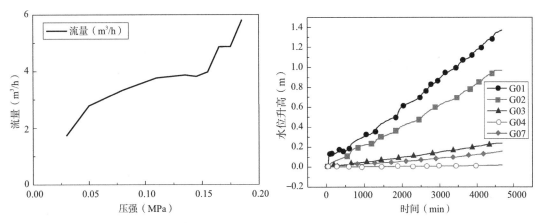

图 6-19　回灌试验井 H2 回灌 Q-P 对应曲线图　　　　图 6-20　H2 回灌观测井水位升高曲线

（3）对 H3（对应⑧粉质黏土层）进行回灌，按照 0.02、0.05、0.07、0.120、0.153、0.173、0.193 MPa 的压力进行回灌试验，当压力达到 0.193MPa 后，回灌量突然增大。回灌试验数据如表 6-13、图 6-21、图 6-22 所示。

回灌试验井 H3 回灌试验成果表　　　　表 6-13

序号	压强（MPa）	流量（m³/h）	备注
1	0.020	0.389	
2	0.050	0.554	
3	0.070	0.754	
4	0.120	1.182	
5	0.153	1.648	
6	0.173	2.527	
7	0.193	4.224	

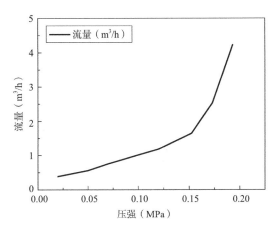
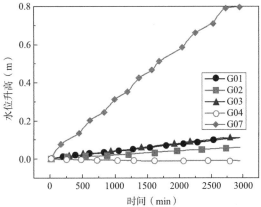

图 6-21　回灌试验井 H3 回灌 Q-P 对应曲线图　　　　图 6-22　H3 回灌观测井水位升高曲线

（4）对 H4（综合地层）进行回灌，按照 0.01MPa、0.02MPa、0.03MPa、0.037MPa、0.05MPa、0.06MPa、0.07MPa、0.09MPa、0.107 MPa 的压力进行回灌试验，随着压力增大，回灌量逐渐增大。回灌试验数据如表 6-14、图 6-23、图 6-24 所示。

回灌试验井 H4 回灌试验成果表　　　　　　　　表 6-14

序号	压强（MPa）	流量（m³/h）	备注
1	0.010	1.020	
2	0.020	1.244	
3	0.030	1.532	
4	0.037	1.721	
5	0.050	2.200	
6	0.060	2.954	
7	0.070	2.819	
8	0.090	3.725	
9	0.107	4.871	

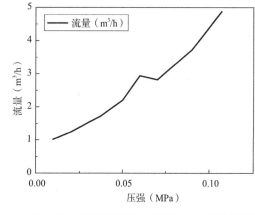

图 6-23　回灌试验井 H4 回灌 Q-P 对应曲线图　　　图 6-24　H4 回灌观测井水位升高曲线

6.1.5.3　现场多井回灌试验

1. 试验目的

本次多井回灌试验的目的比较简单，主要目的如下：

（1）主要是观察群井注水量是否为单井注水量之和，如果不是则作出相应比较；

（2）多井回灌是否产生群井效应，如何应对。

2. 试验准备工作

（1）利用单井试验的设施，将 3 个回灌井（H2～H4）形成闭合回路；

（2）准备记录表及组织相关试验人员。

对 3 口回灌井设置封闭回路，进行群井回灌。对所有水位观测井进行水位测量。回灌试验过程中，测定回灌压力、回灌水量和水位观测井中的地下水位变化，同时监测地表沉降点的高程变化。

由于各回灌井的承受压力不一致，因此本次多井回灌未进行密封加压。首先进行自然回灌，然后慢慢提升水头，直到统一的稳定值，在稳定水头下进行回灌试验，每半小时记录一次灌水量，直至稳定（表 6-15）。

回灌试验井 H2 ~ H4 多井回灌试验成果表　　　　　表 6-15

井号		H1	H2	H3	H4
井口标高（m）		28.48	28.49	28.57	28.61
回灌稳定水位埋深（m）		—	1.13	1.12	1.15
序号	累计（h）		流量（m³/h）	流量（m³/h）	流量（m³/h）
1	1		2.35	0.706	4.188
2	2		2.69	0.718	4.901
3	3		2.857	0.740	4.998
4	4		2.789	0.845	4.666
5	5		2.328	1.183	4.320
6	6		2.544	0.751	5.3
平均值			2.593	0.823	4.730

图 6-25 所示为群井回灌量随时间变化图，总体上，群井回灌时间较短，仅为 0.25d，其回灌量 H4 > H2 > H3。

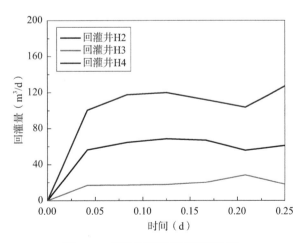

图 6-25　群井回灌量随时间变化图

6.1.6 试验现象及数据的分析

6.1.6.1 单井回灌率

根据试验结果，在合理的压力范围内（一般不超过 0.20MPa），砂层上部的粉质黏土层回灌率为 1.215m³/h，砂层回灌率为 5.731m³/h，砂层下部的粉质黏土层回灌率为 2.527m³/h。

6.1.6.2 渗透系数的分析与修正

根据以往经验，某个地层的回灌的渗透系数一般小于抽水的渗透系数。根据现场压力回灌试验，按照《水利水电工程注水试验规程》SL 345—2007 的相应规定，计算回灌时的渗透系数。

$$K = 16.67Q / (AH) \quad (6\text{-}2)$$

式中 K——试验岩土层渗透系数（cm/s）；

　　　Q——注入流量（L/min）；

　　　A——形状系数（cm）；

　　　H——试验水头（cm），等于试验水位与地下水位之差。

根据试验结果计算地下水位以下各地层的渗透系数，如表 6-16 所示。

地下水位以下各地层渗透系数计算表　　　表 6-16

地层	Q（L/min）	H（cm）	A（cm）	K（cm/s）	
⑧₂细砂层	46.45	500	5.55	2.79×10^{-1}	平均 2.01×10^{-1}
	67.88	1100	5.55	1.85×10^{-1}	
	80.85	1750	5.55	1.39×10^{-1}	
⑧粉质黏土层	9.23	500	3.40	9.05×10^{-2}	平均 9.67×10^{-2}
	19.70	1200	3.40	8.05×10^{-2}	
	42.12	1730	3.40	1.19×10^{-1}	

注：$A = 2\pi l / ln(2ml/r)$；其中 l 为过滤器长度，r 为过滤器半径，m 暂按 1 考虑。

根据计算，砂层回灌的渗透系数平均值大于勘察报告的渗透系数（勘察报告推荐的渗透系数为 120m/d，折合 1.39×10.1 cm/s），因此需要作一定的调整。由于压水井壁管底部未封孔，且下部回填的均是滤料，由于测试的只是侧面的部分，因此按照 50% 进行折减，⑧₂细砂层回灌的渗透系数取 1.01×10.1 cm/s，⑧粉质黏土层回灌的渗透系数取 4.84×10.2 cm/s。从回灌试验可以看出，⑧粉质黏土层的渗透系数也较大，可能存在砂层透镜体，或者与砂层产生越流有关。

6.1.6.3 实测回灌量与井内水位变化的关系

随着水位上升，水头高度差加大，相对于被回灌的地层来说水压力也逐渐增大，因此实测回灌量有所增加，从整理的试验成果来看，对于地下水位以下的含水层，在某个区间段存在线性关系，但是二者整体来看是非线性关系。

6.1.6.4　回灌井的影响半径

根据压水回灌试验所计算并经过修正的渗透系数，反算影响半径，可知砂层及粉质黏土的影响半径为：

$$R=10S\sqrt{K}（承压水） \tag{6-3}$$

式中　R——影响半径（m）；

　　　S——降深（试验水头）（m）；

　　　K——渗透系数（m/d）。

经计算得到砂层和粉质黏土层降深均为11m，渗透系数分别为87.26m/d 和 41.82m/d，经计算得到其回灌井影响半径分别为1027.4m、711.7m。

6.1.6.5　单井回灌量的修正

由于单独地层单井回灌试验的试验段过滤器长度为23.5m，不是整个回灌段，理论上对过滤器长度为6.0m 的单井的回灌量应进行修正。根据综合地层回灌井 H4 井的回灌量，在同等压力条件下（0.11MPa）是回灌井 H2（砂层）回灌量的120%，因此可以判断，砂层在回灌量方面起主导作用，其他地层贡献20%左右。故而在单井回灌量修正方面，可在试验基础上按照15%～20%进行修正。

6.1.6.6　多井回灌与单井回灌在回灌量上的区别

根据多井回灌试验数据可知，由于经过压力回灌试验，然后进行多井回灌，在同等压力条件下，多井回灌的水量大于单井回灌的水量。但是由于多井回灌试验时间较短，缺乏足够的数据支持这一理论，而且多井同时回灌，在达到一定饱和度之后，是否产生群井效应也不得而知。

6.1.6.7　回灌量与水位及压力的关系

试验结果显示，回灌量与回灌井内水位抬升存在一定的相关性，随着水位抬升，回灌量相应增加，但是从目前的试验数据分析，二者是非线性关系。当采用压力回灌时，在允许的压力值范围内，回灌量与压力在某个区间段存在一定的线性关系，但是整个阶段是非线性关系。

6.1.7　试验总结

6.1.7.1　单井回灌试验总结

根据现场回灌试验数据及统计结果，单井回灌中，粉土层的回灌量较小，承受回灌压力较小，回灌量为1.215m³/h；砂层回灌量较大，可承受0.2MPa 范围内的水头压力，在最大承受压力下，回灌量5.731m³/h；砂层下部的粉质黏土层回灌率为2.527m³/h。综合地层回灌量在同等压力条件下是砂层回灌井的120%。

在单井回灌时，回灌量随压力增大而逐渐增加，从统计结果来看，局部压力段存线性关系，整体是非线性关系。

经过计算和修正，⑧$_2$细砂层回灌的渗透系数取 1.01×10^{-1} cm/s，⑧粉质黏土层回灌的渗透系数取 4.84×10^{-2} cm/s。从回灌试验可以看出，⑧粉质黏土层的渗透系数也较大，可能存在砂层透镜体，或者与砂层产生越流有关。

6.1.7.2 多井回灌试验总结

根据现场多井回灌试验数据得知，目前多井回灌未发现群井干扰现象，可能因为前期单井压力回灌的影响，同等压力条件下多井回灌的综合水量比单井回灌量要大。这可能是由于前期压力回灌，形成回灌水流通道，导致回灌比较顺畅，也可能与坑内换大泵抽水、二者存在水力联系有关，还可能与本次多井回灌试验时间短有关，具体需要今后验证。

6.1.7.3 建议

由于本次试验只是针对地层进行了回灌试验，井径及过滤器尺寸基本统一，而且主要是单井回灌试验，群井回灌试验时间较短。因此，在基坑西侧进行回灌井施工时选用不同井径及不同过滤器尺寸进行试验。而且，宜增加同孔径不同过滤器尺寸、同孔径不同滤料等对比试验。

根据以往回灌经验，随时间延续，由于种种原因及因素，单井的回灌率将逐渐减小。因此，为了确保地下水的回灌率，基于回灌与抽水类似的机理，过滤器越大，出水量越大，同理回灌量也越大，因此建议将未施工的西侧回灌井改成大口径、大过滤器，以便增加回灌量储备。

6.1.7.4 回灌试验图片集

见图 6-26 ~ 图 6-38。

图 6-26　成井施工

图 6-27　下井管

第6章 济南 R1 线抽水与回灌试验

图 6-28 安装压水管

图 6-29 封闭式压力回灌安装

图 6-30 水位及水量读数

图 6-31 压力回灌

图 6-32 观测井水位测量

图 6-33 回灌压力调试

图 6-34 夜间巡视及数据记录

图 6-35　夜间观测井水位测量　　图 6-36　夜间压力回灌　　图 6-37　白天压力回灌

图 6-38　业主、监理、第三方监测单位对回灌试验的关注

6.1.8　数值模拟

6.1.8.1　模型建立

1. 模型范围

采用三维有限差分模型分析方特站基坑工程的抽水试验及回灌试验，其研究范围可采用影响半径的经验公式进行估算：

$$R=10S_w\sqrt{K} \tag{6-4}$$

式中　R——影响半径（m）；

　　　S_w——抽水或回灌水位降深（m）；

　　　K——渗透系数。

依据抽水试验及回灌试验分析，影响半径如表 6-17 所示。

影响半径 表 6-17

降深 S_w（m）	细砂层渗透系数 K（m/d）	影响半径 R（m）
1.43	116.0	149.9
2.92	121.1	110.8
4.61	127.1	133.8
11	87.26	1027.5

故而，渗透系数取为 87.26m/d，影响半径为 1027.5m。根据上述计算结果，数值模型范围为：长 × 宽 × 高 =2100m × 2100m × 31.5m，三维有限差分模型如图 6-39 所示。

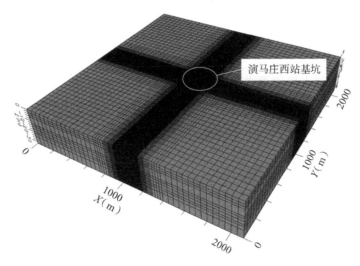

图 6-39 三维有限差分模型

2. 网格划分

数值模型共划分为 276480 个单元，最小单元 2m × 2m，最大单元 40m × 40m。根据钻孔勘探资料，在 Z 轴方向，对工程场地从 0m 至 -31.5m 范围内地层进行适当简化，共分为 10 层；在水平方向，沿 X 轴方向共划分为 192 列，沿 Y 轴方向共划分为 144 行。其中，对数值模型在水平方向进行网格划分时，对方特站基坑进行网格细化，即 X 坐标范围从 950m 到 1200m，Y 坐标范围从 1000m 到 1150m，以 2m × 2m 为单元进行网格划分，如图 6-40 所示。

3. 初始条件

1）初始水位

依据勘察报告，潜水含水层地下水初始水位埋深为 5.5m，承压含水层地下水初始水位埋深为 7.5m。

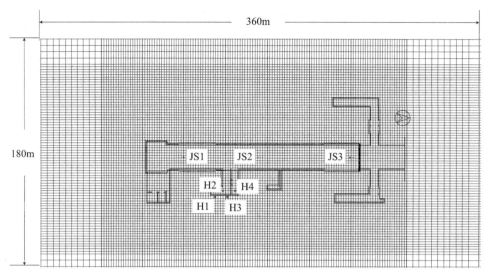

图 6-40 模型平面网格划分

2）土体物理力学参数

方特站基坑工程的土体物理力学参数来源于地质勘查报告。根据现有文献可知，水平向的渗透系数是垂直向的 2~3 倍，故而本次数值模拟的土体渗透系数如表 6-18 所示。

土体物理力学参数　　　　　　　表 6-18

含水层	层厚（m）	k_x（m/d）	k_y（m/d）	k_z（m/d）	S_s（m^{-1}）
①$_1$ 杂填土	2.5	0.002	0.002	0.001	2.0E-06
⑦黄土	2	0.003	0.003	0.0015	2.5E-06
⑦$_3$ 粉土	2	0.038	0.038	0.02	7.0E-06
⑧粉质黏土	6	1	1	0.5	3.0E-06
⑧$_2$ 细砂	2	120	120	60	0.00025
⑧粉质黏土（下部）	7	2	2	1	3.0E-06
⑨粉质黏土	10	0.009	0.009	0.0045	3.5E-06

4. 边界条件

数值模型的边界条件包括定水头边界条件和围护结构边界条件。定水头边界条件：按照上述初始条件中每层土的初始水位，设置距离基坑最远处的模型单元为定水头单元，该单元水头值等于该单元的初始水头值。

围护结构边界条件：根据方特站基坑支护桩和止水帷幕实际布置情况，在数值模型中设置墙边界，围护结构渗透系数设置为 0.00001m/d，围护结构宽度按照实际工况布置，围护结构深度按照止水帷幕深度布置（图 6-41）。

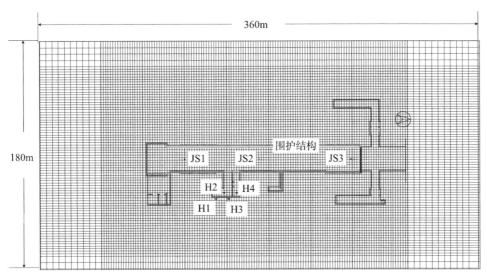

图 6-41 围护结构边界条件示意图

6.1.8.2 群井抽水模拟结果

本部分数值模拟针对群井抽水试验。由于本基坑工程的承压含水层（细砂层）的透水性大，若短时抽取大量的地下水，其水位降深必然变化明显，地层压缩也可瞬时完成。因此，十分有必要研究群井抽水⑧$_2$细砂层对周围环境产生的影响。群井抽水的抽水量采用图 6-5 所示水数据。

1. 水位降深

图 6-42 所示为⑧$_2$细砂层不同纵向剖面的水位降深随距离变化关系图。其中，A-A、B-B、C-C 分别为抽水井 JS1、JS2、JS3 所在的纵向剖面。由于围护结构的存在，基坑内外的水位降深明显不同，但对不同剖面，基坑外侧的水位降深随距离变化数据基本相同，

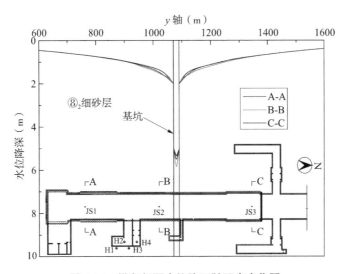

图 6-42 纵向剖面水位降深随距离变化图

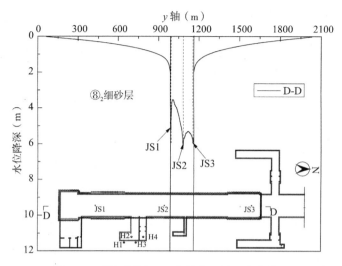

图 6-43　横向剖面 D-D 水位降深随距离变化图

最大降深为 2m。而对于基坑内部，由于抽水井 JS2 的抽水量较大且保持稳定，其周围水位降深值变化明显，最大降深值为 6m。尽管抽水井 JS3 抽水量小于 JS2 且不稳定，但其最大水位降深接近于 JS2，为 5.6m，而抽水井 JS1 的最大降深值为 5.4m。上述结果说明，基坑中心区域细砂层含水量较基坑侧边区域大。图 6-43 所示为细砂层横向剖面 D-D 的水位降深随时间变化图。由于围护结构的存在，基坑外侧水位降深变化幅度较小，最大水位降深仅为 2m。

2. 地表沉降

当群井 JS1～JS3 的抽水层为⑧$_2$细砂层时，由于该层渗透系数为 120m/d，透水性极好，短时间内降水引起的地层压缩变形即可完成，所以有必要确定因抽水引发的地层沉降量。

根据弹性地表沉降理论，采用分层综合法计算地表沉降量，第 j 层土的变形量 S_j 可由下式获得：

$$S_j = \frac{r_w \Delta h_j}{E_j} H_j \quad (6-5)$$

式中　H_j——第 j 层土体厚度（m）；
　　　Δh_j——地下水位变化值（m）；
　　　E_j——第 j 层土的压缩模量；
　　　r_w——水的重度（kN/m³）。

地表总沉降量 S_{sub} 满足如下公式：

$$S_{sub} = \sum_{j=1}^{N} \frac{r_w \Delta h_j}{E_j} H_j \quad (6-6)$$

式中　N——土层数。

根据地质勘察报告可知，①$_1$杂填土压缩模量为5MPa；⑦黄土压缩模量为5.8MPa；⑦$_3$粉土压缩模量为10MPa；⑧粉质黏土压缩模量为6MPa；⑧$_2$细砂压缩模量为12MPa；⑨粉质黏土压缩模量为7.2MPa。

根据式（6-5）和式（6-6）以及所得的水位降深值，计算地表沉降。图6-44所示为纵向剖面A-A、B-B及C-C的地表沉降随距离变化关系图。总体上，基坑外地表沉降不随剖面的不同而有所改变，沉降值基本上相同，并随着距离的增加而减少，最大沉降达到13.06mm。图6-45所示为横向剖面D-D地表沉降随距离变化图，其变化规律同图6-44相似，基坑外最大沉降值为13.06mm，其沉降随着距离的增加而逐渐减小。

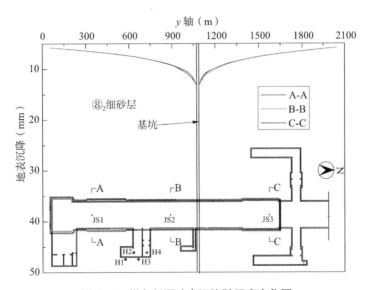

图 6-44 纵向剖面地表沉降随距离变化图

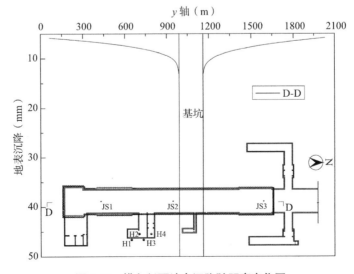

图 6-45 横向剖面地表沉降随距离变化图

6.1.8.3 抽灌结合模拟结果

计算了群井抽水引起的水位降深、地表沉降，总体上基坑外最大水位降深为2m，最大地表沉降为13.06mm。为了减少坑外水位降深和地表沉降值，本小节进行群井抽水后地下水回灌模拟试验，具体工况如表6-19所示。

群井抽水后回灌试验模拟工况　　　　表6-19

工况	抽水井	抽水层	回灌井	回灌层
工况1			—	—
工况2			群井H2~H4回灌	⑦$_3$+⑧$_2$+⑧
工况3	JS1~JS3	混合层抽水	H2	⑧$_2$
工况4			H3	⑧（下部）
工况5			H4	⑦$_3$+⑧$_2$+⑧

水位降深：

图6-46所示为细砂层在不同工况下的水位降深随距离变化关系图。其中，工况2为井H2、H3的回灌，其回灌效果明显，坑外最大水位降深可达1.2、1.5m，较群井抽水引起的水位降深上升0.8、0.5m。工况3和工况5分别是H2和H4进行的单井回灌，其回灌后最大水位降深分别为1.6m、1.7m，较群井抽水引起的水位降深上升0.4、0.3m，回灌效果较工况2而言，不够明显。

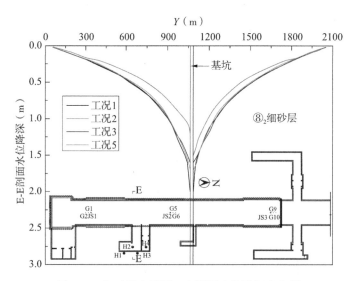

图6-46　细砂层在不同工况下的水位降深变化图

图6-47所示为粉质黏土层（下部）在不同工况下的水位降深随距离变化关系图，明显地，群井回灌效果好于单井回灌，但其回灌效果仍不明显。图6-48和图6-49所示分别

为细砂层、粉质黏土层（下部）在基坑周围群井回灌后水位降深云图，基坑周围水位降深在群井周遭明显减小，靠近群井 H2~H4 一侧的水位降深变化更为明显。

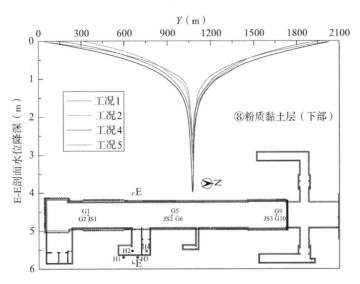

图 6-47　粉质黏土层（下部）在不同工况下的水位降深变化图

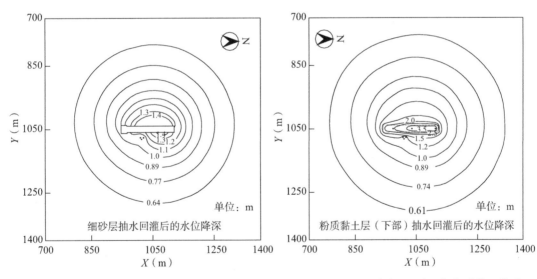

图 6-48　细砂层群井回灌后基坑周围水位降深云图

图 6-49　粉质黏土层（下部）群井回灌后基坑周围水位降深云图

6.1.8.4　分析讨论

1.⑧$_2$ 细砂层渗透系数对水位降深的影响

根据抽水及回灌试验现场总结报告可知，⑧$_2$ 细砂层渗透系数可取为 87.26~127.1m/d。为了探究细砂层在不同渗透系数下对抽水及回灌的影响，本小节将细砂层渗透系数分为如表 6-20 所示工况。

细砂层不同渗透系数下抽水及回灌试验模拟工况 表 6-20

工况	细砂层		
	k_x (m/d)	k_y (m/d)	k_z (m/d)
工况 1	90	90	45
工况 2	120	120	60
工况 3	150	150	75

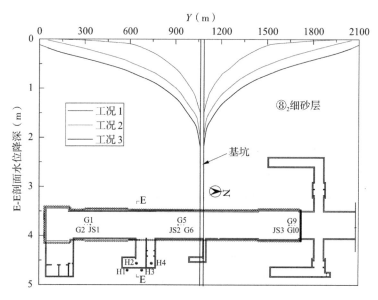

图 6-50 细砂层在不同工况下水位降深变化图

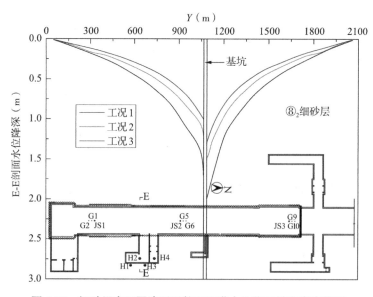

图 6-51 细砂层在不同渗透系数下回灌水位降深随距离变化图

图 6-50 所示为细砂层在不同渗透系数下群井抽水后水位降深随距离变化图。随着渗透系数的增加，基坑周边水位降深越来越小，具体地，当细砂层渗透系数为 90（45）m/d 时，基坑外最大水位降深为 2.2m；而当渗透系数为 150（75）m/d，坑外最大水位降深为 1.5m。图 6-51 所示为细砂层在不同渗透系数下群井回灌后水位降深随距离变化图。明显地，随着渗透系数的增加，回灌引起的水位降深越来越小。结合图 6-50 和图 6-51 可知，群井抽水及抽水后回灌的水位降深之差对于工况 1、2 及 3 分别为 0.5m、0.8m、0.5m，其与渗透系数并无明显线性关系。

2. ⑧粉质黏土层（下部）渗透系数对水位降深的影响

根据回灌试验分析报告可知，⑧粉质黏土层（下部）渗透系数最高可达 41.82m/d，说明下部粉质黏土层可能存在砂层透镜体或者与砂层产生越流有关，故而有必要研究粉质黏土层（下部）在不同渗透系数下对抽水及回灌的影响，具体工况如表 6-21 所示。

粉质黏土层（下部）不同渗透系数下抽水及回灌试验模拟工况　　　　表 6-21

工况	粉质黏土层（下部）		
	k_x（m/d）	k_y（m/d）	k_z（m/d）
工况 1	2	2	1
工况 2	20	20	10
工况 3	41.82	41.82	20.91

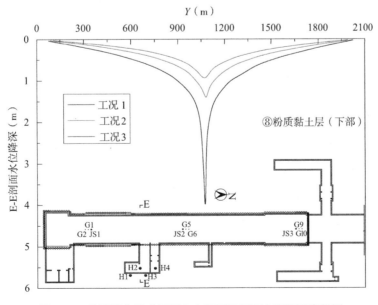

图 6-52　粉质黏土层（下部）在不同工况下水位降深变化图

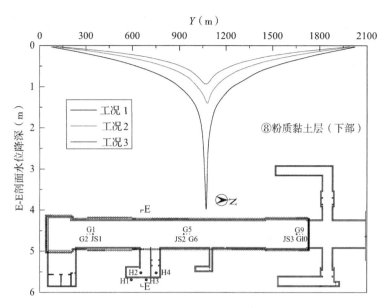

图 6-53 粉质黏土层（下部）不同渗透系数下回灌水位降深随距离变化图

图 6-52 所示为粉质黏土层（下部）在不同渗透系数下群井抽水后水位降深随距离变化图。随着渗透系数的增加，水位降深越来越小，具体地，当细砂层渗透系数为 2（1）m/d 时，最大水位降深为 4m；而当渗透系数为 41.82（20.91）m/d，最大水位降深为 1m。图 6-53 所示为粉质黏土层（下部）在不同渗透系数下群井回灌后水位降深随距离变化图，随着渗透系数的增加，回灌引起的水位降深越来越小。结合图 6-52 和图 6-53 可知，群井抽水及抽水后回灌的水位降深之差对于工况 1、2 及 3 分别为 1.5m、0.5m、0.2m，上述结果随着渗透系数的增大而减小。

6.1.8.5　综合对策

本篇通过数值模拟及理论分析的方法探讨了止水帷幕挡水作用机理，提出了止水帷幕两侧水位差的计算方法及止水帷幕作用下水文地质参数的解析算法，并对抽灌共同作用下基坑止水帷幕对渗流场的阻挡效应进行研究，研究工作的结论如下。

1. 止水帷幕两侧水位差的计算方法

本研究针对第四种基坑降水模式（止水帷幕部分隔断承压含水层下基坑内抽水），通过建立该降水模式下的有限差分模型，分析水位降深纵向分布规律，通过对数值模拟分析结果的回归分析，提出了止水帷幕两侧水位差的计算方法，得出如下结论：

（1）抽水稳定后，承压含水层竖向不同深度水位降深不同。止水帷幕上方，水位降深随深度变化较大；止水帷幕下方，水位降深随深度变化较小。在基坑内，离含水层顶板越近，水位降深越大；在基坑外，离含水层顶板越近，水位降深越小。在基坑降水过程中，应尽量使坑内观测井过滤器位于承压含水层的上部，以避免造成超降。

（2）止水帷幕插入承压含水层的深度、含水层各向异性、抽水井过滤器长度均对水位降深及抽水量有影响。当抽水井深度小于止水帷幕深度时，含水层各向异性对基坑内外水位差影响很大。基坑降水设计中应综合考虑这三个方面的关系，给出最优的降水方案。

（3）止水帷幕对渗流场的阻挡效应表现在地下水位在止水帷幕两侧分布的不连续性以及进入基坑水量的减少。止水帷幕两侧水位差由两部分组成：一部分是由止水帷幕与边界间产生的，即渗流方向、渗流路径的改变；另一部分是由地下水通过止水帷幕下方进入基坑产生的，即渗流面积的减少。

（4）提出了考虑承压含水层各向异性的止水帷幕两侧水位降深差的计算公式。该公式基于圆形基坑帷幕中心单井抽水得出，但也适用于其他任何形状基坑帷幕下，基坑内任意位置单井或多井抽水的情况，同样也适用于基坑止水帷幕部分完全隔断承压含水层的情况。

2. 止水帷幕下水文地质参数的解析算法

本研究针对第四种基坑降水模式，通过建立该降水模式下的有限差分模型，分析止水帷幕作用下抽水水位降深随时间变化特征，基于数值模拟分析结果，提出了止水帷幕下水文地质参数（导水系数、渗透系数、储水系数）的计算方法，得出如下结论：

1）基坑内外水位降深随时间的变化分为四个时段：

（1）第一时段：在抽水早期，止水帷幕尚未起作用，抽水井抽水量均来自坑内的承压水，不同止水帷幕下基坑内水位降深相同，基坑外水位无变化，该时段持续时间很短；

（2）第二时段：水位降深受止水帷幕的影响，抽水井抽水量一部分来自基坑内承压水，一部分为基坑外通过止水帷幕底部进入基坑内的承压水，止水帷幕插入承压含水层的深度越大，基坑内水位降深变化越快，基坑外水位变化越缓；

（3）第三时段：抽水井抽水量全部来自坑外水体，半对数坐标下，所有曲线均与无止水帷幕时的曲线平行，具有相同的斜率；

（4）第四时段：抽水达到稳定，水位降深无明显变化，对数坐标下曲线与横坐标轴平行。

2）不同时段持续时间与抽水井完整性、承压含水层的厚度、止水帷幕插入承压含水层的深度及抽水井过滤器长度密切相关。含水层厚度一定时，抽水井不完整程度越高、止水帷幕插入承压含水层的厚度越大，第二时段持续时间越长，第三时段持续时间越短。

3）相同的止水帷幕下，承压含水层的厚度、抽水井过滤器的长度均会对第二时段及第三时段持续时间有影响，承压含水层的厚度越大，过滤器长度越短，第二时段持续时间越长，第三时段持续时间越短。

4）基于水位降深随时间的变化规律，本研究提出了止水帷幕作用下基坑内抽水时水文地质参数的解析算法，即抽水时间足够长时，含水层的水文地质参数可用Cooper-Jacob直线图解法求出。根据第三时段的观测井水位降深资料可计算出含水层的导水系数，第二时段的水位降深曲线中后期直线段延长线与横坐标轴的交点可计算含水层的储水系数。该算法是基于圆形基坑提出的，但适用于任意形状的基坑帷幕。

3. 止水帷幕渗漏的工程实例分析

本研究基于济南方特站抽水与回灌试验实测资料，采用三维有限差分模型分析方特站基坑工程的抽水试验及回灌试验，得出如下结论：

（1）根据现场回灌试验数据及统计结果，单井回灌中，粉土层的回灌量较小，承受回灌压力较小，砂层回灌量较大，综合地层回灌量在同等压力条件下是砂层回灌井的120%。

（2）在单井回灌时，回灌量随压力增大而逐渐增加，从统计结果来看，局部压力段存线性关系，整体是非线性关系。

（3）根据现场多井回灌试验数据得知，目前多井回灌未发现群井干扰现象，可能因为前期单井压力回灌的影响，同等压力条件下多井回灌的综合水量比单井回灌量要大。这可能是由于前期压力回灌，形成回灌水流通道，导致回灌比较顺畅，也可能与坑内换大泵抽水、二者存在水力联系有关，还可能与本次多井回灌试验时间短有关，具体需要今后验证。

（4）数值模拟的结果显示，群井抽水及抽水后回灌的水位降深之差与渗透系数并无明显线性关系，随着渗透系数的增加，回灌引起的水位降深越来越小。

6.2 济南轨道交通 R1 线王府庄站地下水回灌

6.2.1 工程概况

拟建王府庄站是 R1 线地下换乘车站，预留与 R2 线车站连接通道。位于山东省邮电学院前方偏西的刘长山路中绿化带下方，主体结构沿刘长山路中绿化带呈东西向敷设，位于王府庄村南侧。刘长山路规划道路红线宽 50m，基本实现规划，车流量不大。车站周边区域南侧规划为商业和商务用地，尚未实施规划，北侧为教育用地，北侧现状为山东邮电学校，南侧为果园。车站中心里程为 K28+642.209，车站起点里程为 K28+409.409，终点里程为 K28+750.359，车站主体全长 340.95m，为地下双层双跨岛式车站，主体结构为双层双跨框架结构，车站有效站台宽度为 12m，有效站台长度为 120m。

6.2.2 基坑概况

车站主体结构总长 340.95m，标准段宽度 20.7m，端头井段宽度 25m。车站结构标准段高度 13.9m，顶板覆土厚度约为 3.5m，标准段底板埋深约 17.4m，端头井段底板埋深约 19.4m。

车站附属结构包含车站共设置 3 个出入口、2 个风亭。附属结构埋深和展厅一致，约 9~10m。风亭和冷却塔均位于路侧绿化带内。

车站采用明挖法施工，支护结构采用套管咬合钻孔灌注桩+内支撑体系。车站附属结构采用明挖法施工，支护结构主要采用钻孔灌注桩＋内支撑体系。

本工程自然地面 ±0.000 相当于绝对高程为 40.740m，基坑起点里程端头井开挖深度 19.381m，终点里程开挖深度 19.946m，标准段开挖深度 17.856～18.418m。本工程安全等级为一级。

本工程围护结构采用套管咬合桩，标准段桩长 30m，端头井位置桩长 32m。

6.2.3 周边环境

拟建王府庄站主体结构场地现状主要为刘长山路，附属结构位于南侧绿化带中，车站周边区域南侧规划为商业和商务用地，尚未实现规划，北侧为教育科研用地，北侧现状为山东省邮电学校，南侧为果园。钻孔主要位于道路中间绿化带内、人行道上，部分钻孔附近有光缆、电缆、地下水管道、自来水管道、燃气管道等，场地内及周边建（构）筑物及地下管线应以相关调查成果报告为准，进场施工需做好防护准备工作。

工程周边环境与工程相互影响较大，破坏后果较严重，属于三级环境风险。

现状环境见图 6-54～图 6-59。

图 6-54　刘长山路一

图 6-55　刘长山路二

图 6-56　刘长山路南侧绿化

图 6-57　王府庄站附近邮电学校

图 6-58 京福高速、京沪高铁

图 6-59 京沪普通铁路

6.2.4 工程地质概述

根据本次勘察钻探深度范围内所揭示的地层情况，根据钻探资料及室内土工试验结果，按地层沉积年代、成因类型，将本工程场地勘探范围内的土层划分为人工堆积层（Q_4^{ml}）、第四系全新统冲洪积层（Q_4^{al+pl}）、第四上更新统冲洪积层（Q_3^{al+pl}）三大类。并按地层岩性及其物理力学性质进一步分为6个大层，各土层概述如下：

有关各土层的分布及各层土的物理力学性质详见《工程地质剖面图》及《岩土物理力学性质综合统计表》。

1. 第四系全新统人工堆积物（Q_4^{ml}）

杂填土①$_1$层：杂色，稍湿，松散~稍密，主要成分为碎石块、混凝土块、砖块、灰土、建筑垃圾，含植物根系及生活垃圾。该层厚度：1.2~4.0m，平均：2.3m，层底标高：36.99~39.96m。

2. 第四系全新统冲洪积层（Q_4^{al+pl}）

黄土⑦层：黄褐色~褐黄色，可塑~硬塑，土质较均匀，针孔结构，垂直纹理，含少量铁锰结核及钙质菌丝，韧性一般，连续分布。该层厚度：5.5~9.8m，平均：7.6m，层面标高：36.99~39.96m，层底标高：29.39~33.97m。

粉质黏土⑧层：黄褐色~褐黄色，可塑~硬塑，土质较均匀，切面较光滑，含少量铁锰氧化物及锈斑，偶见姜石，韧性一般，连续分布。该层厚度：3.9~11.2m，平均：6.0m，层面标高：27.27~33.97m，层底标高：22.21~31.24m。

卵石⑧$_1$层：杂色，稍湿~湿，密实，成分以灰岩、砂岩为主，呈圆棱状，一般粒径30~60mm，最大粒径不小于100mm，大于30mm的卵石含量约占总质量的60%，夹砂土及少量黏性土，连续分布。该层厚度：1.8~5.7m，平均：3.6m，层面标高：22.21~27.44m，层底标高：20.36~21.74m。

细砂⑧$_2$层：黄褐~棕褐色，中密~密实，成分以石英、长石为主，含少量云母粉，砂质不纯，偶见碎石，仅WFZ018揭露。该层厚度：0.9m，层面标高：28.17m，层底标高：27.27m。

3. 第四系上更新统冲洪积层（Q_3^{al+pl}）

卵石⑩$_1$层：杂色，稍湿~湿，密实，成分以灰岩、砂岩为主，呈圆棱状，一般粒径20~60mm，最大粒径不小于100mm，大于20mm的卵石含量约占总质量的65%，夹砂土及少量黏性土，连续分布。该层厚度：2.3~8.7m，平均：6.4m，层面标高：17.77~21.74m，层底标高：12.50~19.27m。

中砂⑩$_2$层：棕褐色，湿，密实，成分以石英、长石为主，砂质不纯，含少量黏性土，仅WFZ018揭露。该层厚度：1.5m，层面标高：19.27m，层底标高：17.77m。

粉质黏土⑪层：棕褐~棕红，可塑~硬塑，土质稍均，切面光滑，含铁锰氧化物及结核，局部含碎石，连续分布。该层厚度：0.5~13.7m，平均：3.4m，层面标高：5.52~17.32m，层底标高：0.54~15.02m。

卵石⑪$_1$层：杂色，湿，密实，成分为灰岩和砂岩，呈亚圆状，一般粒径30~60mm，最大粒径不小于90mm，大于30mm的卵石含量约占总质量的55%，夹砂土及少量黏性土，局部分布。该层厚度：3.6~13.3m，平均：8.3m，层面标高：4.62~15.02m，层底标高：-0.03~5.52m。

中砂⑪$_2$层：棕褐色，饱和，密实，成分以石英、长石为主，砂质不纯，局部夹卵石碎块，局部分布。该层厚度：0.9~5.6m，平均：2.4m，层面标高：3.92~15.02m，层底标高：2.42~13.32m。

粉质黏土⑫层：棕红色，可塑，土质较均匀，含铁锰氧化物，局部夹少量碎石，局部分布。该层厚度：0.8~2.2m，平均：1.2m，层面标高：-9.08~1.50m，层底标高：-11.28~0.70m。

卵石⑫$_1$层：杂色，饱和，密实，成分以灰岩为主，浑圆状，一般粒径20~60mm，最大粒径不小于90mm，大于20mm的卵石含量约占总质量的60%，充填砂质土，局部分布。该层厚度：4.8~11.5m，平均：7.8m，层面标高：-11.28~2.42m。

中砂⑫$_2$层：棕红色，饱和，密实，成分以石英、长石为主，砂质不净，局部夹卵石碎块及少量黏性土，仅WFZ021揭露。该层厚度：2.2m，层面标高：-3.47m，层底标高：-5.67m（图6-60）。

6.2.5　水文地质概述

6.2.5.1　地下水概况

本次勘察观测到两层地下水，分别为第四系松散层孔隙潜水（二）、承压水（三）。

潜水（二）：水位埋深11.70~13.00m，水位标高27.99~29.57m，观测时间：2015年2~3月，含水层主要为粉质黏土⑧层。主要接受降水补给和山区地下水径流补给，以侧向径流、人工开方式排泄。受年变幅的影响，在丰水期及枯水期地下水位有所变化（表6-22）。

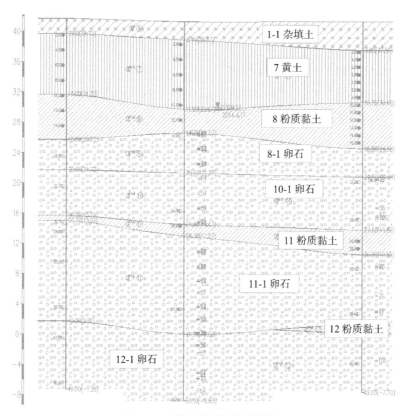

图 6-60 基坑典型地质剖面图

潜水（二）特征一览表 表 6-22

地下水性质	观测钻孔编号	静止水位		观测时间	含水层
		标高（m）	埋深（m）		
潜水（二）	WFZ003	28.23	12.60	2015.2.04	粉质黏土⑧层
潜水（二）	WFZ006	28.30	12.60	2015.2.05	
潜水（二）	WFZ009	27.99	13.00	2015.2.04	
潜水（二）	WFZ012	28.65	12.50	2015.3.9	
潜水（二）	WFZ016	29.11	12.30	2015.2.07	
潜水（二）	WFZ017	28.82	12.50	2015.3.08	
潜水（二）	R1-CZ-156	29.57	11.70	2014.3.18	

承压水（三）：静止水头埋深 12.20~13.58m，静止水头标高 27.85~28.76m，观测时间：2014年6月，含水层主要为卵石⑧$_1$层、⑩$_1$层、⑪$_1$层。主要接受大气降水入渗补给及第四系松散岩类孔隙水渗透补给，排泄以人工开采为主（表6-23）。

本次勘察未发现上层滞水，但在施工过程中可能遇到靠大气降水、人工灌溉渗透补给，以蒸发、人工开采方式排泄的上层滞水，应考虑上层滞水对该工程的影响。

承压水（三）特征一览表　　　　　　表6-23

地下水性质	观测钻孔编号	静止水位		观测时间	含水层
		标高（m）	埋深（m）		
承压水（三）	WFZ002	28.76	12.40	2015.2.03	卵石⑧$_1$层、⑩$_1$层、⑪$_1$层
承压水（三）	WFZ005	28.73	12.20	2015.2.05	
承压水（三）	WFZ010	28.23	12.90	2015.2.04	
承压水（三）	WFZ011	28.57	12.50	2015.2.05	
承压水（三）	WFZ016	27.91	13.50	2015.2.07	
承压水（三）	WFZ020	27.92	13.50	2015.2.04	
承压水（三）	WFZ021	28.53	12.80	2015.3.06	
承压水（三）	WFZG1	27.85	13.58	2015.3.21	
承压水（三）	WFZG2	28.18	12.90	2015.3.22	

6.2.5.2 历年最高水位

根据对拟建场地水文地质资料的调查，拟建场地历史最高水位接近自然地面，标高约为41.00m。

6.2.6 降水方案简介

基坑内共布置23口降水井，降水井深度进入基底下5～6m，滤水管从基底以下0.5m设置。坑外设置20口⑧$_1$层、⑩$_1$层观测井，8口⑪$_1$层观测井，开挖区降水井及观测井工作量如表6-24所示。

降水井一览表　　　　　　表6-24

井类型	数量（口）	孔径（mm）	井径（mm）	规格	滤管埋深（m）	井深（m）	井管材质
坑内降水井	19	800	425	壁厚6mm	19～25	26	钢管
坑内降水井	4	800	425	壁厚6mm	20～25	26	钢管
坑外⑧$_1$层、⑩$_1$层承压水观测井兼应急备用井	20	800	325	壁厚4mm	20～25	26	钢管
坑外⑪$_1$层承压水观测井兼应急备用井	8	800	325	壁厚4mm	20～25	40	钢管
合计	50						

6.2.7 试验目的和任务

6.2.7.1 试验目的

此次回灌试验开展的目的主要有以下几个方面：

(1)通过回灌试验,了解适合济南地区地层条件下的回灌成井工艺;

(2)通过回灌试验,研究单井回灌量,明确单井回灌量与地层的对应关系;

(3)通过回灌试验,研究回灌量与水位之间的对应关系;

(4)通过回灌试验,研究回灌压力与回灌量之间的对应关系;

(5)通过回灌试验,研究回灌量与水位之间的对应关系;

(6)通过回灌试验,研究加压回灌实施过程中回灌目的层水压力的变化规律;

(7)通过回灌试验,研究不同井结构的回灌效率,为后期回灌方案选型提供依据;

(8)结合回灌试验实测数据,通过数值模拟建立回灌期间水位与地面沉降的三维数学模型,预测回灌对周边环境的影响。

6.2.7.2 试验任务

根据回灌试验目的和试验要求,本次回灌试验的主要任务有:

(1)回灌试验井设计;

(2)回灌试验井施工;

(3)回灌试验实施、地下水位监测、相邻地面沉降监测、土体分层沉降监测、土体孔隙水压力监测;

(4)回灌试验数据分析;

(5)回灌试验报告编制。

6.2.8 试验布置

6.2.8.1 回灌目的含水层

依据本场地的工程地质条件及含水层组的埋藏条件与分布特征,结合场地现场实际情况,本次回灌试验场地布置区域选在基坑南侧空旷场地上进行,与抽水试验井共用。且本次回灌试验共分2个含水层组进行,分别为:

(1)第一含水层组($⑧_1$层、$⑩_1$层卵石层);

(2)第二含水层组($⑪_1$层卵石层)。

6.2.8.2 试验井工作量

第一含水层组($⑧_1$层、$⑩_1$层卵石层)回灌井4口(HI-1~HI-4);

第一含水层组($⑧_1$层、$⑩_1$层卵石层)观测井1口(GI-1);

第二含水层组($⑪_1$层卵石层)回灌井4口(HII-1~HII-4);

第二含水层组($⑪_1$层卵石层)观测井1口(GII-1)。

回灌试验井工作量及井的深度、滤管位置及结构参数详见表6-25,井群平面布置详见图6-61,井结构剖面图详见图6-62。

回灌试验过程中,同样对群井回灌试验范围内的深层土体沉降和孔隙水压力变化情况进行观测。回灌试验时布置1组深层土体沉降多点位移计F2和1组孔隙水压力监测点 KY2，多点位移计包括 5 个土层的测点，深度分别为：15m、20m、25m、30m、35m，分别对应⑧层、⑧$_1$层、⑩$_1$层、⑪层和⑪$_1$层；孔隙水压力包括 2 个土层测点，深度分别为 20m、35m，分别对应⑧$_1$层、⑩$_1$层和⑪层。

回灌试验井结构参数一览表　　表 6-25

试验层位	井数（口）	试验井号	井深（m）	井径（mm）	滤水管直径（mm）	滤管埋深（mm）	井管长度（m）	填砾深度（m）	备注
第一含水层组	1	HI-1	22	800	273/325	16~21	16	15~22	
	1	HI-2	27	800	273/325	16~26	16	15~27	双层缠丝过滤器
	1	HI-3	27	850	325/425	16~26	16	15~27	
	1	HI-4	27	600	273	16~26	16	15~27	桥式过滤器
	1	GI-1	27	600	273	16~26	16	15~27	桥式过滤器
第二含水层组	1	HII-1	42	800	273/325	34~41	34	32~42	
	1	HII-2	47	800	273/325	34~46	34	32~47	双层缠丝过滤器
	1	HII-3	42	850	325/425	34~41	34	32~42	
	1	HII-4	42	600	273	34~41	34	32~42	桥式过滤器
	1	GII-1	42	600	273	34~41	34	32~42	桥式过滤器
合计	10			750					

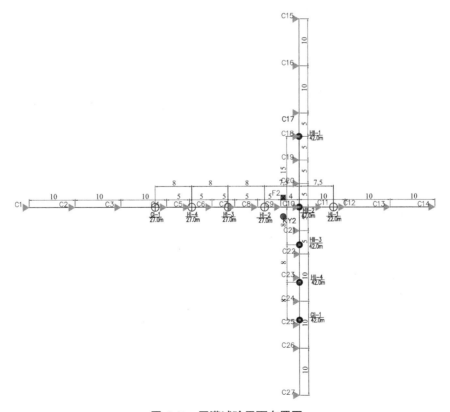

图 6-61　回灌试验平面布置图

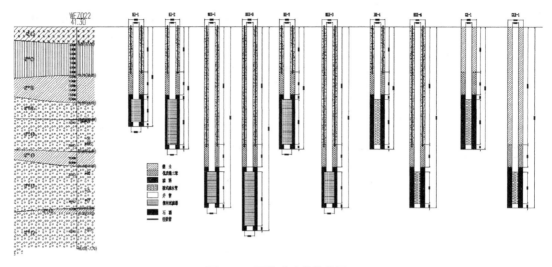

图 6-62 回灌试验井结构图

分层沉降监测点和孔隙水压力监测点工作量平面位置见图 6-61，剖面埋置深度见图 6-62、图 6-63。

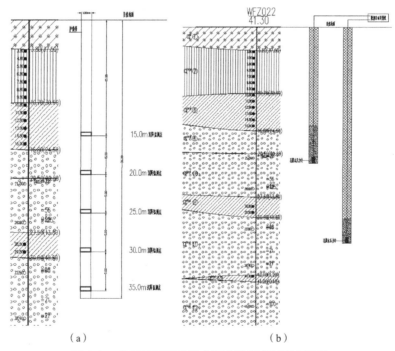

（a） （b）

图 6-63 分层沉降及孔隙水压力监测点剖面布置图
（a）分层沉降监测点剖面布置；（b）孔隙水压力监测点剖面布置图

6.2.8.3 回灌试验安排

本次试验共分四组进行，包括第一含水层单井试验、第一含水层群井试验、第二含水层单井试验、第二含水层群井试验。试验共计进行 15d。

1. 第一含水层组单井回灌试验（HI-3）

1）试验基本情况

第一含水层组单井回灌试验分别对 HI-3 和 GI-1 进行。HI-3 回灌试验时间：2016-10-31 11：00 至 2016-11-1 21：00。GI-1 回灌试验时间：2016-11-2 10：00 至 2016-11-2 17：00（表 6-26、表 6-27）。

HI-3 单井回灌初始概况表　　　　　　　　　　　　　　　　表 6-26

井号 参数	回灌井	同层观测井				下层观测井				
	HI-3	HI-1	HI-2	HI-4	GI-1	HII-1	HII-2	HII-3	HII-4	GII-1
井深（m）	27	22	27	27	27	42	47	42	42	42
井径（m）	325	325	425	273	273	325	325	425	273	273
距离（m）	0	16	8	8	15	—	—	—	—	—
初始水位（m）	11.37	11.48	11.48	11.48	11.56	11.65	11.59	11.65	11.65	11.66

GI-1 单井回灌初始概况表　　　　　　　　　　　　　　　　表 6-27

井号 参数	回灌井	同层观测井				下层观测井				
	GI-1	HI-1	HI-2	HI-3	HI-4	HII-1	HII-2	HII-3	HII-4	GII-1
井深（m）	27	22	27	27	27	42	47	42	42	42
井径（m）	325	325	425	273	273	325	325	425	273	273
距离（m）	0	40	24	16	8	—	—	—	—	—
初始水位（m）	11.55	11.40	11.50	11.48	11.49	11.62	11.54	11.60	11.60	11.60

回灌过程中重点监测主管道压力、井口压力、回灌量、同层水位、异层水位、孔隙水压及周围土体深层竖向位移（图 6-64）。

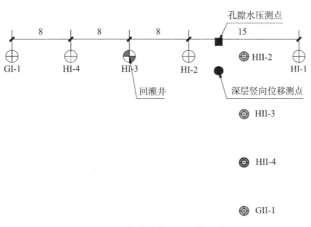

图 6-64　试验井相对位置示意图

2）试验原始记录（表6-28、6-29）

济南市王府庄地铁车站工程地下水回灌试验原始记录（HI-3单井） 表6-28

记录者：钟建文

监测项目 监测时间	压力观测 井口 MPa	压力观测 主管道 MPa	回灌量观测 回灌时间 min	回灌量观测 水表读数 m³	回灌量观测 回灌总量 m³	回灌量观测 回灌量 m³/h	水位观测 HI-1 m	水位观测 HI-2 m	水位观测 HI-3 m	水位观测 HI-4 m	水位观测 GI-1 m	水位观测 HII-1 m	水位观测 HII-2 m	水位观测 HII-3 m	水位观测 HII-4 m	水位观测 GII-1 m
2016/10/30 12:00							11.4423	11.5392	11.5211	11.5005	11.5466	11.6230	11.5440	11.6249	11.6321	11.6207
2016/10/31 10:30							11.3770	11.4802	11.4805	11.4881	11.5664	11.6536	11.5932	11.6529		11.6602
2016/10/31 10:56			0	1971.6	0.0		11.3751	11.4774	0.0000	11.4864	11.5654	11.6536	11.5912	11.6529		11.6643
2016/10/31 11:01			5	1974.0	2.4	28.8	11.3701	11.4707		11.4810	11.5585	11.6517	11.5922	11.6520		11.6612
2016/10/31 11:29			33	1992.6	21.0	38.2	11.3602	11.4555		11.4642	11.5416	11.6488	11.5912	11.6487		11.6456
2016/10/31 12:00	0.00		64	2015.8	44.2	41.4	11.3553	11.4488		11.4514	11.5317	11.6441	11.5789	11.6471	11.6600	11.6456
2016/10/31 12:56			120	2052.5	80.9	40.4	11.3493	11.4308		11.4440	11.5179	11.6345	11.5696	11.6413	11.6388	11.6373
2016/10/31 13:56		0.02	180	2094.1	122.5	40.8	11.3474	11.4317		11.4406	11.5218	11.6335	11.5707	11.6364	11.6436	11.6602
2016/10/31 15:56			300	2175.1	203.5	40.7	11.3404	11.4222		11.4353	11.5090	11.6240	11.5604	11.6274	11.6311	11.6124
2016/10/31 16:26			30	2200.8	25.7	51.4	11.3325	11.4042		11.4252	11.5030	11.6182	11.5573	11.6232	11.6311	11.6155
2016/10/31 16:56	0.02		60	2219.9	44.8	44.8	11.3286	11.4051		11.4238	11.5020	11.6192	11.5604	11.6228	11.6350	11.6248
2016/10/31 16:57			121	2264.5	89.4	44.3	11.3335	11.4089		11.4306	11.5060	11.6259	11.5645	11.6265	11.6378	11.6269
2016/11/1 8:56			1020	2903.2	728.1	42.8	11.3029	11.4070		11.4326	11.5099	11.6202	11.5666	11.6212	11.6359	11.6321
2016/11/1 9:10			0	2913.7	0.0		11.2979	11.3757		11.4104	11.4961	11.6221	11.5686	11.6220	11.6359	11.6332
2016/11/1 9:30			20	2931.1	17.4	52.2	11.2940	11.3671		11.4040	11.4921	11.6230	11.5676	11.6212	11.6350	11.6300
2016/11/1 9:40			30	2940.7	27.0	54.0	11.2950	11.3700		11.4047	11.4961	11.6230	11.5686	11.6236	11.6378	11.6487
2016/11/1 10:10	0.05		60	2965.7	52.0	52.0	11.2989	11.3633		11.4118	11.4941	11.6268	11.5666	11.6257	11.6321	11.6342
2016/11/1 11:10			120	3019.3	105.6	52.8	11.3019	11.3643		11.4017	11.4882	11.6202	11.5625	11.6261	11.6292	11.6311
2016/11/1 12:10		0.09	180	3069.9	156.2	52.1	11.3177	11.3599		11.4151	11.4921	11.6173	11.5553	11.6253	11.6253	11.6196
2016/11/1 13:10			240	3117.0	203.3	50.8	11.3167	11.3576		11.3919	11.4802	11.6106	11.5532	11.6224	11.6205	11.6144
2016/11/1 13:40			30	3146.9	29.9	59.8	11.3128	11.3083		11.3550	11.4575	11.6087	11.5512	11.6204	11.6138	11.6030
2016/11/1 15:10	0.07		120	3239.1	122.1	61.0	11.3147	11.3016		11.3530	11.4545	11.5991	11.5440	11.6088	11.6119	11.6040
2016/11/1 16:10			180	3300.7	183.7	61.2	11.3197	11.2931		11.3497	11.4525	11.5991	11.5430	11.6072	11.6080	11.5999
2016/11/1 17:10			240	3353.0	236.0	59.0	11.3325	11.3453		11.3842	11.4693	11.5953	11.5399	11.6006	11.6071	11.6009
2016/11/1 17:11							11.3315	11.3329		11.3731	11.4644		11.5399	11.6031	11.6061	11.6009
2016/11/1 17:12							11.3286	11.3140		11.3614	11.4614	11.5943	11.5379	11.6018	11.6052	11.5988
2016/11/1 17:13							11.3276	11.3130		11.3564	11.4575	11.5943	11.5389	11.5998	11.6061	11.5957
2016/11/1 17:14							11.3256	11.3045		11.3544	11.4555	11.5943	11.5399	11.6014	11.6052	11.5978

续表

监测项目\监测时间	压力观测 井口 MPa	压力观测 主管道 MPa	回灌量观测 回灌时间 min	回灌量观测 水表读数 m³	回灌量观测 回灌总量 m³	回灌量观测 回灌量 m³/h	水位观测 HI-1 m	HI-2 m	HI-3 m	HI-4 m	GI-1 m	HII-1 m	HII-2 m	HII-3 m	HII-4 m	GII-1 m
2016/11/1 17:15							11.3246	11.3045		11.3530	11.4555	11.5943	11.5379	11.5990	11.6052	11.5968
2016/11/1 17:20							11.3217	11.2988		11.3503	11.4525	11.5934	11.5389	11.5998	11.6032	11.5957
2016/11/1 17:30							11.3207	11.3016		11.3513	11.4515	11.5915	11.5348	11.5986	11.6032	11.5947
2016/11/1 17:40							11.3187	11.2912		11.3460	11.4466	11.5876	11.5317	11.5969	11.6013	11.5926
2016/11/1 18:00							11.3147	11.2855		11.3443	11.4446	11.5886	11.5307	11.5944	11.6013	11.5947
2016/11/1 18:10							11.3197	11.3272		11.3688	11.4585	11.5867	11.5317	11.5932	11.6013	11.5947
2016/11/1 18:11							11.3207	11.3301		11.3718	11.4604		11.5327	11.5928	11.6003	11.5936
2016/11/1 18:12	0.07	0.09					11.3207	11.3329		11.3742	11.4614	11.5867	11.5327	11.5936	11.6013	11.5947
2016/11/1 18:13							11.3227	11.3367		11.3762	11.4624	11.5876	11.5327	11.5940	11.6013	11.5947
2016/11/1 18:15							11.3503	11.4688		11.4662	11.5179			11.5973	11.6080	11.6009
2016/11/1 18:30							11.3652	11.4897		11.4840	11.5347			11.6031	11.6148	11.6061
2016/11/1 19:00							11.3701	11.4954		11.4881	11.5397			11.6056	11.6167	11.6061
2016/11/1 19:30							11.3721	11.4983		11.4931	11.5456			11.6080	11.6186	11.6103
2016/11/1 20:00							11.3741	11.5021		11.4978	11.5456			11.6109	11.6215	11.6134
2016/11/1 20:30							11.3741	11.5040		11.5002	11.5456			11.6125	11.6234	11.6144
2016/11/1 21:00							11.3760	11.5068		11.5005	11.5456			11.6150	11.6234	11.6134

济南市王府庄地铁车站工程地下水回灌试验原始记录（GI-1 单井）　　　　表 6-29

记录者：钟建文

监测项目\监测时间	压力观测 井口 MPa	压力观测 主管道 MPa	回灌量观测 回灌时间 min	回灌量观测 水表读数 m³	回灌量观测 回灌总量 m³	回灌量观测 回灌量 m³/h	水位观测 HI-1 m	HI-2 m	HI-3 m	HI-4 m	GI-1 m	HII-1 m	HII-2 m	HII-3 m	HII-4 m	GII-1 m
2016/11/2 7:00							11.4047	11.4983	11.4756	11.4894	11.5466	11.6230	11.5379	11.5944	11.6090	11.6020
2016/11/2 9:40							11.4067	11.5040	11.4756	11.4921		11.5991	11.5450	11.6035	11.6148	11.6061
2016/11/2 10:20	0.00		0	7918.0			11.3770	11.4422	11.4189	11.3906		11.5924	11.5358	11.5949	11.6023	11.5822
2016/11/2 10:50			30	7947.4	29.4	58.8	11.3721	11.4289	11.4080	11.3772		11.5867	11.5307	11.5932	11.6003	11.5926
2016/11/2 11:20		0.02	60	7975.8	57.8	57.8	11.3652	11.4250	11.3971	11.3627		11.5838	11.5286	11.5916	11.5984	11.5957
2016/11/2 13:20			180	8098.8	180.8	60.3	11.3711	11.4241	11.3813	11.3500		11.5724	11.5153	11.5866	11.5869	11.5801
2016/11/2 13:30			0	8108.2	0.0		11.3652	11.4070	11.3634	11.3279		11.5704	11.5163	11.5858	11.5830	11.5781
2016/11/2 14:35			65	8189.8	81.6	75.3	11.3592	11.3975	11.3476	11.3155		11.5647	11.5102	11.5764	11.5821	11.5749
2016/11/2 15:30	0.02	0.02	120	8257.2	149.0	74.5	11.3573	11.3937	11.3447	11.3124		11.5609	11.5081	11.5743	11.5782	11.5645
2016/11/2 16:37			187	8343.1	234.9	75.4	11.3573	11.3918	11.3447	11.3098		11.5599	11.5071	11.5673	11.5782	11.5666

续表

监测项目\监测时间	压力观测 井口 MPa	压力观测 主管道 MPa	回灌量观测 回灌时间 min	回灌量观测 水表读数 m³	回灌量观测 回灌总量 m³	回灌量观测 回灌量 m³/h	水位观测 HI-1 m	水位观测 HI-2 m	水位观测 HI-3 m	水位观测 HI-4 m	水位观测 GI-1 m	水位观测 HII-1 m	水位观测 HII-2 m	水位观测 HII-3 m	水位观测 HII-4 m	水位观测 GII-1 m
2016/11/2 16:45	0.05	0.09	0	8354.4	0.0		11.3474	11.3719	11.3199	11.2796		11.5571	11.5040	11.5640	11.5753	11.5656
2016/11/2 17:15	0.05	0.09	30	8399.2	44.8	89.6	11.3424	11.3624	11.3100	11.2669		11.5551	11.5030	11.5624	11.5753	11.5656
2016/11/2 17:45	0.05	0.09	60	8447.3	92.9	92.9	11.3424	11.3671	11.3170	11.2753		11.5551	11.5040	11.5599	11.5792	11.5718
2016/11/2 18:45	0.05	0.09	120	8541.4	187.0	93.5	11.3315	11.3519	11.3001	11.2578		11.5523	11.4999	11.5587	11.5744	11.5614
2016/11/2 18:57			停止回灌				11.3315	11.3557	11.3021	11.2588		11.5523	11.5009	11.5562	11.5744	11.5666
2016/11/2 18:58			0				11.3335	11.3643	11.3160	11.2850		11.5532	11.5009	11.5574	11.5753	11.5656
2016/11/2 18:59			1				11.3434	11.4061	11.3664	11.3708		11.5561	11.5030	11.5603	11.5753	11.5677
2016/11/2 19:00			2				11.3493	11.4203	11.3822	11.3866		11.5561	11.5030	11.5603	11.5763	11.5708
2016/11/2 19:01			3				11.3553	11.4336	11.3971	11.3966		11.5561	11.5050	11.5624	11.5782	11.5697
2016/11/2 19:02			4				11.3592	11.4393	11.4060	11.4067		11.5580	11.5071	11.5636	11.5792	11.5708
2016/11/2 19:07			5				11.3751	11.4593	11.4278	11.4282		11.5628	11.5102	11.5702	11.5850	11.5781
2016/11/2 19:12			10				11.3800	11.4660	11.4347	11.4356		11.5647	11.5132	11.5731	11.5859	11.5760
2016/11/2 19:17			15				11.3849	11.4698	11.4416	11.4400		11.5666	11.5153	11.5751	11.5878	11.5791
2016/11/2 19:27			20				11.3919	11.4793	11.4495	11.4480		11.5685	11.5184	11.5796	11.5927	11.5843
2016/11/2 19:57			30						11.4018	11.4926	11.4634	11.4591		11.5752	11.5245	
2016/11/2 20:57			60				11.4116	11.5049	11.4743	11.4719		11.5819	11.5317	11.5907	11.6052	11.5968
2016/11/2 21:57			120				11.4186	11.5097	11.4792	11.4780		11.5876	11.5348	11.5944	11.6080	11.5988
2016/11/2 22:57			180				11.4225	11.5097	11.4822	11.4817		11.5876	11.5358	11.5961	11.6090	11.5988
2016/11/2 23:57			240				11.4265	11.5144	11.4842	11.4820		11.5886	11.5368	11.5977	11.6109	11.6061

3）回灌量统计分析

图 6-65 和图 6-66 分别对应 HI-3 单井回灌和 GI-3 单井回灌时，回灌压力与回灌水量之间的对应关系，从图中发现，回灌水量与回灌压力近似为线性对应关系，随回灌压力增加，回灌水量成正比例增长。

此外，对比 HI-3 和 GI-1 单井回灌过程，在相同回灌压力下，GI-1 回灌水量要明显高于 HI-3 回灌水量，同时发现伴随压力增长 GI-1 回灌水量增加值要大于 HI-3，直观表现为二者对比直线的倾斜率 GI-1 要大于 HI-3。由于 GI-1 选用了普通直径 273mm 的桥式滤水管，而 HI-3 则采用了内径 325mm、外径 425mm 的双层缠丝滤水管，试验结果表明井径差别对于回灌量的影响相对较小，但普通桥式滤水管回灌效率要明显高于双层缠丝过滤器的回灌效率。

由于回灌时间较短，两种材质回灌井效率降低情况对比尚不明显，但结合以往经验，伴随回灌时间延长，普通桥式管回灌效率降低要明显大于双层缠丝管，这样导致回灌运行过程中需要反复多次进行回扬抽水。

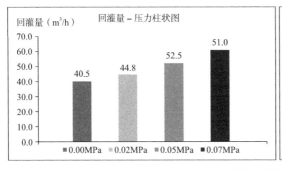 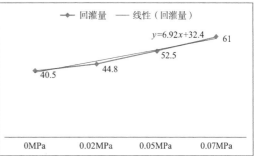

图 6-65　HI-3 单井回灌量与回灌压力对应关系

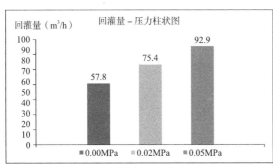 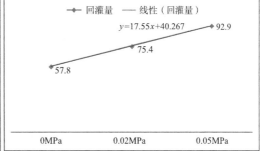

图 6-66　GI-1 单井回灌量与回灌压力对应关系

4）周边水位统计分析

对比单井回灌期间，回灌井同层位观测井水位变化情况发现，观测井水位伴随回灌压力增加，回灌井水位累计水位回升量逐步增加，从图 6-67 所示回灌期间同层位观测井各回灌压力条件下水位累计抬升量变化曲线中发现，各观测井水位抬升量随压力变化趋势一致。

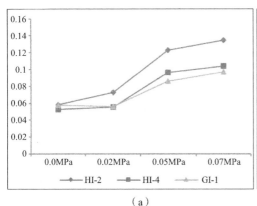 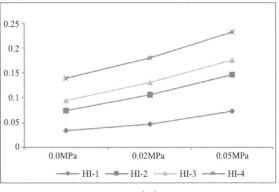

（a）　　　　　　　　　　　　　　　（b）

图 6-67　回灌期间同层位观测井各回灌压力条件下水位累计抬升量变化曲线

（a）HI-3 回灌期间；（b）GI-1 回灌期间

图 6-68 所示为回灌期间同层位观测井各回灌压力条件下水位阶段抬升量变化曲线，从曲线中发现，回灌井水位抬升量与回灌压力增量成正比例关系，回灌压力增量越大，观测井水位抬升越大。

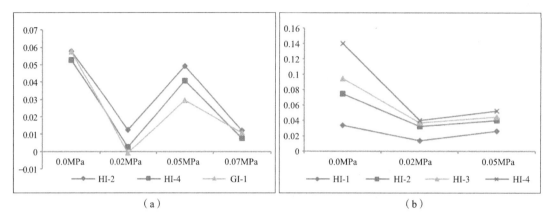

图 6-68　回灌期间同层位观测井各回灌压力条件下水位阶段抬升量变化曲线
（a）HI-3 回灌期间；（b）GI-1 回灌期间

5）周边环境变化量统计分析（表 6-30、表 6-31、图 6-69、图 6-70）

济南市王府庄地铁车站工程地下水回灌试验原始记录（HI-3 单井）　　　表 6-30

监测时间	CJ-01	CJ-02	CJ-03	CJ-04	CJ-05	KXL-01	KXL-02
2016/10/31 8:15	−0.45327	−0.37615	−0.40098	−0.506	−0.2962	0.199325	−1.33995
2016/10/31 9:15	−0.45327	−0.37615	−0.40096	−0.506	−0.2962	0.200808	−1.33995
2016/10/31 10:15	−0.45327	−0.37615	−0.40094	−0.506	−0.2962	0.200693	−1.33995
2016/10/31 11:15	−0.28095	−0.13406	−0.40073	−0.506	−0.29125	2.92133	4.28247
2016/10/31 12:15	−0.28129	−0.13436	−0.11099	−0.41008	−0.29077	2.91928	4.28464
2016/10/31 13:15	−0.28102	−0.13431	−0.11149	−0.41012	−0.29033	2.89974	4.28464
2016/10/31 14:15	−0.28068	−0.13452	−0.11151	−0.41021	−0.19156	2.89914	4.96934
2016/10/31 15:15	−0.28072	−0.13465	−0.11147	−0.4103	−0.19168	2.89842	4.97087
2016/10/31 16:15	−0.2803	−0.13435	−0.11182	−0.41018	−0.19176	2.88266	4.97179
2016/10/31 17:15	−0.27958	−0.13376	−0.1117	−0.41015	−0.19163	3.5927	4.96285
2016/10/31 18:15	−0.27927	−0.13454	−0.11149	−0.41009	−0.19179	3.5914	4.97068
2016/10/31 19:15	−0.27973	−0.13378	−0.11163	−0.41067	−0.19172	3.58854	4.9633
2016/10/31 20:15	−0.27894	−0.13407	−0.11153	−0.41066	−0.19164	3.58525	4.9687
2016/10/31 21:15	−0.2786	−0.133	−0.11148	−0.4106	−0.19085	3.58417	4.96428
2016/10/31 22:15	−0.27883	−0.13304	−0.11112	−0.41108	−0.19005	3.5861	4.96294
2016/10/31 23:15	−0.27906	−0.13351	−0.11014	−0.41113	−0.19039	3.58685	4.96682

续表

监测时间	CJ-01	CJ-02	CJ-03	CJ-04	CJ-05	KXL-01	KXL-02
2016/11/1 0:15	-0.27911	-0.13353	-0.11055	-0.41043	-0.18804	3.56109	4.96524
2016/11/1 1:15	-0.27883	-0.1336	-0.11038	-0.41108	-0.18776	3.5573	4.9687
2016/11/1 2:15	-0.27904	-0.13402	-0.11081	-0.32832	-0.18771	3.55776	4.97221
2016/11/1 3:15	-0.1918	-0.1342	-0.11113	-0.32853	-0.18832	3.55628	4.97147
2016/11/1 4:15	-0.19166	-0.13415	-0.11123	-0.32851	-0.18791	3.55778	4.97317
2016/11/1 5:15	-0.19194	-0.13411	-0.11125	-0.32886	-0.18822	4.14747	4.97456
2016/11/1 6:15	-0.19198	-0.13414	-0.11115	-0.32922	-0.18808	4.14841	4.97635
2016/11/1 7:15	-0.19195	-0.13413	-0.1113	-0.23775	-0.18823	4.14567	4.97578
2016/11/1 8:15	-0.19186	-0.13427	-0.1115	-0.23794	-0.18823	4.13623	4.96543
2016/11/1 9:15	-0.19455	-0.13396	-0.1118	-0.23763	-0.18736	4.88769	6.31799
2016/11/1 10:15	-0.19033	-0.13433	-0.11195	-0.23776	-0.18746	4.88644	7.52962
2016/11/1 11:15	-0.19047	-0.13447	-0.11153	-0.23775	-0.18734	4.88853	6.03639
2016/11/1 12:15	-0.1905	-0.13468	-0.11125	-0.23775	-0.18748	4.82401	4.86928
2016/11/1 13:15	-0.19083	-0.13505	-0.11164	-0.23762	-0.18753	4.81689	4.85505
2016/11/1 14:15	-0.191	-0.13537	-0.11181	-0.23745	-0.18744	4.80227	4.84861
2016/11/1 15:15	-0.19223	-0.1373	-0.11094	-0.39865	-0.18708	4.79791	4.91597
2016/11/1 16:15	-0.28264	-0.13754	-0.1119	-0.39877	-0.18709	4.79576	7.34938
2016/11/1 17:15	-0.28263	-0.13843	-0.11198	-0.39888	-0.18707	4.80156	6.33595
2016/11/1 18:15	-0.45302	-0.37467	-0.40738	-0.50603	-0.29622	0.396619	-1.33995
2016/11/1 19:15	-0.45302	-0.37467	-0.4074	-0.50603	-0.29622	0.396706	-1.33995
2016/11/1 20:15	-0.45302	-0.3748	-0.40753	-0.50602	-0.29622	0.3978	-1.33995
2016/11/1 21:15	-0.45302	-0.3748	-0.40749	-0.50603	-0.29622	0.397901	-1.33995
2016/11/1 22:15	-0.45302	-0.3748	-0.40747	-0.50603	-0.29622	0.39695	-1.33995
2016/11/1 23:15	-0.45302	-0.3748	-0.40745	-0.50603	-0.29622	0.396072	-1.33995
2016/11/2 0:15	-0.45302	-0.3741	-0.40746	-0.50603	-0.29622	0.396043	-1.33995
2016/11/2 1:15	-0.45302	-0.37407	-0.40746	-0.50603	-0.29622	0.396259	-1.33995
2016/11/2 2:15	-0.45302	-0.37402	-0.4074	-0.50603	-0.29622	0.395597	-1.33995
2016/11/2 3:15	-0.45302	-0.37402	-0.40736	-0.50603	-0.29622	0.395467	1.63706
2016/11/2 4:15	-0.45301	-0.374	-0.4073	-0.50603	-0.29622	0.39515	-1.33995
2016/11/2 5:15	-0.45301	-0.37379	-0.40734	-0.50603	-0.29622	0.395165	2.22261
2016/11/2 6:15	-0.45301	-0.37381	-0.4074	-0.50603	-0.29622	0.394546	-1.33995

济南市王府庄地铁车站工程地下水回灌试验原始记录（GI-1 单井）　　表 6-31

监测时间	CJ-01	CJ-02	CJ-03	CJ-04	CJ-05	KXL-01	KXL-02
2016/11/2 7:15	−0.45301	−0.376541	−0.407362	−0.506025	−0.296226	0.39263	−1.33995
2016/11/2 8:15	−0.453012	−0.37654	−0.407349	−0.506027	−0.296228	0.393624	−1.33995
2016/11/2 9:15	−0.45301	−0.376543	−0.407309	−0.506027	−0.296233	0.392933	−1.33995
2016/11/2 10:15	−0.27518	−0.160051	−0.172831	−0.41748	−0.183739	2.45072	3.78917
2016/11/2 11:15	−0.274945	−0.160044	−0.172825	−0.417582	−0.183709	2.93606	3.79561
2016/11/2 12:15	−0.275028	−0.157634	−0.173285	−0.417624	−0.183635	2.98104	5.15533
2016/11/2 13:15	−0.274946	−0.157582	−0.17391	−0.417677	−0.183594	2.98133	5.14123
2016/11/2 14:15	−0.275092	−0.157173	−0.171489	−0.417188	−0.183612	3.67701	5.86886
2016/11/2 15:15	−0.275155	−0.156702	−0.168512	−0.417285	−0.183746	3.66965	7.84852
2016/11/2 16:15	−0.275233	−0.156962	−0.167826	−0.415395	−0.183782	4.06037	7.20869
2016/11/2 17:15	−0.275177	−0.157047	−0.164883	−0.415395	−0.183582	4.06017	7.21856
2016/11/2 18:15	−0.275072	−0.157372	−0.163624	−0.415188	−0.183538	4.11974	7.22404
2016/11/2 19:15	−0.45317	−0.37696	−0.403877	−0.506056	−0.296079	0.476554	−1.33995
2016/11/2 20:15	−0.453171	−0.376955	−0.403839	−0.506056	−0.296083	0.477403	−1.33995
2016/11/2 21:15	−0.45317	−0.376953	−0.403832	−0.506054	−0.296081	0.478829	−1.33995
2016/11/2 22:15	−0.45317	−0.376966	−0.403921	−0.506056	−0.296084	0.476698	−1.33995
2016/11/2 23:15	−0.453168	−0.376929	−0.40391	−0.506056	−0.296083	0.478022	−1.33995

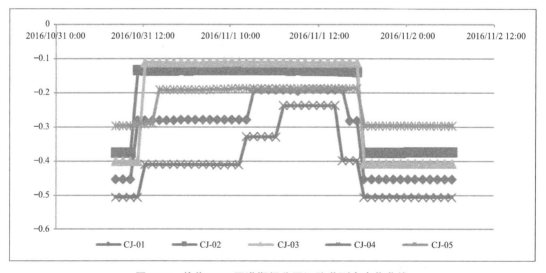

图 6-69　单井 HI-3 回灌期间分层沉降监测点变化曲线

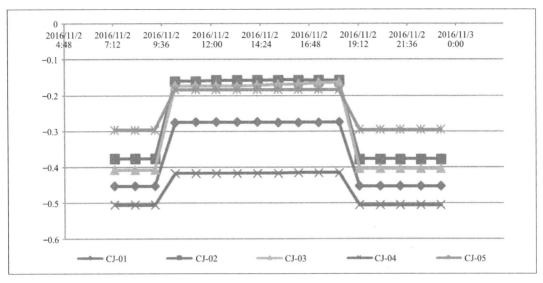

图 6-70 单井 GI-1 回灌期间分层沉降监测点变化曲线

对比单井回灌试验期间分层沉降监测点变化曲线发现：受回灌水位抬升影响，设置的各层沉降监测点均表现出了一致的对应关系即水位抬升，对应地层产生与之相对应的垂直向上的变形，回灌停止，变形逐步恢复。

对比图 6-69 和图 6-70 发现，由于分层沉降监测点距离回灌井距离的差别，两次回灌试验期间，分层沉降监测点表现出一定的差异性，由于 HI-3 回灌井距离分层沉降监测点较近，在其实施回灌过程中，对应的 CJ-01 和 CJ-04 两个层位的监测点出现了与回灌压力相对应的阶段性变化，伴随着回灌压力增加此两点沉降抬升量随之增加。同时，由于 GI-1 回灌井距离分层沉降监测点距离较远，HI-3 回灌期间所表现出来的 CJ-01 和 CJ-04 并未出现。

对比图 6-69 和图 6-70 发现，放置于卵石层中的分层沉降监测点 CJ-02、CJ-03 和 CJ-05 三个监测点变化量和变化趋势均表现出一致的变化规律，差异性较小，这与其地层特点形成了较好的对应关系。相反，置于粉质黏土层中的 CJ-01 和 CJ-04 则在变化量上出现了明显的差异，且二者均小于位于卵石层中的其他三个监测点，甚至位于更深层的 CJ-04 受回灌影响的变化量要明显小于位于浅部的 CJ-01 的变化量。

对比两次回灌情况下，分层沉降监测点累计变化量，发现受到回灌井距离影响，HI-3 回灌期间各点分层沉降累计变化量较之 GI-1 回灌期间略有提高。

对比图 6-71 和图 6-72 单井回灌期间孔隙水压力随时间变化曲线发现，HI-3 回灌和 GI-1 回灌期间设置的孔隙水压力监测点表现出了相似的变化规律，伴随回灌压力的增加，孔隙水压力呈现出了增大的变化规律。回灌停止，孔隙水压力逐步消散。同时，发现两次回灌期间，设置于深层的孔隙水压力监测点压力增加量要大于设置于浅层的孔隙水压力监测点。

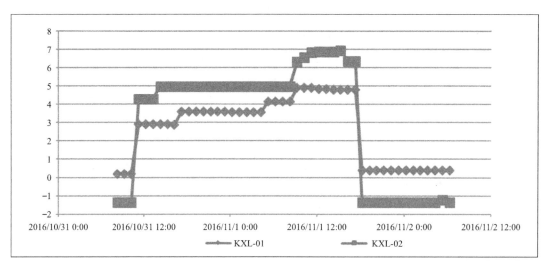

图 6-71　回灌井 HI-3 回灌期间孔隙水压力随时间变化曲线

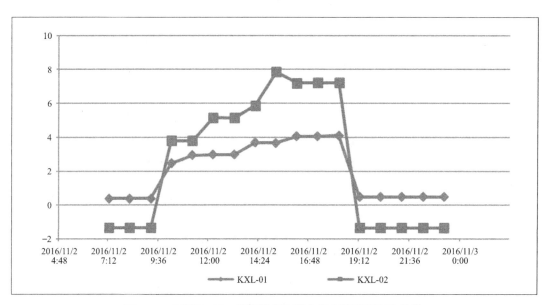

图 6-72　回灌井 GI-1 回灌期间孔隙水压力随时间变化曲线

6）试验小结

（1）单井回灌试验表明，加压回灌能够有效地提高单井的回灌量，二者表现出了线性对应关系。

（2）通过不同的滤水管构造回灌量的对比，发现普通桥式滤水管回灌量要明显大于双层缠丝滤水管，且其受回灌压力的影响要大于双层缠丝滤水管。

（3）通过回灌能够有效地抬升地下水水位，回灌与基坑降水相结合，能够通过回灌对水位的抬升效果抵消降水对周边地下水位的影响。

（4）通过回灌，在水位抬升的基础上，对回灌所涉及的地层同样有一定的抬升作用。

2. 第二含水层组单井回灌试验

1）试验基本情况

试验时间：HII-3 单井回灌时间：2016-11-03 11：00 至 2016-11-4 15：00（表6-32）；

GII-1 单井回灌时间：2016-11-04 17：30 至 2016-11-5 14：30（表6-33）。

单井 HII-3 回灌初始概况表   表 6-32

井号	回灌井	上层观测井					同层观测井			
	HII-3	HI-1	HI-2	HI-3	HI-4	GI-1	HII-1	HII-2	HII-4	GII-1
井深（m）	42	22	27	27	27	27	42	47	42	42
井径（m）	425	325	325	425	273	273	325	325	273	273
距离（m）	0	—	—	—	—	—	−16	−8	8	16
初始水位（m）	11.59	11.45	11.51	11.48	11.48	—	11.57	11.52	11.60	11.59

单井 GII-1 回灌初始概况表   表 6-33

井号	回灌井	上层观测井					同层观测井			
	GII-1	HI-1	HI-2	HI-3	HI-4	GI-1	HII-1	HII-2	HII-3	HII-4
井深（m）	42	22	27	27	27	27	42	47	42	42
井径（m）	273	325	325	425	273	273	325	325	325	273
距离（m）	0	—	—	—	—	—	39	24	16	8
初始水位（m）	11.65	11.61	11.47	11.45	11.43	11.56	11.54	11.49	11.45	11.5

重点监测项目：主管道压力、井口压力、回灌量、同层水位、异层水位、孔隙水压及周围土体深层竖向位移（图6-73）。

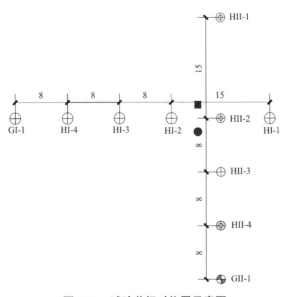

图 6-73 试验井相对位置示意图

2）试验原始记录（表 6-34、表 6-35）

济南市王府庄地铁车站工程地下水回灌试验原始记录（HII-3 单井）　　　表 6-34

记录者：钟建文

监测项目\试验时间	压力观测 井口 MPa	压力观测 主管道 MPa	回灌量观测 回灌时间 min	回灌量观测 水表读数 m³	回灌量观测 回灌总量 m³	回灌量观测 回灌量 m³/h	水位观测 HI-1 m	HI-2 m	HI-3 m	HI-4 m	HII-1 m	HII-2 m	HII-3 m	HII-4 m	GII-1 m
2016/11/3 7:00							11.4482	11.5059	11.4792	11.4743	11.5771	11.5245	11.5907	11.5984	11.5936
2016/11/3 9:00							11.4542	11.5116	11.4832	11.4793	11.5829	11.5307	11.5928	11.6052	11.5978
2016/11/3 11:00							11.3968	11.3928	11.3456	11.3034	11.5628	11.5081		11.5811	11.5729
2016/11/3 11:45				0	1156.5		11.4225	11.4584	11.4298	11.4228	11.4663	11.3738		11.3889	11.4305
2016/11/3 12:45	0.00		60	1221.5	65.0	65.0	11.4384	11.4603	11.4307	11.4289	11.4653	11.3759		11.3909	11.4212
2016/11/3 13:45	0.02		120	1285.2	128.7	64.4	11.4482	11.4603	11.4317	11.4292	11.4615	11.3749		11.3909	11.4295
2016/11/3 14:45		0.02	180	1348.1	191.6	63.9	11.4581	11.4564	11.4298	11.4262	11.4596	11.3738		11.3928	11.4264
2016/11/3 16:30		0.09	0	1430.6	0.0		11.4819	11.4650	11.4397	11.4363	11.4548	11.3697		11.3899	11.4191
2016/11/3 17:30			60	1543.2	112.6	112.6	11.4789	11.4584	11.4337	11.4316	11.4510	11.3697		11.3880	11.4264
2016/11/3 18:30			120	1655.1	224.5	112.2	11.4809	11.4593	11.4357	11.4299	11.4586	11.3790		11.3976	11.4295
2016/11/4 9:30	0.05		1020	3285.5	1854.9	109.1	11.4997	11.4555	11.4357	11.4225	11.4510	11.3708		11.3976	11.4316
2016/11/4 9:35			0	3293.0	0.0		11.4987	11.4536	11.4327	11.4222	11.4357	11.3441		11.3697	11.4077
2016/11/4 10:00			25	3325.6	32.6	78.2	11.4987	11.4517	11.4317	11.4202	11.4319	11.3493		11.3649	11.4098
2016/11/4 10:35			60	3371.5	78.5	78.5	11.4977	11.4469	11.4288	11.4161	11.4338	11.3441		11.3669	11.4066
2016/11/4 11:35			120	3450.0	157.0	78.5	11.5046	11.4469	11.4238	11.4134	11.4348	11.3482		11.3697	11.4087
2016/11/4 12:35	0.07		180	3527.9	234.9	78.3	11.5165	11.4412	11.4189	11.4107	11.4376	11.3503		11.3697	11.4025
2016/11/4 12:40			0	3534.8	0.0		11.5037	11.4346	11.4169	11.4034	11.4376	11.3503		11.3707	11.4046
2016/11/4 13:10			30	3576.6	41.8	83.6	11.4769	11.4023	11.4001	11.3906	11.4214	11.3298		11.3553	11.3921
2016/11/4 14:10			90	3664.5	129.7	86.5	11.4710	11.3918	11.3912	11.3822	11.4176	11.3298		11.3582	11.3942
2016/11/4 14:40			120	3706.6	171.8	85.9	11.4997	11.4032	11.3961	11.3886	11.4262	11.3421		11.3669	11.3963
2016/11/4 15:10			150	3748.0	213.2	85.3	11.4987	11.3985	11.3912	11.3842	11.4138	11.3257		11.3544	11.3859
2016/11/4 15:16			停止				11.5195	11.4099	11.3991	11.3899	11.4386	11.3626		11.3985	11.4170
2016/11/4 15:17			1				11.5660	11.4308	11.4080	11.3963		11.4015		11.4898	11.4814
2016/11/4 15:18			2								11.5690			11.4365	11.4129
2016/11/4 15:19			3				11.5710	11.4393	11.4139	11.4027	11.5007	11.4487		11.5244	11.5136
2016/11/4 15:20			4				11.5650	11.4374	11.4149	11.4024	11.4825	11.4241		11.4936	11.4908
2016/11/4 15:21			5				11.5749	11.4422	11.4169	11.4064	11.5035	11.4528		11.5311	11.5209
2016/11/4 15:26			10				11.5828	11.4479	11.4238	11.4131	11.5236	11.4743	11.2357	11.5552	11.5406
2016/11/4 15:36			20				11.5908	11.4555	11.4298	11.4168	11.5274	11.4784	11.2492	11.5600	
2016/11/4 15:46			30				11.5957	11.4603	11.4347	11.4232	11.5284	11.4815	11.2811	11.5628	
2016/11/4 16:16			60				11.6076	11.4679	11.4426	11.4329	11.5341	11.4856	11.3703	11.5657	
2016/11/4 16:46			90				11.6135	11.4717	11.4466	11.4373	11.5370	11.4876	11.4273	11.5686	
2016/11/4 17:16			120				11.6165	11.4736	11.4535	11.4390	11.5399	11.4897	11.4663	11.5734	

济南市王府庄地铁车站工程地下水回灌试验原始记录（GII-1 单井）　　表 6-35

记录者：钟建文

监测项目 试验时间	压力观测		回灌量观测			水位观测							
	井口	主管道	回灌时间	水表读数	回灌总量	回灌量	HI-1	HI-2	HI-3	HI-4	HII-1	HII-2	HII-3	HII-4	GII-1
	MPa	MPa	min	m³	m³	m³/h	m	m	m	m	m	m	m	m	m
2016/11/4 17:00							11.6155	11.4745	11.4505	11.4390	11.5379	11.4866	11.4474	11.5705
2016/11/4 17:16							11.6165	11.4736	11.4535	11.4390	11.5399	11.4897	11.4663	11.5734
2016/11/4 17:30			0	2371.2			11.5997	11.4526	11.4317	11.4188	11.5055	11.4517	11.4269	11.5090
2016/11/4 18:00			30	2397.7	26.5	53.0	11.5917	11.4450	11.4238	11.4138	11.5064	11.4528	11.4449	11.5109
2016/11/4 18:30	0.00	0.02	60	2421.8	50.6	50.6	11.5868	11.4460	11.4248	11.4138	11.5074	11.4538	11.4593	11.5129
2016/11/5 7:00			810	3058.8	687.6	50.9	11.5719	11.4603	11.4406	11.4272	11.5160	11.4630	11.5028	11.5254
2016/11/5 8:30			900	3130.0	758.8	50.6	11.5630	11.4641	11.4446	11.4292	11.5236	11.4671	11.5053	11.5331
2016/11/5 9:18			0	3133.0	0.0		11.5611	11.4688	11.4446	11.4286	11.5246	11.4671	11.5073	11.5311
2016/11/5 9:40			22	3154.1	21.1	57.5	11.5620	11.4679	11.4466	11.4326	11.5313	11.4763	11.5176	11.5427
2016/11/5 9:55			37	3167.8	34.8	56.4	11.5611	11.4660	11.4505	11.4336	11.5313	11.4753	11.5184	11.5407
2016/11/5 10:10	0.02		52	3182.7	49.7	57.3	11.5601	11.4669	11.4466	11.4333	11.5313	11.4753	11.5164	11.5398
2016/11/5 10:40			82	3209.8	76.8	56.2	11.5601	11.4698	11.4495	11.4319	11.5341	11.4784	11.5217	11.5446
2016/11/5 11:10		0.06	112	3237.8	104.8	56.1	11.5581	11.4679	11.4495	11.4333	11.5332	11.4784	11.5188	11.5446
2016/11/5 11:40			142	3266.0	133.0	56.2	11.5601	11.4688	11.4456	11.4299	11.5341	11.4804	11.5221	11.5436
2016/11/5 12:31			0	3303.9	0.0		11.5601	11.4669	11.4456	11.4292	11.5313	11.4763	11.5197	11.5388
2016/11/5 13:01			30	3342.1	38.2	76.4	11.5512	11.4536	11.4347	11.4158	11.5322	11.4804	11.5266	11.5475
2016/11/5 13:31	0.05		60	3376.3	72.4	72.4	11.5403	11.4412	11.4208	11.4057	11.5313	11.4763	11.5262	11.5484
2016/11/5 14:01			90	3414.8	110.9	73.9	11.5264	11.4346	11.4139	11.3956	11.5293	11.4763	11.5242	11.5455
2016/11/5 14:31			120	3455.3	151.4	75.7	11.5076	11.4336	11.4129	11.3993	11.5284	11.4774	11.5258	11.5494
2016/11/5 14:32			停止				11.5076	11.4317	11.4139	11.4000	11.5274	11.4753	11.5197	11.5484
2016/11/5 14:33			1				11.5126	11.4422	11.4238	11.4121	11.5313	11.4794	11.5312	11.5619
2016/11/5 14:34			2				11.5185	11.4507	11.4327	11.4171	11.5370	11.4856	11.5365	11.5686
2016/11/5 14:35			3				11.5225	11.4574	11.4387	11.4208	11.5389	11.4876	11.5365	11.5705
2016/11/5 14:37			5								11.5274			11.4622
2016/11/5 14:42			10				11.5353	11.4736	11.4545	11.4393	11.5475	11.4979	11.5484	11.5830
2016/11/5 14:52			20				11.5442	11.4821	11.4644	11.4480	11.5542	11.5061	11.5574	11.5936
2016/11/5 15:02			30				11.5485	11.4812	11.4664	11.4487	11.5561	11.5091	11.5583	11.5955
2016/11/5 15:32			60				11.5523	11.4945	11.4773	11.4581	11.5609	11.5132	11.5624	11.6003
2016/11/5 16:32			120				11.5957	11.4555	11.4367	11.4232	11.5418	11.4927	11.5353	11.5638

3）回灌量统计分析

图 6-74 和图 6-75 分别对应第二含水层组 HII-3 单井回灌和 GII-3 单井回灌时，回灌压力与回灌水量之间的对应关系，从图中发现，回灌水量与回灌压力近似为线性对应关系，伴随回灌压力增加，回灌水量成正比例增长。

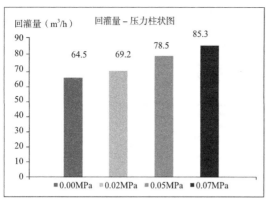
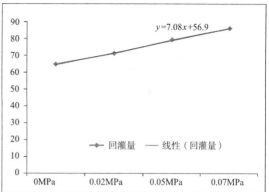

图 6-74　回灌井 HII-3 回灌期间回灌压力与回灌量对应关系

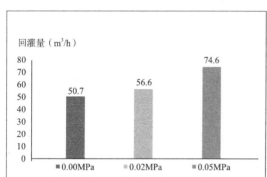
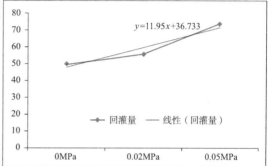

图 6-75　回灌井 GII-1 回灌期间回灌压力与回灌量对应关系

此外，对比 HII-3 和 GII-1 单井回灌过程，在相同回灌压力下，二者回灌水量相接近，HII-3 略大于 GII-1，试验结果表明对于深层地层的回灌，由于上覆土应力增大，足以抵消回灌井材质和回灌井孔径的大小综合在一起带来的影响。回灌量只受回灌压力的影响。

建议后期对不同井径的回灌井有针对性地开展深层地层的回灌试验研究，进一步明确影响回灌量的因素。

4）回灌水位变化量统计分析

对比第二含水层组单井回灌期间观测井水位变化数据分析，回灌井同层位观测井水位变化（图 6-76）情况发现，HII-3 回灌期间表现为伴随回灌压力增加同层位各观测井水位均有小幅抬升，但总体抬升幅度相对较小；但 GII-1 单井回灌期间，表现为伴随回灌压力增加同层位观测井水位抬升量基本保持稳定，并未呈现逐步增大的变化规律。分析原因认为，单井回灌量 HII-3 要略大于 GII-1，所以表现为 HII-3 回灌期间观测井水位随压力抬升幅度较小，GII-1 回灌期间观测井水位随压力增加无明显抬升变化。

对比第二含水层单井回灌期间，第一含水层观测井数据变化（图 6-77）情况发现，在第二含水层组实施单井回灌期间，上部第一含水层组各观测井水位均表现出了随压力增加水位抬升的变化规律，且表现为随着后期压力增大水位抬升量加大。但第一含水层组水位抬升量明显小于第二含水层组水位抬升量。

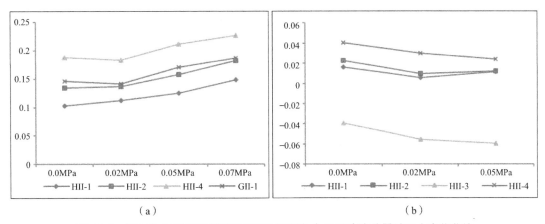

图 6-76 第二含水层组回灌期间同层位观测井水位累计抬升量随压力变化曲线
（a）HII-3 回灌期间；（b）GII-1 回灌期间

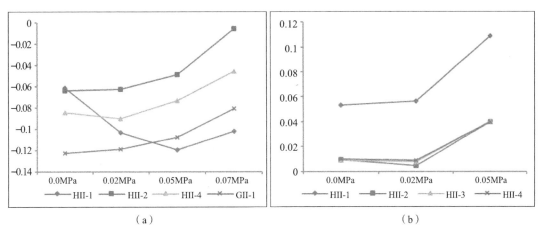

图 6-77 第二含水层组回灌期间第一含水层组水位观测井水位累计抬升量随压力变化曲线
（a）HII-3 回灌期间；（b）GII-1 回灌期间

5）周边环境变化量统计分析（表 6-36、表 6-37）

济南市王府庄地铁车站工程地下水回灌试验原始记录（HII-3 单井） 表 6-36

监测时间	CJ-01	CJ-02	CJ-03	CJ-04	CJ-05	KXL-01	KXL-02
2016/11/3 0:15	−0.45317	−0.37699	−0.40399	−0.50606	−0.29608	0.476899	2.21943
2016/11/3 1:15	−0.45317	−0.377	−0.40409	−0.50606	−0.29608	0.477014	−1.33995
2016/11/3 2:15	−0.45317	−0.37701	−0.40414	−0.50606	−0.29607	0.476842	3.3548
2016/11/3 3:15	−0.45317	−0.37701	−0.40418	−0.50606	−0.29607	0.476914	3.34808
2016/11/3 4:15	−0.45316	−0.37701	−0.40427	−0.50606	−0.29607	0.47677	3.33388
2016/11/3 5:15	−0.45316	−0.37699	−0.4042	−0.50606	−0.29608	0.475445	−1.33995

续表

监测时间	CJ-01	CJ-02	CJ-03	CJ-04	CJ-05	KXL-01	KXL-02
2016/11/3 6:15	−0.45316	−0.37699	−0.40431	−0.50605	−0.29607	0.474696	−1.33995
2016/11/3 7:15	−0.45316	−0.37694	−0.40432	−0.50606	−0.29606	0.472579	−1.33995
2016/11/3 8:15	−0.45316	−0.37694	−0.40439	−0.50606	−0.29606	0.472795	−1.33995
2016/11/3 9:15	−0.45316	−0.37694	−0.40436	−0.50606	−0.29606	0.468648	−1.33995
2016/11/3 10:15	−0.33007	−0.37682	−0.12321	−0.50606	−0.20456	3.08975	4.39232
2016/11/3 11:15	−0.33011	−0.11388	−0.12335	−0.38173	−0.20477	3.08974	4.3933
2016/11/3 12:15	−0.33147	−0.11416	−0.1234	−0.38156	−0.20439	3.08425	4.3943
2016/11/3 13:15	−0.33152	−0.11057	−0.12451	−0.38146	−0.20321	3.08128	4.38351
2016/11/3 14:15	−0.33138	−0.10842	−0.12475	−0.38153	−0.20333	3.07352	5.10866
2016/11/3 15:15	−0.33147	−0.21286	−0.12477	−0.38159	−0.20334	3.07126	5.1156
2016/11/3 16:15	−0.33151	−0.21286	−0.12439	−0.38161	−0.20307	3.06579	4.46168
2016/11/3 17:15	−0.33114	−0.21277	−0.12296	−0.38149	−0.2034	4.18285	7.67108
2016/11/3 18:15	−0.33149	−0.21274	−0.12307	−0.38198	−0.20265	4.18277	7.71504
2016/11/3 19:15	−0.33122	−0.21293	−0.12289	−0.38232	−0.20258	4.79652	6.72142
2016/11/3 20:15	−0.33012	−0.21296	−0.1253	−0.38232	−0.20309	4.79151	6.71426
2016/11/3 21:15	−0.3307	−0.21303	−0.12513	−0.38242	−0.20322	4.79314	6.72445
2016/11/3 22:15	−0.33009	−0.15058	−0.12775	−0.3825	−0.20315	4.89279	6.69314
2016/11/3 23:15	−0.33017	−0.15064	−0.12844	−0.38244	−0.20429	4.89221	6.69323
2016/11/4 0:15	−0.33088	−0.15059	−0.12851	−0.38248	−0.20183	4.88992	6.69214
2016/11/4 1:15	−0.33029	−0.15071	−0.12807	−0.3825	−0.20183	4.88965	6.69082
2016/11/4 2:15	−0.33027	−0.1489	−0.12777	−0.38271	−0.20199	4.88825	6.6966
2016/11/4 3:15	−0.3303	−0.15124	−0.12791	−0.38206	−0.20202	4.8938	5.8075
2016/11/4 4:15	−0.33012	−0.1495	−0.12779	−0.38211	−0.20294	4.8956	7.19845
2016/11/4 5:15	−0.33029	−0.14924	−0.12839	−0.38194	−0.20274	4.89731	7.20378
2016/11/4 6:15	−0.33035	−0.14907	−0.12817	−0.38195	−0.2032	4.16388	7.20849
2016/11/4 7:15	−0.33076	−0.14891	−0.12915	−0.38197	−0.20317	4.16788	7.20429
2016/11/4 8:15	−0.33075	−0.15202	−0.12898	−0.38203	−0.20317	4.1655	7.20333
2016/11/4 9:15	−0.33092	−0.15202	−0.12984	−0.38217	−0.20325	4.16601	7.20367
2016/11/4 10:15	−0.33074	−0.15152	−0.13114	−0.38196	−0.20328	4.15145	7.18949
2016/11/4 11:15	−0.33063	−0.15123	−0.13174	−0.38195	−0.20309	4.65349	7.1553
2016/11/4 12:15	−0.33084	−0.15103	−0.13202	−0.38195	−0.20305	4.64551	7.15675
2016/11/4 13:15	−0.33104	−0.15023	−0.13274	−0.38192	−0.20311	4.65898	5.95384
2016/11/4 14:15	−0.33038	−0.15073	−0.13334	−0.38191	−0.20307	4.65542	5.95534
2016/11/4 15:15	−0.4533	−0.37626	−0.40128	−0.38222	−0.20329	0.277906	−1.33995
2016/11/4 16:15	−0.45331	−0.37626	−0.40124	−0.50638	−0.29654	−0.02713	−1.33995

第6章 济南R1线抽水与回灌试验

济南市王府庄地铁车站工程地下水回灌试验原始记录（GII-1单井）　　　表6-37

监测时间	CJ-01	CJ-02	CJ-03	CJ-04	CJ-05	KXL-01	KXL-02
2016/11/4 17:15	−0.414647	−0.371437	−0.336632	−0.506392	−0.296533	−0.0479376	−1.33995
2016/11/4 18:15	−0.288749	−0.370088	−0.335261	−0.410588	−0.292662	3.42621	4.84313
2016/11/4 19:15	−0.288883	−0.181804	−0.126107	−0.410558	−0.209304	3.427	4.85925
2016/11/4 20:15	−0.288526	−0.182028	−0.125858	−0.410245	−0.209273	3.43296	4.86023
2016/11/4 21:15	−0.288468	−0.18204	−0.126083	−0.410174	−0.20935	3.93696	4.85874
2016/11/4 22:15	−0.288278	−0.181889	−0.125457	−0.4101	−0.211037	3.9368	4.84594
2016/11/4 23:15	−0.288878	−0.181866	−0.125284	−0.410212	−0.21117	3.93787	5.40728
2016/11/5 0:15	−0.288643	−0.181914	−0.125141	−0.410223	−0.211619	3.93889	5.40871
2016/11/5 1:15	−0.288101	−0.181982	−0.125167	−0.410832	−0.211416	3.94043	5.40626
2016/11/5 2:15	−0.2878	−0.181389	−0.124984	−0.410612	−0.159606	3.93585	5.41208
2016/11/5 3:15	−0.287712	−0.181146	−0.125937	−0.410491	−0.159479	3.9379	5.40159
2016/11/5 4:15	−0.287602	−0.180932	−0.12644	−0.410467	−0.160015	3.93935	5.40197
2016/11/5 5:15	−0.286653	−0.181359	−0.126188	−0.410548	−0.159963	4.29905	5.39487
2016/11/5 6:15	−0.286875	−0.181812	−0.126416	−0.410588	−0.160058	4.30328	5.39126
2016/11/5 7:15	−0.287149	−0.182403	−0.125906	−0.410103	−0.159971	4.2753	5.39109
2016/11/5 8:15	−0.286551	−0.183098	−0.125575	−0.410117	−0.159966	4.28891	5.38866
2016/11/5 9:15	−0.286772	−0.182924	−0.126122	−0.410107	−0.160043	3.32675	5.3883
2016/11/5 10:15	−0.28665	−0.182751	−0.125957	−0.409847	−0.159963	5.37625	8.65881
2016/11/5 11:15	−0.286744	−0.182834	−0.125478	−0.409853	−0.159666	3.99244	5.3309
2016/11/5 12:15	−0.286388	−0.182859	−0.12522	−0.409787	−0.159836	3.98311	6.23493
2016/11/5 13:15	−0.286108	−0.182669	−0.125644	−0.409854	−0.159177	3.97823	6.2377
2016/11/5 14:15	−0.285958	−0.182876	−0.125035	−0.409174	−0.159279	3.97578	6.25221
2016/11/5 15:15	−0.290315	−0.374783	−0.407684	−0.506423	−0.296533	0.0847296	−1.33995
2016/11/5 16:15	−0.292501	−0.156696	−0.144859	−0.506425	−0.186541	3.56988	4.95029
2016/11/5 17:15	−0.453329	−0.375954	−0.402604	−0.506421	−0.296606	0.213293	−1.33995
2016/11/5 18:15	−0.453332	−0.375955	−0.402424	−0.506423	−0.296607	0.212976	−1.33995
2016/11/5 19:15	−0.453332	−0.375961	−0.402408	−0.506425	−0.296607	0.212659	−1.33995
2016/11/5 20:15	−0.453332	−0.375934	−0.402344	−0.506423	−0.296609	0.212342	−1.33995
2016/11/5 21:15	−0.453331	−0.375984	−0.402265	−0.506423	−0.296609	0.20939	−1.33995
2016/11/5 22:15	−0.453332	−0.375985	−0.402256	−0.506423	−0.296609	0.210024	−1.33995
2016/11/5 23:15	−0.453332	−0.375985	−0.402106	−0.506423	−0.296609	0.209722	−1.33995

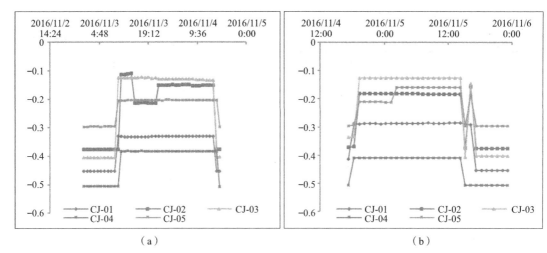

图 6-78 第二含水层组单井回灌期间分层沉降监测点变化曲线
（a）HII-3 回灌期间；（b）GII-1 回灌期间

对比第二含水层组单井回灌试验期间分层沉降监测点变化曲线（图 6-78）发现，整个回灌过程各层分层沉降监测点均表现出了一致的变化规律，整个变化过程大致分为三个阶段，第一个阶段为无压回灌阶段，由于回灌井并未加压，此阶段各分层沉降监测点未发生明显变化，但随着后期回灌井开始加压，各分层沉降监测数据随之产生向上的变形，变形量 CJ-02 和 CJ-03 要大于其他监测点，伴随后半段回灌压力继续增加，各沉降监测点数据保持稳定，直至回灌终止，各沉降监测点数据发生突变，向上的变形量快速回复至初始状态，并保持稳定。

对比发现，第二含水层组回灌期间，并未产生第一含水层组回灌期间的变化规律，即：受分层沉降监测点距离回灌井距离的影响，分层沉降监测点表现出一定的差异性。本次单井回灌试验 HII-3 和 GII-1 分别回灌期间，分层沉降监测点变化规律和变化量基本一致。

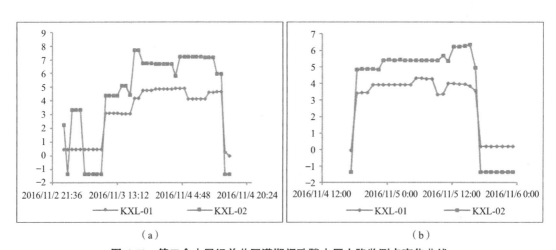

图 6-79 第二含水层组单井回灌期间孔隙水压力降监测点变化曲线
（a）HII-3 回灌期间；（b）GII-1 回灌期间

对比图 6-79 第二含水层单井回灌期间孔隙水压力随时间变化曲线发现，HII-3 和 GII-1 回灌期间设置的孔隙水压力监测点表现出了相似的变化规律，伴随回灌压力的增加，孔隙水压力呈现出了增大的变化规律。回灌停止，孔隙水压力逐步消散。同时，发现两次回灌期间，设置于深层的孔隙水压力监测点压力增加量要大于设置于浅层的孔隙水压力监测点。以上变化规律同第一含水层组回灌期间较为一致，充分说明卵石地层，透水强，伴随回灌压力集聚和消散速率较快。

6）试验小结

（1）针对第二含水层组的单井回灌试验表明，加压回灌能够提高单井的回灌量，二者表现出了线性对应关系，但回灌效率较第一含水层组有所降低。

（2）对于深层含水层进行回灌，回灌井滤水管材质对于回灌量的影响较小，普通桥式滤水管和双层缠丝滤水管回灌水量相当。

（3）对于深层含水层实施回灌，对水位的抬升效果相对较差，水位抬升量较小，与浅部第一含水层对比，效果较差，后期可通过针对浅部的第一含水层组实施回灌，以抵消降水对周边地下水位的影响。

（4）通过回灌，在水位抬升的基础上，对回灌所涉及的地层同样有一定的抬升作用，但回灌一旦终止，抬升效果很快消失，且抬升效果要较之第一含水层组回灌有所降低。

（5）结合孔隙水压力变化规律，充分说明卵石地层透水强，伴随回灌压力集聚和消散速率较快。

3. 第一含水层组群井回灌试验

1）试验基本情况

试验时间：2016/11/06 18:00 ~ 2016/11/9 18:00（表 6-38）。

群井回灌 HI-2、HI-4 基本概况表　　　　　表 6-38

井号	回灌井		同层观测井				下层观测井				
	HI-2	HI-4	HI-1	HI-3	GI-1		HII-1	HII-2	HII-3	HII-4	GII-1
井深（m）	27	27	22	27	27		42	47	42	42	42
井径（m）	325	273	325	425	273		325	325	325	273	273
初始水位（m）	11.47	11.48	11.37	11.48	11.49		11.59	11.62	11.61	11.59	11.60

重点监测项目：主管道压力、井口压力、回灌量、同层水位、异层水位、孔隙水压、周围土体深层竖向位移及地表沉降。回灌试验布置情况如图 4-1 所示。

2）试验原始记录（表 6-39）

表 6-39 济南市王府庄地铁车站工程地下水回灌试验原始记录（HI-2、HI-4 群井）

记录者：钟建文

试验时间	压力观测 主管道 MPa	压力观测 井口 HI-2 MPa	压力观测 井口 HI-4 MPa	回灌时间 min	回灌量观测 水表读数 HI-2 m³	回灌量观测 水表读数 HI-4 m³	回灌量 HI-2 m³/h	回灌量 HI-4 m³/h	水位观测 观测井 HI-1 m	水位观测 回灌井 HI-2 m	水位观测 观测井 HI-3 m	水位观测 回灌井 HI-4 m	水位观测 观测井 GI-1 m	水位观测 观测井 HII-1 m	水位观测 观测井 HII-2 m	水位观测 观测井 HII-3 m	水位观测 观测井 HII-4 m	水位观测 观测井 GII-1 m
2016/11/6 17:00									11.37	11.47	11.48	11.48	11.49	11.59	11.62	11.61	11.59	11.60
2016/11/6 18:00				0	700.2	9208.8			11.3319		11.2097		11.3208	11.5882	11.6193	11.6024	11.5888	11.5986
2016/11/7 9:26				926	1028.2	10821.2	21.3	104.5	11.1963		11.0219		11.2198	11.5471	11.5751	11.5596	11.5541	11.5799
2016/11/7 11:32				1052	1071.2	11017.2	21.2	103.1	11.1924		11.0150		11.2148	11.5461	11.5721	11.5584	11.5522	11.5695
2016/11/7 13:30				1170	1113.5	11237.6	21.2	104.0	11.1924		11.0150		11.2059	11.5451	11.5680	11.5621	11.5436	11.5622
2016/11/7 15:30				1290	1157.7	11444.3	21.3	104.0	11.1855		11.0080		11.2069	11.5404	11.5659	11.5584	11.5484	11.5664
2016/11/7 17:35				1415	1203.8	11657.7	21.4	103.8	11.1736		11.0120		11.2129	11.5451	11.5721	11.5604	11.5541	11.5684
2016/11/8 9:02	0.02	0.00	0.00	2342	1549.8	13242.2	21.8	103.3	11.1212		11.0209		11.2247	11.5490	11.5751	11.5674	11.5618	11.5851
2016/11/8 11:21				2481	1601.7	13478.8	21.8	103.3	11.1152		11.0219		11.2198	11.5547	11.5751	11.5760	11.5599	11.5871
2016/11/8 13:30				2610	1694.2	13900.9	22.9	107.9	11.1231		11.0120		11.2069	11.5442	11.5659	11.5748	11.5474	11.5674
2016/11/8 15:39				2739	1740.8	14114.8	22.8	107.5	11.1301		11.0110		11.2129	11.5385	11.5618	11.5654	11.5464	11.5643
2016/11/9 9:47				3827	2102.2	15705.3	22.0	101.9	11.1291		11.0150		11.2158	11.5413	11.5608	11.5666	11.5493	11.5747
2016/11/9 11:30				3930	2140.5	15873.9	22.0	101.8	11.1399		11.0120		11.2089	11.5375	11.5557	11.5686	11.5416	11.5653
2016/11/9 13:30				4050	2185.0	16069.1	22.0	101.6	11.1548		10.9991		11.2020	11.5270	11.5423	11.5596	11.5330	11.5529
2016/11/9 15:42				4182	2233.9	16283.7	22.0	101.5	11.1627		10.9991		11.2079	11.5213	11.5434	11.5530	11.5339	11.5549
2016/11/9 17:58				4318	2285.0	16506.2	22.0	101.4	11.1696		11.0199		11.2465	11.5155	11.5352	11.5477	11.5253	11.5487
2016/11/9 17:59				1					11.1884		11.1530		11.3376	11.5155	11.5362	11.5489	11.5282	11.5508
2016/11/9 18:00				2					11.2033		11.2087		11.3604	11.5174	11.5393	11.5485	11.5291	11.5518

第6章 济南R1线抽水与回灌试验

续表

试验时间	压力观测			回灌量观测					水位观测						
	主管道	井口		回灌时间	水表读数		回灌量		观测井	回灌井	观测井	回灌井	观测井	观测井	观测井	观测井	观测井
		HI-2	HI-4		HI-2	HI-4	HI-2	HI-4	HI-1	HI-2	HI-3	HI-4	GI-1	HII-1	HII-2	HII-3	HII-4	GII-1
	MPa	MPa	MPa	min	m³	m³	m³/h	m³/h	m	m	m	m	m	m	m	m	m	m
2016/11/9 18:01				3					11.2132		11.2355		11.3743	11.5184	11.5413	11.5501	11.5301	11.5529
2016/11/9 18:02				4					11.2211		11.2524		11.3832	11.5203	11.5423	11.5518	11.5320	11.5539
2016/11/9 18:03				5					11.2270		11.2634		11.3901	11.5213	11.5444	11.5530	11.5320	11.5539
2016/11/9 18:08				10					11.2448		11.2862		11.4079	11.5260	11.5485	11.5596	11.5368	11.5591
2016/11/9 18:18				20					11.2725		11.3141		11.4357	11.5404	11.5628	11.5744	11.5522	11.5768
2016/11/9 18:28				30					11.2824		11.3230		11.4436	11.5442	11.5659	11.5802	11.5570	11.5788
2016/11/9 18:58				60					11.2923		11.3330		11.4535	11.5480	11.5700	11.5834	11.5609	11.5840
2016/11/9 19:58				120					11.3111		11.3469		11.4664	11.5547	11.5772	11.5917	11.5676	11.5923
2016/11/9 20:58				180					11.3230		11.3539		11.4733	11.5576	11.5813	11.5933	11.5705	11.5944
2016/11/9 21:58				240					11.3329		11.3569		11.4753	11.5518	11.5731	11.5904	11.5628	11.5861
2016/11/9 22:58				300					11.3438		11.3559		11.4763	11.5576	11.5793	11.5954	11.5666	11.5903
2016/11/9 23:58				360					11.3527		11.3579		11.4793	11.5557	11.5772	11.5941	11.5676	11.5923
2016/11/10 6:58				780					11.3559		11.4003		11.4753	11.5499	11.5731	11.5908	11.5599	11.5851
2016/11/10 13:58				1200					11.3509		11.4508		11.4753	11.5442	11.5680	11.5900	11.5589	11.5851
2016/11/10 20:58				1620					11.3688		11.4617		11.4971	11.5566	11.5834	11.5929	11.5772	11.6017
2016/11/11 3:58				2040					11.3678		11.4716		11.4952	11.5518	11.5772	11.5941	11.5695	11.5934
2016/11/11 10:58				2460					11.3768		11.4786		11.5080	11.5604	11.5875	11.5991	11.5791	11.6069

备注：自然水位稳定后开始群井试验；群井试验时，未对主管道增压，其中HI-2井口阀门半开，井中水位维持在井盖以下2m，以防井周冒水，而HI-4阀门全开，井中水位亦未满井盖；11月7日下雨，试验照常进行，回灌系统运行正常，两井回灌量稳定；试验计划运行时间为3d，重点观测周边水位和地表沉降变化规律，水位采用自动采集设备24h持续观测，地表沉降采用天宝电子水准仪测量，每天2次。

3）回灌量统计分析

如图 6-80 所示为针对第一含水层组实施群井回灌期间回灌井灌水量随时间对应关系，图中显示，在无压状态下实施回灌，回灌井水量 HI-4 可达 103.5m^3/h，受到回灌井井壁止水效果的影响，回灌井 HI-2 相对较小，基本稳定在 21.8m^3/h，回灌量继续增大，回灌井井壁出现冒水情况。

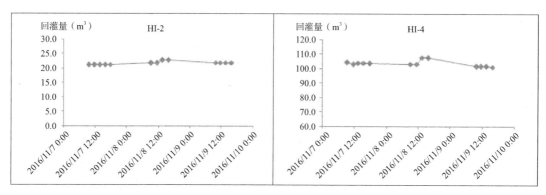

图 6-80　第一含水层组群井回灌井灌水水量随时间变化曲线

4）水位统计分析

如图 6-81 所示为针对第一含水层实施群井回灌期间，同层位的水位观测井随时间变化曲线，从图中发现，位于两口回灌井中间位置的 HI-3 号回灌井水位抬升幅度最大，为 48.1cm，位于回灌井两侧水位观测井水位抬升量分别为 HI-1 水位抬升 25.5cm，GI-1 水位抬升 28.8cm，二者较为接近，只是受 HI-2 回灌量相对较小影响，HI-1 水位抬升量略小一些。

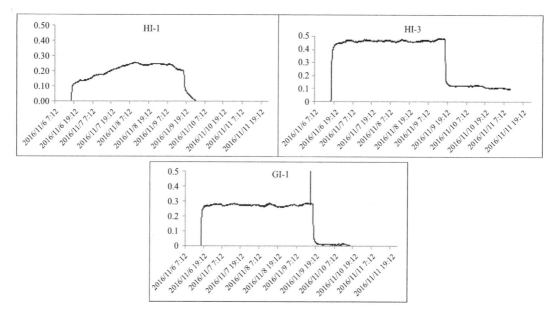

图 6-81　第一含水层组群井回灌同层位观测井水位变化曲线

如图 6-82 所示为第一含水层组回灌期间第二含水层组水位变化情况，受第一含水层组群井回灌影响，第二含水层组水位均有一定程度的抬升，但总体水位抬升量较小，距离回灌井最近的 HII-2 水位抬升量最大，只有 0.0848m，其次 HII-1 水位抬升 0.0747m，HII-3 水位抬升 0.0623m，HII-4 水位抬升 0.0647m，距离最远的 GII-1 也出现了 0.0513m 的水位抬升。结合试验数据分析，第一含水层组与第二含水层组之间存在一定的水力联系，中间⑩层粉质黏土层能够起到一定的隔水作用，这一点与抽水试验以及现场降水过程所得结论基本吻合。

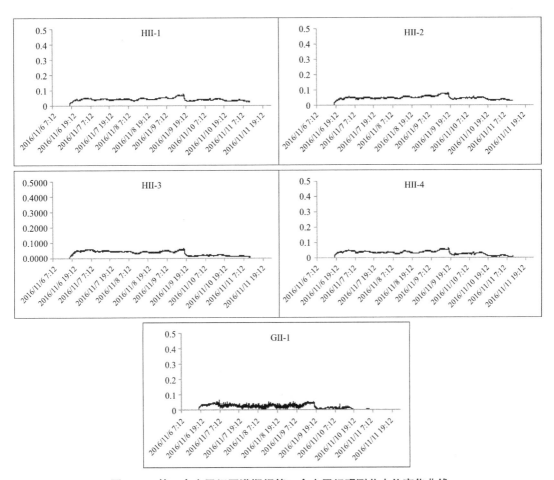

图 6-82 第一含水层组回灌期间第二含水层组观测井水位变化曲线

5）周边环境变化量统计分析

分析第一含水层组群井回灌期间试验数据（表 6-40）和沉降监测数值随时间变化曲线（图 6-83）发现，回灌过程各层沉降监测点中间出现一段时间波动后，总体表现为产生了向上的位移，总体表现为 CJ-02、CJ-03 和 CJ-05 三个监测点位移量大于其他两个监测点，充分说明卵石地层透水性强，地下水积聚较快，受回灌水位抬升地层更易发生沉降或隆起变形。但总体变形相对较小，对应第一含水层最大水位抬升 0.5m 左右，⑧$_1$ 层、⑩$_1$ 层卵石地层对应产生 0.3mm 的变形量，对应第二含水层组最大水位抬升 0.0848m，⑪$_1$ 层卵石地层产生 0.15mm 的变形量。而对应粉质黏土地层只产生 0.1mm 左右的变形量。

对比分层沉降监测点和图 6-84 孔隙水压力监测结果显示，二者存在相同的变化规律，即最终均表现为受回灌效应影响的规律性变化。

济南市王府庄地铁车站工程地下水回灌试验原始记录（HI-2、HII-4 群井）　　表 6-40

监测时间	CJ-01	CJ-02	CJ-03	CJ-04	CJ-05	KXL-01	KXL-02
2016/11/6 0:15	−0.453331	−0.375987	−0.402055	−0.506423	−0.296607	0.208901	−1.33995
2016/11/6 1:15	−0.453332	−0.375984	−0.402031	−0.506421	−0.296609	0.197136	−1.33995
2016/11/6 2:15	−0.453332	−0.375984	−0.401859	−0.506421	−0.296609	0.19813	−1.33995
2016/11/6 3:15	−0.453332	−0.375989	−0.401822	−0.506423	−0.296609	0.198562	−1.33995
2016/11/6 4:15	−0.453332	−0.375989	−0.401808	−0.506421	−0.296609	0.198749	−1.33995
2016/11/6 5:15	−0.453334	−0.375991	−0.401853	−0.506425	−0.296607	0.20389	−1.33995
2016/11/6 6:15	−0.453332	−0.375991	−0.401873	−0.506423	−0.296607	0.203141	−1.33995
2016/11/6 7:15	−0.453334	−0.375985	−0.401864	−0.506421	−0.296607	−0.063288	−1.33995
2016/11/6 8:15	−0.453331	−0.375976	−0.401744	−0.506423	−0.296609	−0.063288	−1.33995
2016/11/6 9:15	−0.453332	−0.375976	−0.401789	−0.506423	−0.296611	−0.0632736	−1.33995
2016/11/6 10:15	−0.347217	−0.198838	−0.399773	−0.406453	−0.288044	4.08599	6.68621
2016/11/6 11:15	−0.347194	−0.200233	−0.117711	−0.406491	−0.178499	4.0861	6.68034
2016/11/6 12:15	−0.453258	−0.376663	−0.40122	−0.50625	−0.296396	0.0649008	−1.33995
2016/11/6 13:15	−0.453258	−0.376665	−0.401231	−0.506252	−0.296393	0.0638352	−1.33995
2016/11/6 14:15	−0.325625	−0.140439	−0.111306	−0.506003	−0.296286	3.03552	4.67942
2016/11/6 15:15	−0.325588	−0.140448	−0.111352	−0.505812	−0.291383	3.0363	4.66833
2016/11/6 16:15	−0.325655	−0.140029	−0.109449	−0.505833	−0.291345	4.27224	7.93544
2016/11/6 17:15	−0.453251	−0.375149	−0.408114	−0.505831	−0.296345	0.187272	−1.33995
2016/11/6 18:15	−0.339328	−0.12665	−0.118359	−0.383589	−0.179451	3.68438	4.98083
2016/11/6 19:15	−0.338553	−0.126372	−0.118963	−0.383612	−0.17938	3.68696	4.97181
2016/11/6 20:15	−0.338564	−0.126424	−0.11579	−0.383731	−0.179698	4.10617	4.97262
2016/11/6 21:15	−0.338428	−0.127498	−0.11533	−0.383745	−0.179504	4.14253	4.97541
2016/11/6 22:15	−0.338424	−0.128096	−0.115453	−0.383465	−0.179372	4.14724	4.97431
2016/11/6 23:15	−0.338383	−0.127609	−0.1157	−0.383548	−0.179372	4.14842	4.97089
2016/11/7 0:15	−0.338429	−0.12788	−0.115925	−0.383605	−0.179101	4.1469	4.96923
2016/11/7 1:15	−0.338394	−0.128096	−0.115096	−0.383711	−0.179185	4.14737	5.01665
2016/11/7 2:15	−0.338428	−0.128126	−0.115705	−0.383693	−0.179185	4.14832	5.07148
2016/11/7 3:15	−0.338346	−0.128197	−0.115579	−0.383792	−0.179347	4.14792	5.0708
2016/11/7 4:15	−0.338447	−0.128211	−0.116029	−0.38346	−0.178603	4.14314	5.07541
2016/11/7 5:15	−0.338392	−0.128911	−0.116141	−0.383671	−0.178537	4.14454	5.07567
2016/11/7 6:15	−0.339613	−0.1294	−0.116145	−0.382455	−0.175857	4.14884	5.07844

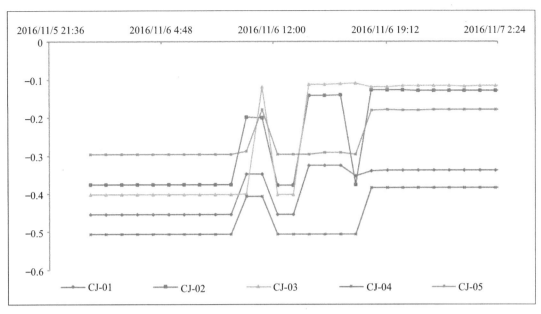

图 6-83　第一含水层组群井回灌期间分层沉降监测点随时间变化曲线

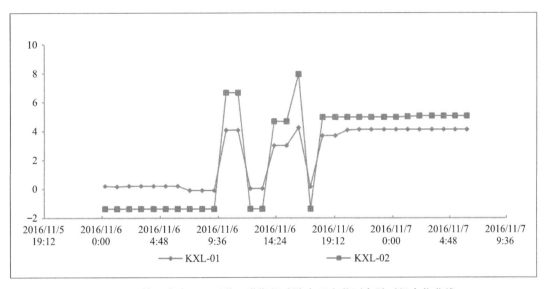

图 6-84　第一含水层组群井回灌期间孔隙水压力监测点随时间变化曲线

结合表 6-41 第一含水层组群井回灌期间地表沉降监测结果及图 6-85 地表沉降监测数据随时间变化曲线发现，整个回灌过程前期地表沉降表现为下降的变化趋势，但最终表现为向上的隆起变形，变化转折点与分层沉降的转折点基本一致，地表监测点累计变形量为竖向隆起变形约 3.8mm，对应分析分层沉降各监测点变形情况，5 个层位累加值约为 1.0mm，表现为地表沉降监测值大于分层沉降累加值。

济南市王府庄地铁车站工程地下水回灌试验地表沉降测量原始记录（HI-2、HI-4群井）

表 6-41

记录者：钟建义

测点编号		DBC-03	DBC-04	DBC-05	DBC-06	DBC-07	DBC-08	DBC-09	DBC-11	DBC-12	DBC-16	DBC-17	DBC-18	DBC-19	DBC-21	DBC-22	DBC-23	DBC-24	DBC-25	DBC-26	DBC-27
2016/11/4	本次测值 m	-0.34678	-0.21491	-0.21661	-0.26464	-0.20072	-0.25464	-0.22194	-0.30182	-0.25453	0.17201	0.23004	-0.30013	-0.29453	-0.23483	-0.29353	-0.29001	-0.25605	-0.22855	-0.21683	-0.16905
2016/11/5 9:00	本次测值 m	-0.34821	-0.21570	-0.21723	-0.26529	-0.20127	-0.25549	-0.22199	-0.30165	-0.25476	0.17015	0.23001	-0.30053	-0.29495	-0.23532	-0.29348	-0.28986	-0.25586	-0.22824	-0.21652	-0.16868
	本次沉降 mm	-1.43	-0.79	-0.62	-0.65	-0.55	-0.85	-0.05	0.17	-0.23	-1.86	-0.03	-0.40	-0.42	-0.49	0.05	0.15	0.19	0.31	0.31	0.37
	累计沉降 mm	-1.43	-0.79	-0.62	-0.65	-0.55	-0.85	-0.05	0.17	-0.23	-1.86	-0.03	-0.40	-0.42	-0.49	0.05	0.15	0.19	0.31	0.31	0.37
2016/11/5 17:00	本次测值 m	-0.34821	-0.21570	-0.21723	-0.26529	-0.20127	-0.25549	-0.22199	-0.30165	-0.25476	0.17015	0.23001	-0.30053	-0.29495	-0.23532	-0.29348	-0.28986	-0.25586	-0.22824	-0.21652	-0.16868
	本次沉降 mm	0.00	0.00	0.00	0.00	0.00	0.00	0.00	0.00	0.00	0.00	0.00	0.00	0.00	0.00	0.00	0.00	0.00	0.00	0.00	0.00
	累计沉降 mm	-1.43	-0.79	-0.62	-0.65	-0.55	-0.85	-0.05	0.17	-0.23	-1.86	-0.03	-0.40	-0.42	-0.49	0.05	0.15	0.19	0.31	0.31	0.37
2016/11/6 9:00	本次测值 m	-0.34821	-0.21570	-0.21723	-0.26529	-0.20127	-0.25549	-0.22199	-0.30165	-0.25476	0.17015	0.23001	-0.30053	-0.29495	-0.23532	-0.29348	-0.28986	-0.25586	-0.22824	-0.21652	-0.16868
	本次沉降 mm	0.00	0.00	0.00	0.00	0.00	0.00	0.00	0.00	0.00	0.00	0.00	0.00	0.00	0.00	0.00	0.00	0.00	0.00	0.00	0.00
	累计沉降 mm	-1.43	-0.79	-0.62	-0.65	-0.55	-0.85	-0.05	0.17	-0.23	-1.86	-0.03	-0.40	-0.42	-0.49	0.05	0.15	0.19	0.31	0.31	0.37
2016/11/6 17:00	本次测值 m	-0.34821	-0.21570	-0.21723	-0.26529	-0.20127	-0.25549	-0.22199	-0.30165	-0.25476	0.17015	0.23001	-0.30053	-0.29495	-0.23469	-0.29273	-0.28940	-0.25561	-0.22796	-0.21617	-0.16830
	本次沉降 mm	0.00	0.00	0.00	0.00	0.00	0.00	0.00	0.00	0.00	0.00	0.00	0.00	0.00	0.14	0.75	0.46	0.25	0.28	0.35	0.38
	累计沉降 mm	-1.43	-0.79	-0.62	-0.65	-0.55	-0.85	-0.05	0.17	-0.23	-1.86	-0.03	-0.40	-0.42	0.63	0.80	0.61	0.44	0.59	0.66	0.75
2016/11/7 9:00	本次测值 m	-0.34755	-0.21459	-0.21665	-0.26473	-0.20083	-0.25488	-0.22161	-0.30115	-0.25406	0.17205	0.22993	-0.30000	-0.29312	-0.23469	-0.29273	-0.28940	-0.25561	-0.22796	-0.21617	-0.16830
	本次沉降 mm	0.66	1.11	0.58	0.56	0.44	0.61	0.38	0.50	0.70	1.90	-0.08	0.53	1.83	0.14	0.75	0.46	0.25	0.28	0.35	0.38
	累计沉降 mm	-0.77	0.32	-0.04	-0.09	-0.11	-0.24	0.33	0.67	0.47	0.04	-0.11	0.13	1.41	0.14	0.80	0.61	0.44	0.59	0.66	0.75
2016/11/7 17:00	本次测值 m	-0.34601	-0.21347	-0.21553	-0.26336	-0.19979	-0.25390	-0.22040	-0.30005	-0.25294	0.17284	0.23091	-0.29896	-0.29244	-0.23369	-0.29202	-0.28840	-0.25432	-0.22709	-0.21536	-0.16803
	本次沉降 mm	1.54	1.12	1.12	1.37	1.04	0.98	1.21	1.10	1.12	0.79	0.98	1.04	0.68	1.00	0.71	1.00	1.29	0.87	0.81	0.27
	累计沉降 mm	0.77	1.44	1.08	1.28	0.93	0.74	1.54	1.77	1.59	0.83	0.87	1.17	2.09	1.14	1.51	1.61	1.73	1.46	1.47	1.02
2016/11/8 9:00	本次测值 m	-0.34601	-0.21347	-0.21553	-0.26336	-0.19979	-0.25390	-0.22040	-0.30005	-0.25294	0.17284	0.23091	-0.29896	-0.29244	-0.23369	-0.29202	-0.28840	-0.25432	-0.22709	-0.21536	-0.16803
	本次沉降 mm	0.00	0.00	0.00	0.00	0.00	0.00	0.00	0.00	0.00	0.00	0.00	0.00	0.00	0.00	0.00	0.00	0.00	0.00	0.00	0.00
	累计沉降 mm	0.77	1.44	1.08	1.28	0.93	0.74	1.54	1.77	1.59	0.83	0.87	1.17	2.09	1.14	1.51	1.61	1.73	1.46	1.47	1.02
2016/11/8 17:00	本次测值 m	-0.34601	-0.21347	-0.21553	-0.26336	-0.19979	-0.25390	-0.22040	-0.30005	-0.25294	0.17284	0.23091	-0.29896	-0.29244	-0.23369	-0.29202	-0.28840	-0.25432	-0.22709	-0.21536	-0.16803
	本次沉降 mm	0.00	0.00	0.00	0.00	0.00	0.00	0.00	0.00	0.00	0.00	0.00	0.00	0.00	0.00	0.00	0.00	0.00	0.00	0.00	0.00
	累计沉降 mm	0.77	1.44	1.08	1.28	0.93	0.74	1.54	1.77	1.59	0.83	0.87	1.17	2.09	1.14	1.51	1.61	1.73	1.46	1.47	1.02
2016/11/9 9:00	本次测值 m	-0.34601	-0.21347	-0.21553	-0.26336	-0.19979	-0.25390	-0.22040	-0.30005	-0.25294	0.17284	0.23091	-0.29896	-0.29244	-0.23369	-0.29202	-0.28840	-0.25432	-0.22709	-0.21536	-0.16803
	本次沉降 mm	0.00	0.00	0.00	0.00	0.00	0.00	0.00	0.00	0.00	0.00	0.00	0.00	0.00	0.00	0.00	0.00	0.00	0.00	0.00	0.00
	累计沉降 mm	0.77	1.44	1.08	1.28	0.93	0.74	1.54	1.77	1.59	0.83	0.87	1.17	2.09	1.14	1.51	1.61	1.73	1.46	1.47	1.02
2016/11/9 17:00	本次测值 m	-0.34601	-0.21347	-0.21553	-0.26336	-0.19979	-0.25390	-0.22040	-0.30005	-0.25294	0.17284	0.23091	-0.29896	-0.29244	-0.23369	-0.29202	-0.28840	-0.25432	-0.22709	-0.21536	-0.16803
	本次沉降 mm	0.00	0.00	0.00	0.00	0.00	0.00	0.00	0.00	0.00	0.00	0.00	0.00	0.00	0.00	0.00	0.00	0.00	0.00	0.00	0.00
	累计沉降 mm	0.77	1.44	1.08	1.28	0.93	0.74	1.54	1.77	1.59	0.83	0.87	1.17	2.09	1.14	1.51	1.61	1.73	1.46	1.47	1.02
2016/11/10 9:00	本次测值 m	-0.35031	-0.21770	-0.21955	-0.26740	-0.20339	-0.25751	-0.22421	-0.30412	-0.25667	0.16860	0.22824	-0.30272	-0.29619	-0.23709	-0.29575	-0.29179	-0.25821	-0.23095	-0.21922	-0.17120
	本次沉降 mm	-4.30	-4.23	-4.02	-4.04	-3.60	-3.61	-3.81	-4.07	-3.73	-4.24	-2.67	-3.76	-3.75	-3.40	-3.73	-3.39	-3.89	-3.86	-3.86	-3.17
	累计沉降 mm	-3.53	-2.79	-2.94	-2.76	-2.67	-2.87	-2.27	-2.30	-2.14	-3.41	-1.80	-2.59	-1.66	-2.26	-2.22	-1.78	-2.16	-2.40	-2.39	-2.15

续表

测点编号		DBC-27	DBC-26	DBC-25	DBC-24	DBC-23	DBC-22	DBC-21	DBC-19	DBC-18	DBC-17	DBC-16	DBC-12	DBC-11	DBC-09	DBC-08	DBC-07	DBC-06	DBC-05	DBC-04	DBC-03
2016/11/10 17:00	本次测值 m	-0.17180	-0.21909	-0.23079	-0.25793	-0.29197	-0.29544	-0.23705	-0.29626	-0.30247	0.22698	0.16870	-0.25659	-0.30392	-0.22403	-0.25746	-0.20334	-0.26727	-0.21925	-0.21749	-0.35041
	本次沉降 mm	-0.60	0.13	0.16	0.28	-0.18	0.31	0.04	-0.07	0.25	-1.26	0.10	0.08	0.20	0.18	0.05	0.05	0.13	0.30	0.21	-0.10
	累计沉降 mm	-2.75	-2.26	-2.24	-1.88	-1.96	-1.91	-2.22	-1.73	-2.34	-3.06	-3.31	-2.06	-2.10	-2.09	-2.82	-2.62	-2.63	-2.64	-2.58	-3.63
2016/11/11 9:00	本次测值 m	-0.17182	-0.21959	-0.23100	-0.25878	-0.29243	-0.29581	-0.23734	-0.29653	-0.30247	0.22717	0.16786	-0.25678	-0.30401	-0.22440	-0.25751	-0.20383	-0.26702	-0.21935	-0.21760	-0.35102
	本次沉降 mm	-0.02	-0.50	-0.21	-0.85	-0.46	-0.37	-0.29	-0.27	0.00	0.19	-0.84	-0.19	-0.09	-0.37	-0.05	-0.49	0.25	-0.10	-0.11	-0.61
	累计沉降 mm	-2.77	-2.76	-2.45	-2.73	-2.42	-2.28	-2.51	-2.00	-2.34	-2.87	-4.15	-2.25	-2.19	-2.46	-2.87	-3.11	-2.38	-2.74	-2.69	-4.24
2016/11/11 17:00	本次测值 m	-0.17198	-0.21963	-0.23107	-0.25829	-0.29238	-0.29601	-0.23758	-0.29652	-0.30297	0.22711	0.16859	-0.25706	-0.30417	-0.22435	-0.25757	-0.20346	-0.26693	-0.21924	-0.21724	-0.34946
	本次沉降 mm	-0.16	-0.04	-0.07	0.49	0.05	-0.20	-0.24	0.01	-0.50	-0.06	0.73	-0.28	-0.16	0.05	-0.06	0.37	0.09	0.11	0.36	1.56
	累计沉降 mm	-2.93	-2.80	-2.52	-2.24	-2.37	-2.48	-2.75	-1.99	-2.84	-2.93	-3.42	-2.53	-2.35	-2.41	-2.93	-2.74	-2.29	-2.63	-2.33	-2.68
2016/11/12 9:00	本次测值 m	-0.17228	-0.21980	-0.23132	-0.25872	-0.29258	-0.29643	-0.23781	-0.29704	-0.30325	0.22717	0.16812	-0.25732	-0.30481	-0.22484	-0.25833	-0.20407	-0.26794	-0.21917	-0.21767	-0.35100
	本次沉降 mm	-0.30	-0.17	-0.25	-0.43	-0.20	-0.42	-0.23	-0.52	-0.28	0.06	-0.47	-0.26	-0.64	-0.49	-0.76	-0.61	-1.01	0.07	-0.43	-1.54
	累计沉降 mm	-3.23	-2.97	-2.77	-2.67	-2.57	-2.90	-2.98	-2.51	-3.12	-2.87	-3.89	-2.79	-2.99	-2.90	-3.69	-3.35	-3.30	-2.56	-2.76	-4.22
2016/11/12 17:00	本次测值 m	-0.17228	-0.21980	-0.23132	-0.25872	-0.29258	-0.29643	-0.23781	-0.29704	-0.30325	0.22717	0.16812	-0.25732	-0.30481	-0.22484	-0.25833	-0.20407	-0.26794	-0.21917	-0.21767	-0.35100
	本次沉降 mm	0.00	0.00	0.00	0.00	0.00	0.00	0.00	0.00	0.00	0.00	0.00	0.00	0.00	0.00	0.00	0.00	0.00	0.00	0.00	0.00
	累计沉降 mm	-3.23	-2.97	-2.77	-2.67	-2.57	-2.90	-2.98	-2.51	-3.12	-2.87	-3.89	-2.79	-2.99	-2.90	-3.69	-3.35	-3.30	-2.56	-2.76	-4.22
2016/11/13 9:00	本次测值 m	-0.17228	-0.21980	-0.23132	-0.25872	-0.29258	-0.29643	-0.23781	-0.29704	-0.30325	0.22717	0.16812	-0.25732	-0.30481	-0.22484	-0.25833	-0.20407	-0.26794	-0.21917	-0.21767	-0.35100
	本次沉降 mm	0.00	0.00	0.00	0.00	0.00	0.00	0.00	0.00	0.00	0.00	0.00	0.00	0.00	0.00	0.00	0.00	0.00	0.00	0.00	0.00
	累计沉降 mm	-3.23	-2.97	-2.77	-2.67	-2.57	-2.90	-2.98	-2.51	-3.12	-2.87	-3.89	-2.79	-2.99	-2.90	-3.69	-3.35	-3.30	-2.56	-2.76	-4.22
2016/11/13 17:00	本次测值 m	-0.17228	-0.21980	-0.23132	-0.25872	-0.29258	-0.29643	-0.23781	-0.29704	-0.30363	0.22717	0.16812	-0.25706	-0.30439	-0.22484	-0.25833	-0.20423	-0.26794	-0.21917	-0.21767	-0.35100
	本次沉降 mm	0.00	0.00	0.00	0.00	0.00	0.00	0.00	0.00	-0.38	0.00	0.00	0.26	0.42	0.00	0.00	-0.16	0.00	0.00	0.00	0.00
	累计沉降 mm	-3.23	-2.97	-2.77	-2.67	-2.57	-2.90	-2.98	-2.51	-3.50	-2.87	-3.89	-2.53	-2.57	-2.90	-3.69	-3.51	-3.30	-2.56	-2.76	-4.22
2016/11/14 9:00	本次测值 m	-0.17228	-0.21980	-0.23132	-0.25872	-0.29260	-0.29620	-0.23778	-0.29677	-0.30363	0.22630	0.16836	-0.25706	-0.30439	-0.22484	-0.25805	-0.20423	-0.26793	-0.21917	-0.21767	-0.35100
	本次沉降 mm	0.00	0.00	0.00	0.00	-0.02	0.23	0.03	0.27	0.00	-0.87	0.24	0.00	0.00	0.00	0.28	0.00	0.01	0.00	0.00	0.00
	累计沉降 mm	-3.23	-2.97	-2.77	-2.67	-2.59	-2.67	-2.95	-2.24	-3.50	-3.74	-3.65	-2.53	-2.57	-2.90	-3.41	-3.51	-3.29	-2.56	-2.76	-4.22
2016/11/14 17:00	本次测值 m	-0.17199	-0.21971	-0.23117	-0.25852	-0.29260	-0.29620	-0.23778	-0.29677	-0.30363	0.22630	0.16836	-0.25706	-0.30439	-0.22475	-0.25805	-0.20423	-0.26793	-0.22003	-0.21767	-0.35100
	本次沉降 mm	0.29	0.09	0.15	0.20	0.00	0.00	0.00	0.00	0.00	0.00	0.00	0.00	0.00	0.09	0.00	0.00	0.00	-0.86	0.00	0.00
	累计沉降 mm	-2.94	-2.88	-2.62	-2.47	-2.59	-2.67	-2.95	-2.24	-3.50	-3.74	-3.65	-2.53	-2.57	-2.81	-3.41	-3.51	-3.29	-3.42	-3.04	-4.07
2016/11/15 9:00	本次测值 m	-0.17199	-0.21971	-0.23117	-0.25852	-0.29260	-0.29620	-0.23778	-0.29677	-0.30363	0.22630	0.16836	-0.25706	-0.30439	-0.22475	-0.25805	-0.20423	-0.26793	-0.22003	-0.21795	-0.35085
	本次沉降 mm	0.00	0.00	0.00	0.00	0.00	0.00	0.00	0.00	0.00	0.00	0.00	0.00	0.00	0.00	0.00	0.00	0.00	0.00	-0.28	0.15
	累计沉降 mm	-2.94	-2.88	-2.62	-2.47	-2.59	-2.67	-2.95	-2.24	-3.50	-3.74	-3.65	-2.53	-2.57	-2.81	-3.41	-3.51	-3.29	-3.42	-3.04	-4.07
2016/11/15 17:00	本次测值 m	-0.17243	-0.22041	-0.23209	-0.25915	-0.29409	-0.29845	-0.23853	-0.29749	-0.30443	0.22565	0.16764	-0.25800	-0.30535	-0.22534	-0.25886	-0.20463	-0.26873	-0.22071	-0.21850	-0.35071
	本次沉降 mm	-0.44	-0.70	-0.92	-0.63	-1.49	-2.25	-0.75	-0.72	-0.80	-0.65	-0.72	-0.94	-0.96	-0.59	-0.81	-0.40	-0.80	-0.68	-0.55	0.14
	累计沉降 mm	-3.38	-3.58	-3.54	-3.10	-4.08	-4.92	-3.70	-2.96	-4.30	-4.39	-4.37	-3.47	-3.53	-3.40	-4.22	-3.91	-4.09	-4.10	-3.59	-3.93
2016/11/16 9:00	本次测值 m																				

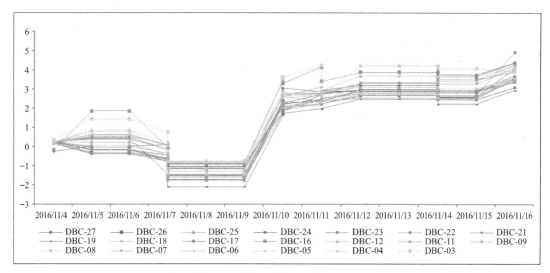

图 6-85　第一含水层组群井回灌期间地表沉降随时间变化曲线

6）试验小结

（1）针对第一含水层组进行群井回灌，单井最大回灌量可达 $103m^3/h$。

（2）第一含水层组群井回灌发现，第一含水层组与第二含水层组之间存在较小的水力联系，⑪层粉质黏土层隔水效果较好。

（3）群井回灌能够对各含水层水位实现一定的抬升，受水位抬升影响，各土层均反映出一定的少量隆起变形。

（4）地表沉降监测表现出与分层沉降相对应的变化规律，但其累计变形量要大于分层沉降监测结果的简单叠加量。

（5）受回灌影响，分层沉降监测结果和孔隙水压力监测结果表现出了相同的变化规律。

4. 第二含水层组群井回灌试验（HII-2、HII-4）

1）试验基本情况

试验时间：2016/11/11 18∶00～2016/11/14 18∶00（表 6-42）

第二含水层组群井试验基本概况表　　表 6-42

井号	回灌井		上层观测井					同层观测井		
	HII-2	HII-4	HI-1	HI-2	HI-3	HI-4	GI-1	HII-1	HII-3	GII-1
井深（m）	47	42	22	27	27	27	27	42	42	42
井径（m）	325	273	325	325	425	273	273	325	325	273
初始水位（m）	11.60	11.60	11.47	11.59	11.37	11.58	11.51	11.56	11.60	11.61

重点监测项目：主管道压力、井口压力、回灌量、同层水位、异层水位、孔隙水压、周围土体深层竖向位移及地表沉降。监测点布置见图 6-84。

2）试验原始记录（表6-43）

济南市王府庄地铁车站工程地下水回灌试验第二含水层组群井回灌原始记录（HII-2、HII-4群井）

表6-43

记录者：钟建文

试验时间	压力观测		回灌量观测				水位观测								
	主管道	井口		水表读数		回灌量	观测井	观测井	观测井	观测井	观测井	观测井	回灌井	观测井	回灌井	观测井
		HI-2	HI-4	回灌时间	HI-2	HI-4	HI-2	HI-4	HI-1	HI-2	HI-3	HI-4	GI-1	HII-2	HII-3	HII-4	GII-1
	MPa	MPa	MPa	min	m³	m³	m³/h	m³/h	m	m	m	m	m	m	m	m	m	m
2016/11/11 8:00		0.00	0.00						11.47	11.59	11.37	11.58	11.51	11.56	11.60		11.61
2016/11/11 17:00				0					11.5063	11.5885	11.3738	11.5820	11.5090	11.5576	11.5991		11.6069
2016/11/11 18:00				60	1183.0	2991.0			11.5033	11.5127	11.3778	11.4793	11.5130	11.5614	11.6003		11.6152
2016/11/12 8:15				915	1376.5	4334.8	12.7	88.1	11.4132	11.4830	11.3569	11.4601	11.4971	11.3761	11.2215		11.3047
2016/11/12 9:47				1007	1396.7	4478.6	12.7	88.6	11.4142	11.4881	11.3628	11.4582	11.4991	11.4152	11.2955		11.3670
2016/11/12 10:28				1048	1408.1	4550.3	12.9	89.3	11.4379	11.5127	11.3857	11.4841	11.5229	11.5690	11.6225		11.6298
2016/11/12 13:14				1214	1433.1	4721.3	12.4	85.5	11.4201	11.4799	11.3569	11.4572	11.4961	11.3828	11.2431		11.3140
2016/11/12 15:26				1346	1461.0	4920.9	12.4	86.0	11.4280	11.4881	11.3618	11.4620	11.5041	11.5375	11.5978		11.6121
2016/11/12 15:46				1366	1464.6	4928.8	12.4	85.1	11.4300	11.4881	11.3618	11.4649	11.5041	11.4248	29.0822		11.3815
2016/11/12 16:26	0.02			1406	1473.5	4990.8	12.4	85.3	11.4171	11.4738	11.3499	11.4495	11.4922	11.3646	11.2313		11.2985
2016/11/12 17:26				1466	1484.3	5076.5	12.3	85.4	11.4122	11.4676	11.3449	11.4447	11.4872	11.3656	11.2313		11.2985
2016/11/13 7:30				2310	1657.5	6278.2	12.3	85.4	11.3973	11.4574	11.3370	11.4380	11.4842	11.3560	11.2276		11.3026
2016/11/13 9:43				2443	1730.1	6557.7	13.4	87.6	11.3943	11.4656	11.3469	11.4390	11.4872	11.3694	11.2333		11.3099
2016/11/13 11:30				2550	1764.0	6717.1	13.7	87.7	11.3914	11.4594	11.3409	11.4342	11.4823	11.3665	11.2354		11.3016
2016/11/13 16:28				2848	1842.0	7170.0	13.9	88.0	11.4181	11.4420	11.3240	11.4159	11.4674	11.3484	11.2292		11.2850
2016/11/13 18:00				2940	1863.0	7211.0	13.9	86.1	11.4191	11.4441	11.3230	11.4188	11.4714	11.3465	11.2243		11.2881
2016/11/14 7:00				3720	2043.9	8331.8	13.9	86.1	11.4042	11.4594	11.3419	11.4428	11.4981	11.3513	11.2268		11.3078
2016/11/14 9:00				3840	2096.2	8367.9	14.3	84.0	11.3904	11.4758	11.3588	11.4572	11.5130	11.3684	11.2386		11.3275
2016/11/14 9:36				3876	2106.0	8693.6	14.3	88.3	11.3874	11.482	11.3618	11.4582	11.5160	11.3761	11.2427		11.3306
2016/11/14 12:30				4050	2122.3	8788.8	13.9	85.9	11.4151	11.5117	11.3937	11.4870	11.5408	11.4936	11.4931		11.5321
2016/11/14 13:30				4110	2137.5	8872.4	13.9	85.9	11.3973	11.4851	11.3708	11.4649	11.5209	11.3875	11.2652		11.3369
2016/11/14 15:38				4238	2170.6	9058.5	14.0	85.9	11.3864	11.4789	11.3638	11.4601	11.5150	11.3761	11.2562		11.3338
2016/11/14 17:58				4378	2206.3	9266.6	14.0	86.5	11.3745	11.4830	11.3668	11.4620	11.5209	11.3780	11.2554		11.3369
2016/11/14 17:59				1					11.3745		11.3678	11.4620	11.5229		11.3889		11.4822
2016/11/14 18:00				3					11.3775	11.4871	11.3718	11.4659	11.5259	11.4783	11.5407		11.5757
2016/11/14 18:01				3					11.3795	11.4892	11.3728	11.4688	11.5269	11.5012	11.5617		11.5965
2016/11/14 18:02				4					11.3815	11.4922	11.3748	11.4688	11.5279	11.5146	11.5789		11.6110
2016/11/14 18:03				5					11.3834	11.4943	11.3748	11.4697	11.5279	11.5241	11.5900		11.6162

续表

试验时间	压力观测 主管道 MPa	压力观测 井口 HI-2 MPa	压力观测 井口 HI-4 MPa	回灌时间 min	回灌量观测 水表读数 HI-2 m³	回灌量观测 水表读数 HI-4 m³	回灌量观测 回灌量 HI-2 m³/h	回灌量观测 回灌量 HI-4 m³/h	水位观测 观测井 HI-1 m	水位观测 观测井 HI-2 m	水位观测 观测井 HI-3 m	水位观测 观测井 HI-4 m	水位观测 观测井 GI-1 m	水位观测 观测井 HII-1 m	水位观测 回灌井 HII-2 m	水位观测 观测井 HII-3 m	水位观测 回灌井 HII-4 m	水位观测 观测井 GII-1 m
2016/11/14 18:08				10					11.3884	11.5004	11.3827	11.4764	11.5348	11.5423		11.6073		11.6339
2016/11/14 18:18				20					11.3933	11.5066	11.3887	11.4832	11.5408	11.5480		11.6151		11.6433
2016/11/14 18:28				30					11.3953	11.5097	11.3917	11.4880	11.5457	11.5499		11.6176		11.6412
2016/11/14 18:58				60					11.3993	11.5189	11.3986	11.4947	11.5536	11.5576		11.6233		11.6537
2016/11/14 19:58				120					11.4023	11.5261	11.4086	11.5034	11.5616	11.5652		11.6283		11.6557
2016/11/14 20:58				180					11.4003	11.5322	11.4146	11.5101	11.5695	11.5690		11.6336		11.6630
2016/11/14 21:58				240					11.3993	11.5373	11.4205	11.5168	11.5745	11.5748		11.6394		11.6672
2016/11/14 22:58				300					11.3993	11.5404	11.4235	11.5168	11.5765	11.5786		11.6447		11.6651
2016/11/14 23:58				360					11.3993	11.5445	11.4265	11.5207	11.5824	11.5796		11.6464		11.6651
2016/11/15 6:58				780					11.3973	11.5394	11.4225	11.5168	11.5834	11.5719		11.6398		11.6609
2016/11/15 13:58				1200					11.4142	11.5425	11.4265	11.5178	11.5794	11.5824		11.6562		11.6651
2016/11/15 20:58				1620					11.4290	11.5455	11.4295	11.5207	11.5626	11.5862		11.6521		11.6724
2016/11/16 3:58				2040					11.4399	11.5394	11.4265	11.5159	11.5308	11.5805		11.6517		11.6609
2016/11/16 10:58				2460					11.4528	11.5486	11.4325	11.5236	11.5061	11.5843		11.6472		11.6828

3）回灌量统计分析

如图 6-86 所示为针对第二含水层组实施群井回灌期间回灌井灌水量随时间对应关系，图中显示，在无压状态下实施回灌，回灌井水量 HI-4 可达 86.5m³/h，受到回灌井井壁止水效果的影响，回灌井 HII-2 相对较小，基本稳定在 13.3m³/h，回灌量继续增大，回灌井井壁出现冒水情况。对比第一含水层组群井回灌量，第二含水层组要略小于第一含水层组，与单井回灌试验结果一致。

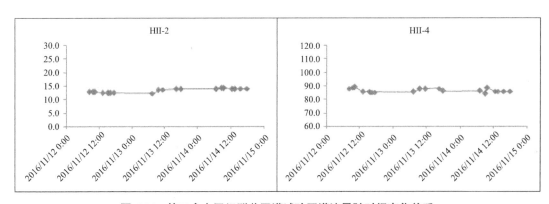

图 6-86　第二含水层组群井回灌试验回灌流量随时间变化关系

4）水位统计分析

如图 6-87 所示为针对第二含水层组实施群井回灌期间，同层位的水位观测井随时间变化曲线图，从图中发现，第二含水层组水位抬升整体量较小，位于两口回灌井中间位置的 HII-3 号回灌井水位抬升幅度最大，为 0.3757cm，HII-1 水位抬升量只有 0.2135m，GII-1 水位抬升量为 0.325m，这与第二含水层组群井回灌整体回灌量减小有直接关系。

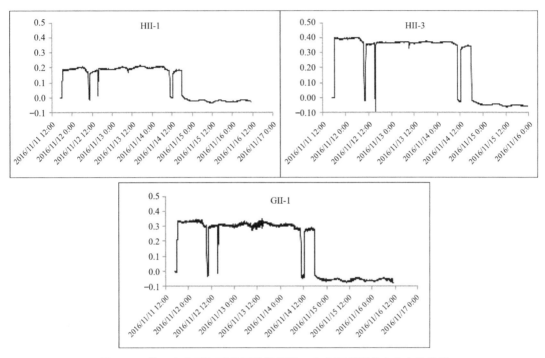

图 6-87　第二含水层组群井回灌期间第一含水层观测井水位变化曲线

图 6-88 所示为第二含水层组回灌期间第一含水层组水位变化情况，受第二含水层组群井回灌影响，第一含水层组水位均有一定程度的抬升，但总体水位抬升量较小，距离回灌井最近的 HI-2 水位抬升量最大，只有 0.1641m，其次是 HI-4，水位抬升 0.148m，其余各井水位抬升量均小于 0.1m。

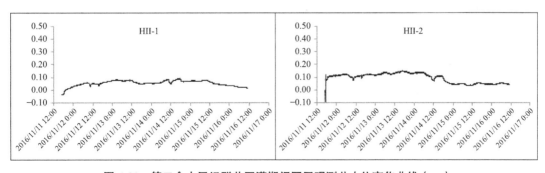

图 6-88　第二含水层组群井回灌期间同层观测井水位变化曲线（一）

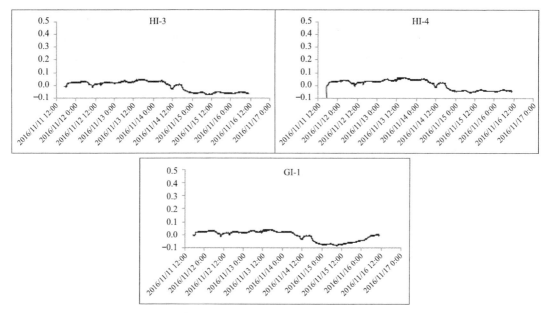

图 6-88 第二含水层组群井回灌期间同层观测井水位变化曲线（二）

5）地表沉降（图 6-89、表 6-44）

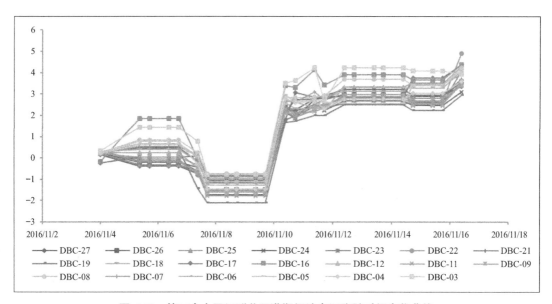

图 6-89 第二含水层组群井回灌期间地表沉降随时间变化曲线

6）试验小结

（1）第二含水层群井回灌效率较之第一含水层有所降低，水位回升量相对下降。

（2）试验再一次验证了⑪层粉质黏土层的隔水效果，第一、第二含水层之间水联系不明显。

5. 试验结论

结合上述单井和群井试验数据分析，得出如下结论：

（1）针对卵石层进行地下水回灌，效率较高，单井最大回灌量超过 100m^3/h，接近坑内单井出水量的 3 倍。

（2）同为卵石层回灌，上部第一含水层回灌效率要高于下部第二含水层，除回灌量明显增加外，回灌对水位的抬升效果较为明显。

（3）通过回灌试验判断，第一含水层与第二含水层之间水力联系不明显，中间存在的⑪层粉质黏土层隔水效果较好，后期基坑降水过程同样印证了此结论。

（4）针对上部第一含水层组进行回灌，普通桥式滤水管回灌效率要明显高于双层缠丝滤水管，但对下部第二含水层组进行回灌，此规律不再适用。

（5）地下水回灌过程能够有效地抬高地下水水位，进而能够使土体产生隆起变形，二者存在较为显著的对应关系，后期可以通过地下水回灌解决基坑降水对周边建筑物的不利影响。

（6）地下水回灌有一定的影响范围，因此在后续施工过程中，如设计回灌井，回灌井应尽量远离基坑，避免回灌井距离基坑较近，在加压回灌过程中对基坑产生不利影响。

（7）回灌过程，水位抬升，进而产生一定的孔隙水压力，孔隙水压力伴随回灌终止而消失，因此回灌井设置距离基坑较近同样会对基坑围护结构产生不利影响。在后续施工过程中，需针对更多井的类型开展不同回灌压力作用下的回灌试验，进一步总结回灌规律。

济南市王府庄地铁车站工程第二含水层组地下水回灌试验地表沉降测量原始记录（HII-2、HII-4） 表6-44

测点编号		DBC-27	DBC-26	DBC-25	DBC-24	DBC-23	DBC-22	DBC-21	DBC-19	DBC-18	DBC-17	DBC-16	DBC-12	DBC-11	DBC-09	DBC-08	DBC-07	DBC-06	DBC-05	DBC-04	DBC-03
2016/11/4	本次测值 m	-0.16905	-0.21683	-0.22855	-0.25605	-0.29001	-0.29353	-0.23483	-0.29453	-0.30013	0.23004	0.17201	-0.25453	-0.30182	-0.22194	-0.25464	-0.20072	-0.26464	-0.21661	-0.21491	-0.34678
2016/11/5 9:00	本次测值 m	-0.16868	-0.21652	-0.22824	-0.25586	-0.28986	-0.29348	-0.23532	-0.29495	-0.30053	0.23001	0.17015	-0.25476	-0.30165	-0.22199	-0.25549	-0.20127	-0.26529	-0.21723	-0.21570	-0.34821
	本次沉降 mm	0.37	0.31	0.31	0.19	0.15	0.05	-0.49	-0.42	-0.40	-0.03	-1.86	-0.23	0.17	-0.05	-0.85	-0.55	-0.65	-0.62	-0.79	-1.43
	累计沉降 mm	0.37	0.31	0.31	0.19	0.15	0.05	-0.49	-0.42	-0.40	-0.03	-1.86	-0.23	0.17	-0.05	-0.85	-0.55	-0.65	-0.62	-0.79	-1.43
2016/11/5 17:00	本次测值 m	-0.16868	-0.21652	-0.22824	-0.25586	-0.28986	-0.29348	-0.23532	-0.29495	-0.30053	0.23001	0.17015	-0.25476	-0.30165	-0.22199	-0.25549	-0.20127	-0.26529	-0.21723	-0.21570	-0.34821
	本次沉降 mm	0.00	0.00	0.00	0.00	0.00	0.00	0.00	0.00	0.00	0.00	0.00	0.00	0.00	0.00	0.00	0.00	0.00	0.00	0.00	0.00
	累计沉降 mm	0.37	0.31	0.31	0.19	0.15	0.05	-0.49	-0.42	-0.40	-0.03	-1.86	-0.23	0.17	-0.05	-0.85	-0.55	-0.65	-0.62	-0.79	-1.43
2016/11/6 9:00	本次测值 m	-0.16868	-0.21652	-0.22824	-0.25586	-0.28986	-0.29348	-0.23532	-0.29495	-0.30053	0.23001	0.17015	-0.25476	-0.30165	-0.22199	-0.25549	-0.20127	-0.26529	-0.21723	-0.21570	-0.34821
	本次沉降 mm	0.00	0.00	0.00	0.00	0.00	0.00	0.00	0.00	0.00	0.00	0.00	0.00	0.00	0.00	0.00	0.00	0.00	0.00	0.00	0.00
	累计沉降 mm	0.37	0.31	0.31	0.19	0.15	0.05	-0.49	-0.42	-0.40	-0.03	-1.86	-0.23	0.17	-0.05	-0.85	-0.55	-0.65	-0.62	-0.79	-1.43
2016/11/6 17:00	本次测值 m	-0.16868	-0.21652	-0.22824	-0.25586	-0.28986	-0.29348	-0.23532	-0.29495	-0.30053	0.23001	0.17015	-0.25476	-0.30165	-0.22199	-0.25549	-0.20127	-0.26529	-0.21723	-0.21570	-0.34821
	本次沉降 mm	0.00	0.00	0.00	0.00	0.00	0.00	0.00	0.00	0.00	0.00	0.00	0.00	0.00	0.00	0.00	0.00	0.00	0.00	0.00	0.00
	累计沉降 mm	0.37	0.31	0.31	0.19	0.15	0.05	-0.49	-0.42	-0.40	-0.03	-1.86	-0.23	0.17	-0.05	-0.85	-0.55	-0.65	-0.62	-0.79	-1.43
2016/11/7 9:00	本次测值 m	-0.16830	-0.21617	-0.22796	-0.25561	-0.28940	-0.29273	-0.23469	-0.29312	-0.30000	0.22993	0.17205	-0.25406	-0.30115	-0.22161	-0.25488	-0.20083	-0.26473	-0.21665	-0.21459	-0.34755
	本次沉降 mm	0.38	0.35	0.28	0.25	0.46	0.75	0.63	1.83	0.53	-0.08	1.90	0.70	0.50	0.38	0.61	0.44	0.56	0.58	1.11	0.66
	累计沉降 mm	0.75	0.66	0.59	0.44	0.61	0.80	0.14	1.41	0.13	-0.11	0.04	0.47	0.67	0.33	-0.24	-0.11	-0.09	-0.04	0.32	-0.77
2016/11/7 17:00	本次测值 m	-0.16803	-0.21536	-0.22709	-0.25432	-0.28840	-0.29202	-0.23369	-0.29244	-0.29896	0.23091	0.17284	-0.25294	-0.30005	-0.22040	-0.25390	-0.19979	-0.26336	-0.21553	-0.21347	-0.34601
	本次沉降 mm	0.27	0.81	0.87	1.29	1.00	0.71	1.00	0.68	1.04	0.98	0.79	1.12	1.10	1.21	0.98	1.04	1.37	1.12	1.12	1.54
	累计沉降 mm	1.02	1.47	1.46	1.73	1.61	1.51	1.14	2.09	1.17	0.87	0.83	1.59	1.77	1.54	0.74	0.93	1.28	1.08	1.44	0.77
2016/11/8 9:00	本次测值 m	-0.16803	-0.21536	-0.22709	-0.25432	-0.28840	-0.29202	-0.23369	-0.29244	-0.29896	0.23091	0.17284	-0.25294	-0.30005	-0.22040	-0.25390	-0.19979	-0.26336	-0.21553	-0.21347	-0.34601
	本次沉降 mm	0.00	0.00	0.00	0.00	0.00	0.00	0.00	0.00	0.00	0.00	0.00	0.00	0.00	0.00	0.00	0.00	0.00	0.00	0.00	0.00
	累计沉降 mm	1.02	1.47	1.46	1.73	1.61	1.51	1.14	2.09	1.17	0.87	0.83	1.59	1.77	1.54	0.74	0.93	1.28	1.08	1.44	0.77
2016/11/8 17:00	本次测值 m	-0.16803	-0.21536	-0.22709	-0.25432	-0.28840	-0.29202	-0.23369	-0.29244	-0.29896	0.23091	0.17284	-0.25294	-0.30005	-0.22040	-0.25390	-0.19979	-0.26336	-0.21553	-0.21347	-0.34601
	本次沉降 mm	0.00	0.00	0.00	0.00	0.00	0.00	0.00	0.00	0.00	0.00	0.00	0.00	0.00	0.00	0.00	0.00	0.00	0.00	0.00	0.00
	累计沉降 mm	1.02	1.47	1.46	1.73	1.61	1.51	1.14	2.09	1.17	0.87	0.83	1.59	1.77	1.54	0.74	0.93	1.28	1.08	1.44	0.77
2016/11/9 9:00	本次测值 m	-0.16803	-0.21536	-0.22709	-0.25432	-0.28840	-0.29202	-0.23369	-0.29244	-0.29896	0.23091	0.17284	-0.25294	-0.30005	-0.22040	-0.25390	-0.19979	-0.26336	-0.21553	-0.21347	-0.34601
	本次沉降 mm	0.00	0.00	0.00	0.00	0.00	0.00	0.00	0.00	0.00	0.00	0.00	0.00	0.00	0.00	0.00	0.00	0.00	0.00	0.00	0.00
	累计沉降 mm	1.02	1.47	1.46	1.73	1.61	1.51	1.14	2.09	1.17	0.87	0.83	1.59	1.77	1.54	0.74	0.93	1.28	1.08	1.44	0.77
2016/11/9 17:00	本次测值 m	-0.17120	-0.21922	-0.23095	-0.25821	-0.29179	-0.29575	-0.23709	-0.29619	-0.30272	0.22824	0.16860	-0.25667	-0.30412	-0.22421	-0.25751	-0.20339	-0.26740	-0.21955	-0.21770	-0.35031
	本次沉降 mm	-3.17	-3.86	-3.86	-3.89	-3.39	-3.73	-3.40	-3.75	-3.76	-2.67	-4.24	-3.73	-4.07	-3.81	-3.61	-3.60	-4.04	-4.02	-4.23	-4.30
	累计沉降 mm	-2.15	-2.39	-2.40	-2.16	-1.78	-2.22	-2.26	-1.66	-2.59	-1.80	-3.41	-2.14	-2.30	-2.27	-2.87	-2.67	-2.76	-2.94	-2.79	-3.53
2016/11/10 9:00	本次测值 m	-0.17180	-0.21909	-0.23079	-0.25793	-0.29197	-0.29544	-0.23705	-0.29626	-0.30247	0.22698	0.16870	-0.25659	-0.30392	-0.22303	-0.25746	-0.20334	-0.26727	-0.21925	-0.21749	-0.35041
	本次沉降 mm	-0.60	0.13	0.16	0.28	-0.18	0.31	0.04	-0.07	0.25	-1.26	0.10	0.08	0.20	0.18	0.05	0.05	0.13	0.30	0.21	-0.10
	累计沉降 mm	-2.75	-2.26	-2.24	-1.88	-1.96	-1.91	-2.22	-1.73	-2.34	-3.06	-3.31	-2.06	-2.10	-2.09	-2.82	-2.62	-2.63	-2.64	-2.58	-3.63

续表

测点编号		DBC-27	DBC-26	DBC-25	DBC-24	DBC-23	DBC-22	DBC-21	DBC-19	DBC-18	DBC-17	DBC-16	DBC-12	DBC-11	DBC-09	DBC-08	DBC-07	DBC-06	DBC-05	DBC-04	DBC-03
2016/11/11 9:00	本次测值 m	-0.17182	-0.21959	-0.23100	-0.25878	-0.29243	-0.29581	-0.23734	-0.29653	-0.30247	0.22717	0.16786	-0.25678	-0.30401	-0.22440	-0.25751	-0.20383	-0.26702	-0.21935	-0.21760	-0.35102
	本次沉降 mm	-0.02	-0.50	-0.21	-0.85	-0.46	-0.37	-0.29	-0.27	0.00	0.19	-0.84	-0.19	-0.09	-0.37	-0.05	-0.49	0.25	-0.10	-0.11	-0.61
	累计沉降 mm	-2.77	-2.76	-2.45	-2.73	-2.42	-2.28	-2.51	-2.00	-2.34	-2.87	-4.15	-2.25	-2.19	-2.46	-2.87	-3.11	-2.38	-2.74	-2.69	-4.24
2016/11/11 17:00	本次测值 m	-0.17198	-0.21963	-0.23107	-0.25829	-0.29238	-0.29601	-0.23758	-0.29652	-0.30297	0.22711	0.16859	-0.25706	-0.30417	-0.22435	-0.25757	-0.20346	-0.26693	-0.21924	-0.21724	-0.34946
	本次沉降 mm	-0.16	-0.04	-0.07	0.49	0.05	-0.20	-0.24	0.01	-0.50	-0.06	0.73	-0.28	-0.16	0.05	-0.06	0.37	0.09	0.11	0.36	1.56
	累计沉降 mm	-2.93	-2.80	-2.52	-2.24	-2.37	-2.48	-2.75	-1.99	-2.84	-2.93	-3.42	-2.53	-2.35	-2.41	-2.93	-2.74	-2.29	-2.63	-2.33	-2.68
2016/11/12 9:00	本次测值 m	-0.17228	-0.21980	-0.23132	-0.25872	-0.29258	-0.29643	-0.23781	-0.29704	-0.30325	0.22717	0.16812	-0.25732	-0.30481	-0.22484	-0.25833	-0.20407	-0.26794	-0.21917	-0.21767	-0.35100
	本次沉降 mm	-0.30	-0.17	-0.25	-0.43	-0.20	-0.42	-0.23	-0.52	-0.28	0.06	-0.47	-0.26	-0.64	-0.49	-0.76	-0.61	-1.01	0.07	-0.43	-1.54
	累计沉降 mm	-3.23	-2.97	-2.77	-2.67	-2.57	-2.90	-2.98	-2.51	-3.12	-2.87	-3.89	-2.79	-2.99	-2.90	-3.69	-3.35	-3.30	-2.56	-2.76	-4.22
2016/11/12 17:00	本次测值 m	-0.17228	-0.21980	-0.23132	-0.25872	-0.29258	-0.29643	-0.23781	-0.29704	-0.30325	0.22717	0.16812	-0.25732	-0.30481	-0.22484	-0.25833	-0.20407	-0.26794	-0.21917	-0.21767	-0.35100
	本次沉降 mm	0.00	0.00	0.00	0.00	0.00	0.00	0.00	0.00	0.00	0.00	0.00	0.00	0.00	0.00	0.00	0.00	0.00	0.00	0.00	0.00
	累计沉降 mm	-3.23	-2.97	-2.77	-2.67	-2.57	-2.90	-2.98	-2.51	-3.12	-2.87	-3.89	-2.79	-2.99	-2.90	-3.69	-3.35	-3.30	-2.56	-2.76	-4.22
2016/11/13 9:00	本次测值 m	-0.17228	-0.21980	-0.23132	-0.25872	-0.29258	-0.29643	-0.23781	-0.29704	-0.30325	0.22717	0.16812	-0.25732	-0.30481	-0.22484	-0.25833	-0.20407	-0.26794	-0.21917	-0.21767	-0.35100
	本次沉降 mm	0.00	0.00	0.00	0.00	0.00	0.00	0.00	0.00	0.00	0.00	0.00	0.00	0.00	0.00	0.00	0.00	0.00	0.00	0.00	0.00
	累计沉降 mm	-3.23	-2.97	-2.77	-2.67	-2.57	-2.90	-2.98	-2.51	-3.12	-2.87	-3.89	-2.79	-2.99	-2.90	-3.69	-3.35	-3.30	-2.56	-2.76	-4.22
2016/11/13 17:00	本次测值 m	-0.17228	-0.21980	-0.23132	-0.25872	-0.29258	-0.29643	-0.23781	-0.29704	-0.30325	0.22717	0.16812	-0.25732	-0.30481	-0.22484	-0.25833	-0.20407	-0.26794	-0.21917	-0.21767	-0.35100
	本次沉降 mm	0.00	0.00	0.00	0.00	0.00	0.00	0.00	0.00	0.00	0.00	0.00	0.00	0.00	0.00	0.00	0.00	0.00	0.00	0.00	0.00
	累计沉降 mm	-3.23	-2.97	-2.77	-2.67	-2.57	-2.90	-2.98	-2.51	-3.12	-2.87	-3.89	-2.79	-2.99	-2.90	-3.69	-3.35	-3.30	-2.56	-2.76	-4.22
2016/11/14 9:00	本次测值 m	-0.17228	-0.21980	-0.23132	-0.25872	-0.29258	-0.29643	-0.23781	-0.29704	-0.30325	0.22717	0.16812	-0.25732	-0.30481	-0.22484	-0.25833	-0.20407	-0.26794	-0.21917	-0.21767	-0.35100
	本次沉降 mm	0.00	0.00	0.00	0.00	0.00	0.00	0.00	0.00	0.00	0.00	0.00	0.00	0.00	0.00	0.00	0.00	0.00	0.00	0.00	0.00
	累计沉降 mm	-3.23	-2.97	-2.77	-2.67	-2.57	-2.90	-2.98	-2.51	-3.12	-2.87	-3.89	-2.79	-2.99	-2.90	-3.69	-3.35	-3.30	-2.56	-2.76	-4.22
2016/11/14 17:00	本次测值 m	-0.17199	-0.21971	-0.23117	-0.25852	-0.29260	-0.29620	-0.23778	-0.29677	-0.30363	0.22630	0.16836	-0.25706	-0.30439	-0.22475	-0.25805	-0.20423	-0.26793	-0.22003	-0.21795	-0.35085
	本次沉降 mm	0.29	0.09	0.15	0.20	-0.02	0.23	0.03	0.27	-0.38	-0.87	0.24	0.26	0.42	0.09	0.28	-0.16	0.01	-0.86	-0.28	0.15
	累计沉降 mm	-2.94	-2.88	-2.62	-2.47	-2.59	-2.67	-2.95	-2.24	-3.50	-3.74	-3.65	-2.53	-2.57	-2.81	-3.41	-3.51	-3.29	-3.42	-3.04	-4.07
2016/11/15 9:00	本次测值 m	-0.17199	-0.21971	-0.23117	-0.25852	-0.29260	-0.29620	-0.23778	-0.29677	-0.30363	0.22630	0.16836	-0.25706	-0.30439	-0.22475	-0.25805	-0.20423	-0.26793	-0.22003	-0.21795	-0.35085
	本次沉降 mm	0.00	0.00	0.00	0.00	0.00	0.00	0.00	0.00	0.00	0.00	0.00	0.00	0.00	0.00	0.00	0.00	0.00	0.00	0.00	0.00
	累计沉降 mm	-2.94	-2.88	-2.62	-2.47	-2.59	-2.67	-2.95	-2.24	-3.50	-3.74	-3.65	-2.53	-2.57	-2.81	-3.41	-3.51	-3.29	-3.42	-3.04	-4.07
2016/11/15 17:00	本次测值 m	-0.17199	-0.21971	-0.23117	-0.25852	-0.29260	-0.29620	-0.23778	-0.29677	-0.30363	0.22630	0.16836	-0.25706	-0.30439	-0.22475	-0.25805	-0.20423	-0.26793	-0.22003	-0.21795	-0.35085
	本次沉降 mm	0.00	0.00	0.00	0.00	0.00	0.00	0.00	0.00	0.00	0.00	0.00	0.00	0.00	0.00	0.00	0.00	0.00	0.00	0.00	0.00
	累计沉降 mm	-2.94	-2.88	-2.62	-2.47	-2.59	-2.67	-2.95	-2.24	-3.50	-3.74	-3.65	-2.53	-2.57	-2.81	-3.41	-3.51	-3.29	-3.42	-3.04	-4.07
2016/11/16 9:00	本次测值 m	-0.17243	-0.22041	-0.23209	-0.25915	-0.29409	-0.29845	-0.23853	-0.29749	-0.30443	0.22565	0.16764	-0.25800	-0.30535	-0.22534	-0.25886	-0.20463	-0.26873	-0.22071	-0.21850	-0.35071
	本次沉降 mm	-0.44	-0.70	-0.92	-0.63	-1.49	-2.25	-0.75	-0.72	-0.80	-0.65	-0.72	-0.94	-0.96	-0.59	-0.81	-0.40	-0.80	-0.68	-0.55	0.14
	累计沉降 mm	-3.38	-3.58	-3.54	-3.10	-4.08	-4.92	-3.70	-2.96	-4.30	-4.39	-4.37	-3.47	-3.53	-3.40	-4.22	-3.91	-4.09	-4.10	-3.59	-3.93

参考文献

[1] Pujades E., Carrera J., Vázquez-Suñé E., Jurado A., Vilarrasa V., Mascuñano-Salvador E., Hydraulic Characterization of Diaphragm Walls for Cut and Cover Tunnelling[J]. Engineering Geology, 2012, 125 (27): 1-10.

[2] Pujades E., Vázquez-Suñé E., Culí L., Carrera J., Ledesma A., Jurado A. Hydrogeological IMPact Assessment by Tunnelling at Sites of High Sensitivity[J]. Engineering Geology, 2015, 193: 421-434.

[3] Ervin M.C., Morgan J.R. Groundwater Control Around a Large Basement[J]. Canadian Geotechnical Journal, 2001, 38 (4): 732-740.

[4] 冯晓腊, 熊文林, 胡涛, 等. 三维水—土耦合模型在深基坑降水计算中的应用[J]. 岩石力学与工程学报, 2005, 24 (7): 1196-1201.

[5] 骆祖江, 武永霞. 第四纪松散沉积层深基坑降水三维非稳定流数值模拟[J]. 沈阳:沈阳建筑大学学报, 2006, 22 (2): 181-185.

[6] Zhou N.Q., Vermeer P.A., Lou R.X., Tang Y.Q., Jiang S.M. Numerical Simulation of Deep Foundation Pit Dewatering and Optimization of Controlling Land Subsidence[J]. Engineering Geology, 2010, 114 (3): 251-260.

[7] 娄荣祥, 周念清, 赵姗. 上海地铁 11 号线徐家汇站深基坑降水数值模拟[J]. 地下空间与工程学报, 2011, 7 (5): 908-913.

[8] 周红波, 蔡来炳. 软土地区深基坑工程承压水风险与控制[J]. 上海: 同济大学学报(自然科学版), 2015, 43 (1): 27-32.

[9] 刘建航, 侯学渊. 基坑工程手册[M]. 北京: 中国建筑工业出版社, 1997.

[10] 张永波, 孙新忠. 基坑降水工程[M]. 北京: 地震出版社, 2000.

[11] 陈幼雄. 井点降水设计与施工[M]. 上海: 上海科学普及出版社, 2004.

[12] 李再兴. 有关基坑降水方法的探讨[J]. 地下水, 2008, 30 (2): 72-79.

[13] 翟国华. 多级轻型井点降水在黏性土地基中的应用[J]. 施工技术, 1992, 2: 26-27.

[14] 王福喜. 轻型井点降水在南京地铁东井亭站基础施工中的应用[J]. 成都: 四川建筑科学研究, 2005, 31 (5): 87-89.

[15] 张建平, 陈璐, 黎伟锋, 王付祥. 改进型轻型井点降水技术及其应用[J]. 施工技术, 2011, 40 (351): 62-64.

[16] 张勇, 赵云云, 高文龙. 真空轻型井点地基处理试验研究[J]. 岩土力学, 2014, 35 (9): 2667-2672.

[17] Powrie, W., Roberts T.O.L. Field Trial of an Ejector Well Dewatering System at Conwy, North Wales[J]. Quarterly Journal of Engineering Geology and Hydrogeology, 1990, 23（2）: 169-185.

[18] Powrie W., Preene M. Time-Drawdown Behaviour of Construction Dewatering Systems in Fine Soils[J]. Géotechnique, 1994, 44（1）: 83-100.

[19] Preene M., Powrie W. Steady-State Performance of Construction Dewatering Systems in Fine Soils[J]. Géotechnique, 1993, 43（2）: 191-205.

[20] 封桂泰, 赵波. 喷射井点降水在地下连续墙施工中的应用[J]. 建筑施工, 2012, 34（4）: 305-307.

[21] 奚正修. 电渗喷射井点对淤泥质黏土深层降水的作用[J]. 施工技术, 1983, 2: 7-12.

[22] 陆汉时, 杨金兴. 基坑流塑土层降水方式的探讨[J]. 施工技术, 2012, 41（s2）: 57-59.

[23] 王协群, 邹维列. 电渗排水法加固湖相软黏土的试验研究[J]. 武汉: 武汉理工大学学报, 2007, 29（2）: 95-99.

[24] 庞宽, 刘斯宏, 吴澎, 王柳江, 顾唯星, 高娇容. 电渗法加固软土地基基本参数室内试验研究[J]. 水运工程, 2011, 3: 148-153.

[25] 瞿成松, 张国强, 罗建军, 缪国建. 上海中心大厦基坑降水设计及实践[J]. 资源环境与工程, 2011, 25（3）: 209-214.

[26] 兰韦华, 张英英, 沈驰. 超强真空降水井研究与应用[J]. 工程勘察, 2013（S1）: 86-92.

[27] 罗建军, 瞿成松, 姚天强. 上海环球金融中心塔楼基坑降水工程[J]. 地下空间与工程学报, 2005, 4（1）: 646-650.

[28] 郑刚. 天津市地下工程中地下水的影响及控制[J]. 施工技术, 2010, 39（3）: 1-7.

[29] 张雪婵, 龚晓南, 尹序源, 赵玉勃. 杭州庆春路过江隧道江南工作井监测分析[J]. 岩土力学, 2011, 32（s1）: 488-494.

[30] 陈兴贤, 骆祖江, 安晓宇, 谈金忠, 田开洋. 深基坑降水三维变参数非稳定渗流与地面沉降耦合模型[J]. 吉林大学学报（地球科学版）, 2013, 43（5）: 1572-1578.

[31] 孙文娟. 软土地基中基坑围护结构对降水的挡水作用机理及其应用[D]. 上海: 上海交通大学硕士学位论文, 2008.

[32] Miyake N., Kohsaka N., Ishikawa A. Multi-Aquifer Pumping Test to Determine Cutoff Wall Length for Groundwater Flow Control During Site Excavation in Tokyo, Japan[J]. Hydrogeology Journal, 2008, 16: 995-1001.

[33] William V.K. Ground Water-Methods of Extraction and Construction[M] Ohio: Columbus Presss, 1969.

[34] 张继清. 辐射井降水的施工工艺和单价分析[J]. 铁路工程造价管理, 2004（3）: 41-44.

[35] 何运晏, 张志林, 夏孟. 辐射井技术在北京地铁五号线降水中的应用[J]. 水文地质工程地质, 2006（1）: 80-83.

[36] 赵俭斌, 张志强, 晏可奇, 马剑秋, 杨越, 解维军. 辐射井在沈阳地铁一号线降水中的应用[J]. 沈阳建筑大学学报（自然科学版）, 2009, 25（3）: 501-504.

[37] Chai J.C., Shen S.L., Zhu H.H., Zhang, X.L. Land Subsidence Due to Groundwater Drawdown in Shanghai[J]. Géotechnique, 2004, 54（2）: 143-147.

[38] 《上海市城市地质图集》编纂委员会. 上海市城市地质图集 [M]. 北京: 地质出版社, 2010.

[39] 朱本清. 福州第四纪沉积物工程地质特征研究 [J]. 福建建筑, 1998, 59（3）: 20-23.

[40] 林晨. 福州盆地工程地质特征及其勘察与施工 [J]. 矿产保护与利用, 2002, 5: 52-54.

[41] 吴孟杰. 浙江省杭州市区域水文地质调查报告 [R], 1999.

[42] 崔涛. 宁波地铁市府站深基坑抽水试验及数值分析 [J]. 城市轨道交通研究, 2010, 5: 79-84.

[43] 张雪婵, 张杰, 龚晓南, 尹序源. 典型城市承压含水层区域性特性 [J]. 浙江大学学报（工学版）, 2010, 44（10）: 1998-2004.

[44] 曹茜茜. 基于实测数据的宁波软土深基坑工程变形规律及控制研究 [D]. 宁波: 宁波大学硕士学位论文, 2012.

[45] 陈斌, 叶俊能, 朱剑锋, 刘干斌, 贾波. 宁波地区典型土层地基承载力确定 [J]. 工程地质学报, 2013（4）: 493-500.

[46] Richards D.J., Clayton C. R.I., Powrie W., Hayward T. Geotechnical Analysis of a Retaining Wall in Weak Rock[J]. Proceedings of the ICE-Geotechnical Engineering, 2004, 157（1）: 13-26.

[47] Bevan M.A., Powrie W., Roberts T.O.L. Influence of Large-Scale Inhomogeneities on a Construction Dewatering System in Chalk[J]. Géotechnique, 2010, 60（8）: 635-649.

[48] Shen S.L., Han J., Du. Y. J. Deep Mixing Induced Property Changes in Surrounding Sensitive Marine Clays[J]. Journal of Geotechnical and Geoenvironmetal Engineering, ASCE, 2008, 134（6）: 845-854.

[49] Huang J., Han J. 3D Coupled Mechanical and Hydraulic Modeling of a Geosynthetic-Reinforced Deep Mixed Column-Supported Embankment[J]. Geotextiles and Geomembranes, 2009, 27（4）: 272-280.

[50] Chen J.J., Zhang L.Y., Zhang J.F., Zhu Y.F., Wang J.H. Field Tests, Modification and Application of Deep Soil Mixing Method in Soft Clay[J]. Journal of Geotechnical and Geoenvironmetal Engineering, ASCE, 2013, 139（1）: 24-34.

[51] Shen S.L., Wang Z.F., Horpibulsuk S., Kim Y. H. Jet Grouting With a Newly Developed Technology: The Twin-Jet Method[J]. Engineering Geology, 2013, 152（1）: 87-95.

[52] Shen S.L., Wang Z.F., Sun W.J., Wang L.B., Horpibulsuk S. A Field Trial of Horizontal Jet Grouting Using the Composite-Pipe Method in the Soft Deposits of Shanghai[J]. Tunnelling and Underground Space Technology, 2013, 35: 142-151.

[53] Shen S.L., Wang Z.F., Yang J., Ho C.E. Generalized Approach for Prediction of Jet Grout Column Diameter[J]. Journal of Geotechnical and Geoenvironmental Engineering, 2013, 139（12）: 2060-2069.

[54] Wang Z.F., Shen S.L., Ho C.E., Kim Y.H. Investigation of Field Installation Effects of Horizontal Twin-Jet Grouting in Shanghai Soft Soil Deposits[J]. Canadian Geotechnical Journal, 2013, 50（3）: 288-297.

[55] 张忠苗，赵玉勃，吴世明，王博.过江隧道深基坑中SMW工法加钢支撑围护结构现场监测分析[J].岩石力学与工程学报，2010，29（6）：1270-1278.

[56] 楼春晖，夏唐代，刘念武.软土地区基坑中SMW围护桩变形性状研究[J].岩土工程学报，2013，35（S2）：1208-1211.

[57] 吴林高，等.工程降水设计施工与基坑渗流理论[M].北京：人民交通出版社，2003.

[58] 吴林高，方兆昌，李国，娄荣祥，等.基坑降水工程实例[M].北京：人民交通出版社，2009.

[59] Xu Y.S., Shen S.L., Ma L., Sun W.J., Yin Z.Y. Evaluation of the Blocking Effect of Retaining Walls on Groundwater Seepage in Aquifers With Different Insertion Depths[J]. Engineering Geology, 2014, 183: 254-264.

[60] Xu Y.S., Shen S.L., Du Y.J. Geological and Hydrogeological Environment in Shanghai With Geohazards to Construction and Maintenance of Infrastructures[J]. Engineering Geology, 2009, 109（3-4）: 241-254.

[61] 王海刚.天津市地面沉降现状及预测[D].北京：中国地质大学硕士学位论文，2006.

[62] 骆祖江，李朗，曹惠宾，张国强.复合含水层地区深基坑降水三维渗流场数值模拟——以上海环球金融中心基坑降水为例[J].工程地质学报，2006，14（1）：72-77.

[63] Ou C.Y., Chen S.H. Performance and Analysis of Pumping Tests in a Gravel Formation[J]. Bulletin of Engineering Geology and the Environment, 2010, 69（1）: 1-12.

[64] Tan Y., Wang D.L. Characteristics of a Large-Scale Deep Foundation Pit Excavated by the Central-Island Technique in Shanghai Soft Clay. I: Bottom-Up Construction of the Central Cylindrical Shaft[J]. Journal of Geotechnical and Geoenvironmental Engineering, 2013, 139（11）: 1875-1893.

[65] Tan Y., Wang D.L. Characteristics of a Large-Scale Deep Foundation Pit Excavated by the Central-Island Technique in Shanghai Soft Clay. II: Top-Down Construction of the Peripheral Rectangular Pit[J]. Journal of Geotechnical and Geoenvironmental Engineering, 2013, 139（11）: 1894-1910.

[66] 骆祖江，张月萍，刘金宝.复杂巨厚第四纪松散沉积层地区深基坑降水三维渗流场数值模拟——以上海地铁4号线董家渡段隧道修复基坑降水为例[J].岩石力学与工程学报，2007，26（S1）：2927-2934.

[67] 骆祖江，刘金宝，李朗.第四纪松散沉积层地下水疏降与地面沉降三维全耦合数值模拟[J].岩土工程学报，2008，30（2）：193-198.

[68] Wang J.X., Feng B., Yu H., Guo T.P., Yang G.Y., Tang J.W. Numerical Study of Dewatering in a Large Deep Foundation Pit[J]. Environmental Earth Sciences, 2013, 69（3）: 863-872.

[69] Wang J.X., Feng B., Liu Y., Wu L.G., Zhu Y.F., Zhang X.S., Tang Y.Q., Yang.P. Controlling Subsidence Caused by De-Watering in a Deep Foundation Pit[J]. Bulletin of Engineering Geology and the Environment, 2012, 71（3）: 545-555.

[70] 廖翔，骆祖江，于丹丹.基坑降水地下水渗流三维数值模拟[J].工程勘察，2014，7：22-25，30.

[71] 王卫东，朱伟林，陈峥，翁其平，吴江斌. 上海世博 500 kV 地下变电站超深基坑工程的设计、研究与实践 [J]. 岩土工程学报，2008，30（S1）：564-576.

[72] 宋青君，王卫东. 天津第一高楼津塔基坑工程的设计与实践 [J]. 岩土工程学报，2008，30（S1）：644-650.

[73] 张忠苗，赵玉勃，吴世明，张迪. 杭州庆春路过江隧道基坑围护体系设计分析 [J]. 岩土工程学报. 2010，32（9）：1399-1405.

[74] 程芸，冯晓腊，万里波. 深基坑降水流固耦合数值模拟及敏感性分析 [J]. 地下空间与工程学报，2011（6）：1121-1127，1215.

[75] 刘国锋，徐杨青，吴西臣. 连续墙埋置深度对超深基坑降水效果的影响研究 [J]. 工程勘察，2014，1：51-58.

[76] Pujades E., Vázquez-Suñé E., Carrera J., Vilarrasa V., De Simone S., Jurado A., Ledesma A., Ramos G., Lloret A. Deep Enclosures Versus Pumping to Reduce Settlements During Shaft Excavations[J]. Engineering Geology，2014，169（4）：100-111.

[77] Xu Y.S., Shen S.L., Du Y.J., Chai J.C., Horpibulsuk S. Modelling the Cutoff Behavior of Underground Structure in Multi-Aquifer-Aquitard Groundwater System[J]. Nature Hazards,2013,66(2)：731-748.

[78] 瞿成松，陈蔚，黄雨. 人工回灌控制基坑工程地面沉降的数值模拟 [J]. 青岛：中国海洋大学学报（自然科学版），2011，41（6）：87-92，108.

[79] 瞿成松，王金生，朱悦铭，黄雨. 基于浅层地下水回灌的基坑工程沉降防治分析与计算 [J]. 水文地质工程地质，2012，39（6）：62-66.

[80] 郑刚，曾超峰，刘畅，史小锐，宗超，薛秀丽. 天津首例基坑工程承压含水层回灌实测研究 [J]. 岩土工程学报，2013（S2）：491-495.

[81] 陆建生，潘伟强. 上海某枢纽基坑工程浅层承压水回灌试验分析 [J]. 地下空间与工程学报，2014，10（4）：810-817.

[82] 陆建生,潘伟强,沈池,林长荣. 深基坑承压水抽灌一体化设计及工程应用[J].施工技术,2014,43(1)：48-52.

[83] 张雪婵，龚晓南，尹序源，赵玉勃. 杭州庆春路过江隧道江南工作井监测分析 [J]. 岩土力学，2011（S1）：488-194.

[84] Wu Y.X., Shen S.L., Xu Y.S., Yin Z.Y. Characteristics of Groundwater Seepage With Cut-Dff Wall in Gravel Aquifer. I: Field Observations[J]. Canadian Geotechnical Journal，2015（52）.

[85] 韩传梅，陈喜，武永霞. 深基坑降水工程试验及降水方案设计 [J]. 地下水，2007，29（6）：40-42，46.

[86] 缪俊发，娄荣祥，方兆昌. 上海地区的承压含水层降水设计方法 [J]. 地下空间与工程学报，2010，6（1）：167-173，218.

[87] 王建秀，郭太平，吴林高，朱雁飞，唐益群，杨坪. 深基坑降水中墙—井作用机理及工程应用 [J]. 地下空间与工程学报，2010，6（3）：564-570.

[88] 瞿成松. 邻近多条地铁的基坑降水技术 [J]. 探矿工程（岩土钻掘工程），2011，38（2）：29-35.

[89] Knight D.J., Smith G.L., Sutton J.S. Sizewell B Foundation Dewatering-System Design，Construction and Performance Monitoring[J]. Géotechnique，1996，46（3）：473-490.

[90] Croce P.，Modoni G. Design of Jet-Grouting Cut-Off[J]. Ground Improvement，2007，11（1）：3-11.

[91] 叶辉. 深基坑工程地下连续墙渗漏原因分析及预防 [J]. 铁道勘察，2006（2）：65-68.

[92] 周红波，蔡来炳，高文杰. 基坑地下连续墙渗漏风险识别和敏感性分析 [J]. 工业建筑，2009，39（4）：84-87.

[93] 代聪，宋鹏飞，王爱华. 某深基坑工程止水帷幕透水渗漏的防治 [J]. 青岛：青岛理工大学学报，2010，31（1）：114-117.

[94] 徐勇，王心联. 深基坑止水帷幕失效原因分析及处理措施研究 [J]. 地下空间与工程学报，2010,6(6)：1251-1255.

[95] 任斌向，郭卫萍. 某深基坑止水帷幕失效后的渗漏治理 [J]. 施工技术，2013，42（16）：105-110.

[96] 王军辉，韩煊，周宏磊，张在明. 地下结构对渗流场阻隔问题的解析—半解析法 [J]. 水文地质工程地质，2009，2：13-18.

[97] Pujades E.，López A.，Carrera J.，Vázquez-Suñé E.，Jurado A. Barrier Effect of Underground Structures on Aquifers[J]. Engineering Geology，2012，145-146：41-49.

[98] 骆祖江，刘昌军，瞿成松，罗建军. 深基坑降水疏干过程中三维渗流场数值模拟研究 [J]. 水文地质工程地质，2005（5）：48-53.

[99] Luo Z.J., Zhang Y.Y., Wu Y.X. Finite Element Numerical Simulation of Three-Dimensional Seepage Control for Deep Foundation Pit Sewatering[J]. Journal of Hydrodynamics，2008，20（5）：596-602.

[100] 黄小锐. 南京地铁3号线浦珠路站深基坑降水设计 [C]. 地下交通工程与工程安全——第五届中国国际隧道工程研讨会文集，2011：469-475.

[101] Thiem G. Hydrologische Methoden[M]. Gebhardt：Leipzig，1906.

[102] Clough RW. The Finite Element in Plane Stress Analysis[C]. Proceeding 2nd ASCE Conference on Electronic Computation，1960.

[103] Ou C.Y.，Chiou D.C.，Wu T.S. Three-Dimensional Finite Element Analysis of Deep Excavations[J]. Journal of Geotechnical Engineering，1996，122（5）：337-345.

[104] Sharif N.H.，Wiberg N.E.，Levenstam M. Free Surface Through Rock-Fill Dams Analyzed by FEM with Level Set Approach[J]. Computational Mechanics，2001，27：233-243.

[105] 卞锦宇，薛禹群，程诚，朱桂娥，何芳. 上海市浦西地区地下水三维数值模拟 [J]. 中国岩溶，2002，20（3）：182-187.

[106] Taflove A. Review of the Formulation and Applications of the Finite-Different Time-Domain Method for

Numerical Modeling of Electromagnetic Wave Interactions With Arbitrary Structures[J]. Wave Motion, 1998, 10: 547-582.

[107] 孟长江, 熊大生, 赵海粟, 张燕, 于廷新. 基坑降水对临近运营高铁桥墩的影响评估分析[J]. 岩土工程学报, 2014, 36 (S2): 265-268.

[108] 雷卫东, 李清新, 陈锐. 非饱和土稳态二维渗流的边界元法研究[J]. 水利学报, 2015, 46 (S1): 95-100.

[109] 杨海英, 陈刚, 柴军瑞, 张志昌. 金沙峡电站闸坝区渗流场有限体积法数值模拟[J]. 岩土力学, 2005, 26 (3): 461-464.

[110] Chen C.J., Chen H.C. Finite Analytic Numerical Method for Unsteady Two-Dimensional Navier-Stokes Equations[J]. Journal of Computational Physics, 1984, 53 (2): 209-226.

[111] 薛禹群, 叶淑君, 谢春红, 张云. 多尺度有限元法在地下水模拟中的应用[J]. 水利学报, 2004, 7: 7-13.

[112] McDonald M.G., Harbaugh A.W. A Modular Three-Dimensional Finite-Difference Ground-Water Flow Model[Z]. USGS, Techniques of Water-Resources Investigations, Book 6, Charpter A1, U.S.A. Government Printing Office, Washington, 1988.

[113] Lautz L.K., Siegel D.I. Modeling Surface and Ground Water Mixing in the Hyporheic Zone Using MODFLOW and MT3D[J]. Advances in Water Resources, 2006, 29 (11): 1618-1633.

[114] Zaidel J., Markham B., Bleiker D. Simulating Seepage into Mine Shafts and Tunnels with MODFLOW[J]. Groundwater, 2010, 48 (3): 390-400.

[115] Chiang W.H., Kinzelbach W. Processing MODFLOW: A Simulation System for Modeling Groundwater Flow and Pollution[Z]. Software Instruction Book, Hamburg-Zurich, 1998.

[116] 阚京梁, 罗立红. Processing Modflow 模型在预测地面沉降中的应用[J]. 铁道工程学报, 2010 (2): 27-31.

[117] 祝晓彬. 地下水模拟系统（GMS）软件[J]. 水文地质工程地质, 2003 (5): 53-55.

[118] 祝晓彬, 吴吉春, 叶淑君, 赵建康, 吴孟杰. GMS 在长江三角洲（长江以南）深层地下水资源评价中的应用[J]. 工程勘察, 2005 (1): 26-29, 33.

[119] 徐耀德, 童利红. 利用 Modflow 预测某基坑降水引起的地面沉降[J]. 水文地质工程地质, 2004 (6): 96-98.

[120] 李福清, 武永霞, 胡向东. 杭州庆春路隧道超深基坑水文地质抽水试验三维有限差分法数值分析[C]. 第三届上海国际隧道工程研讨会文集, 2007: 819-825.

[121] 张楠, 胡鹏辉. 紧邻既有铁路线深基坑的降水设计与沉降监测[J]. 铁道工程学报, 2010, 114 (9): 1-4.

[122] 付延玲, 郭正法. Processing Modflow 在地下水渗流与地面沉降研究中的应用[J]. 勘察科学技术, 2006 (4): 19-23.

[123] Pujades E., Vàzquez-Suñé E., Carrera J., Jarado A. Dewatering of a Deep Excavation Undertaken in

a Layered Soil[J]. Engineering Geology, 2014, 178: 15-27.

[124] 张云, 薛禹群. 抽水地面沉降数学模型的研究现状与展望[J]. 中国地址灾害与防治学报, 2002, 13(2): 1-6.

[125] Xu Y.S., Shen S.L., Cai Z.Y., Zhou G.Y. The State of Land Subsidence and Prediction Approaches Due to Groundwater Withdrawal in China[J]. Natural Hazards, 2008, 45(1): 123-135.

[126] Gambolati G., Freeze R.A. Mathematical Simulation of the Subsidence of Venice 1: Theory[J]. Water Resources Research, 1973, 9(3): 721-733.

[127] 冉启全, 顾小芸. 考虑流变特性的流固耦合地面沉降计算模型[J]. 中国地质灾害与防治学报, 1998, 9(2): 99-103.

[128] Rivera A., Ledoux E., de Marsily G. Nonlinear Modeling of Groundwater Flow and Total Subsidence of the Mexico City Aquifer-Aquitard System[C]. Johnson A.I., ed. Proceedings of the Fourth International Symposium on Land Subsidence, Houston, U.S.A. IAHS Publication No. 200, 1991: 45-58.

[129] Chen C.X., Cheng J.M, Pei S.P., Liu J. Numerical Model of Land Subsidence Caused by Groundwater Abstraction and Its Countermeasure-By Example of Suzhou City[M]//Zhang A.G., Gong S.L., Carbognin L., Johnson A.I., eds. Proceedings of the Seventh International Symposium on Land Subsidence, Shanghai, China. Shanghai Scientific & Technical Publishers, 2005: 672-679.

[130] 周志芳, 郭耿新, 汪北华, 钟建驰, 吉林, 冯兆祥. 深基坑降水的双层结构模型及有限元计算[J]. 河海大学学报, 2004, 32(2): 179-183.

[131] 周志芳, 朱宏高, 陈静, 钟建驰, 吉林, 冯兆祥. 深基坑降水与沉降的非线性耦合计算[J]. 岩土力学, 2004, 25(12): 1984-1988.

[132] Shen S.L., Xu Y.S., Hong Z.S. Estimation of Land Subsidence Based on Groundwater Flow Model[J]. Marine Georesources and Geotechnology, 2006, 24(2): 149-167.

[133] 唐翠萍, 许烨霜, 沈水龙, 王敏华. 基坑开挖中地下水抽取对周围环境的影响分析[J]. 地下空间与工程学报, 2005, 4(1): 634-637.

[134] 孙文娟, 沈水龙, 李耀良, 唐翠萍. 基坑开挖前降水引起的地面沉降的工程实例分析[J]. 岩土工程学报, 2008, 30(S1): 314-318.

[135] Biot M.A. General Theory of Three Dimensional Consolidation[J]. Journal of Applied Physics, 1941, 12(2): 155-164.

[136] Gambolati G., Gatto P., Freeze R.A. Mathematical Simulation of the Subsidence of Venice 2: Results[J]. Water Resources Research, 1974, 10(3): 563-577.

[137] Duncan J.M., Chang C.Y. Non-Linear Analysis of Stress and Strain in Soils[J]. Journal of Soil Mechanics and Foundations Division, ASCE, 1970, 96(5): 1629-1653.

[138] Roscoe K.H., Burland J.B. On the Generalized Stress-Strain Behaviour of "wet" Clay[M]// Heyman J.,

Leckie F.A., eds. Engineering Plasticity. Cambridge: Cambridge University Press, 1968: 535-609.

[139] 王猛, 杨庆, 聂影, 张小玲. 非饱和黏土动力特性及等价黏弹性模型的试验研究 [J]. 岩土力学, 2009, 30（4）: 926-932.

[140] 刘婧, 陈锦剑, 王建华. 虹桥交通枢纽多级梯次降水流固耦合分析 [J]. 岩土工程学报, 2013, 35（S1）: 210-215.

[141] 朱悦铭, 瞿成松, 徐丹. 基于下负荷面剑桥模型分析基坑降水对地铁沉降影响 [J]. 上海国土资源, 2013, 34（1）: 19-22.

[142] 许胜, 缪俊发, 魏建华, 许丽萍. 深基坑降水与地面沉降的三维黏弹性全耦合数值模拟 [J]. 岩土工程学报, 2008, 30（S1）: 41-45.

[143] Shen S.L., Xu Y.S. Numerical Evaluation on Land Subsidence Induced by Groundwater Pumping in Shanghai[J]. Canadian Geotechnical Journal, 2011, 48（9）: 1378-1392.

[144] Chapuis R.P., Gill D.E., Baass K. Laboratory Permeability Tests on Sand: Influence of the Compaction Method on Anisotropy[J]. Canadian Geotechnical Journal, 1989, 26: 614-622.

[145] Chapuis R.P. Similarity of Internal Stability Criteria for Granular Soils[J]. Canadian Geotechnical Journal, 1992, 29（4）: 711-713.

[146] Chapuis R.P. Borehole Variable-Head Permeability Tests in Compacted Clay Liners and Covers[J]. Canadian Geotechnical Journal, 1999, 36（1）: 39-51.

[147] Chapuis R.P. Predicting the Saturated Hydraulic Conductivity of Sand and Gravel Using Effective Diameter and Void Ratio[J]. Canadian Geotechnical Journal, 2004, 41: 787-795.

[148] Chapuis R.P., Aubertin M. On the Use of the Kozeny-Carman Equation to Predict the Hydraulic Conductivity of Soils[J]. Canadian Geotechnical Journal, 2003, 40: 616-628.

[149] Masrouri F., Bicalho K.V., Kawai K. Laboratory Hydraulic Testing in Unsaturated Soils[M]// Laboratory and Field Testing of Unsaturated Soils. Netherlands: Springer, 2009: 79-92.

[150] Ma L., Xu Y.S., Shen S.L., Sun W.J. Evaluation of the Hydraulic Conductivity of Aquifers with Piles[J]. Hydrogeology Journal, 2014, 22（2）: 371-382.

[151] 中华人民共和国建设部. 岩土工程勘察规范（GB 50021—2001）[S]. 北京: 中国建筑工业出版社, 2002.

[152] 赵玉花, 沈日庚. 基于固结试验结果计算渗透系数方法 [J]. 工程勘察, 2009（S2）: 109-113.

[153] Hazen A. Some Physical Properties of Sand and Gravel, with Special Reference to Their Use in Filtration[C]. Massachusetts State Board of Health, 24th Annual Report, Boston, 1892: 539-556.

[154] Hazen A. Discussion of "Dams on sand formations" by A.C. Koenig[J]. Transactions of the American Society of Civil Engineers, 1911, 73: 199-203.

[155] Terzaghi C. Principles of Soil Mechanics: III. Determination of Permeability of Clay[J]. Engineering News Records, 1925, 95（21）: 832-836.

[156] Shahabi A.A., Das B.M., Tarquin A.J. Empirical Relation for Coefficient of Permeability of Sand[J]. Nat Conf Pub, Inst of Engineers, 1984, 84（2）: 54-57.

[157] 卢廷浩. 土力学[M]. 南京: 河海大学出版社, 2002.

[158] 国家质量技术监督局,中华人民共和国建设部. 土工试验方法标准（GB/T 50123—1999）[S]. 北京: 中国计划出版社, 1999.

[159] Elsworth D., Lee D.S. Permeability Determination from on-the-fly Piezocone Sounding[J]. Journal of Geotechnical and Geoenvironmental engineering, 2005, 131（5）: 643-653.

[160] Elsworth D., Lee D.S. Limits in Determining Permeability from on-the-fly uCPT Sounding[J]. Géotechnique, 2007, 57（8）: 769-685.

[161] Chai J.C., Agung P.M.A., Hino T., Igaya Y., Cater J.P. Estimating Hydraulic Conductivity from Piezocone Soundings[J]. Géotechnique, 2010, 61（8）: 699-708.

[162] 王君鹏. 基于孔压静力触探测试确定土体渗透系数的方法研究[D]. 上海: 上海交通大学博士学位论文, 2015.

[163] Ou C.Y., Chen S.H. Performance and Analysis of Pumping Tests in a Gravel Formation[J]. Bulletin of Engineering Geology and the Environment, 2010, 69（1）: 1-12.

[164] Jean J.S. Pumping Testing Using a Siphon Well[J]. Water Resour Manage, 1996, 10（2）: 81-105.

[165] Jiao J.J. Investigation of Extra Recharge During Pumping in Nottingham Aquifer[J]. Groundwater, 1996, 34（5）: 795-800.

[166] Jiao J.J., Zheng C. The Different Characteristics of Aquifer Parameters and Their Implications on Pumping-Test Analysis[J]. Groundwater, 1997, 35（1）: 25-29.

[167] Chapuis R.P., Chenaf D. Effects of Monitoring and Pumping Well Pipe Capacities During Pumping Tests in Confined Aquifers[J]. Canadian Geotechnical Journal, 2003, 40（6）: 1093-1103.

[168] Papadopulos S.S., Bredehoeft J.D., Cooper H.H. On the Analysis of Slug Test Data[J]. Water Resources Research, 1973, 9（4）: 1087-1089.

[169] Butler J.J. The Design, Performance, and Analysis of Slug Tests[M].Lewis: Boca Raton, Fla, 1998.

[170] Dupuit J. Etudes Theoretiques et Pratiques sur la Mouvement des Eaux Dans les Canaux Decouverts et a Travers les Terrains Permeables[M].Paris: Dunod, 1863.

[171] Thiem G. Hydrologische Methoden[M]. Gebhardt: Leipzig, 1906.

[172] Theis C.V. The Relation between the Lowing of the Piezometric Surface and the Rate and Duration of the Discharge of a Well Using Groundwater Storage[C]. Transactions of the American Geophysical Union, 16th Annual Meeting, 1935, Part 2: 519-524.

[173] Cooper H.H., Jacob C.E. A Generalized Graphical Method for Evaluating Formation Constants and Summarizing Well Field History[J]. Transactions of the American Geophysical Union, 1946, 27（4）: 526-534.

[174] Hantush M.S., Jacob C.E. Non-Steady Radial Flow in an Infinite Leaky Aquifer[J]. Transactions American Geophysical Union, 1955, 36（1）: 95-100.

[175] Hantush M.S. Modification of the Theory of Leaky Aquifers[J]. Journal of Geophysical Research, 1960, 65（11）: 3713-3725.

[176] Hantush M.S. Hydraulics of Wells[M]// Advances in Hydroscience. New York: Academic, 1964: 281-442.

[177] Moench A.F. Computation of Type Curves for Flow to Partially Penetrating Wells in Water-Table Aquifers[J]. Groundwater, 1993, 31（6）: 966-971.

[178] Jiao J.J., Rushton K.R. Sensitivity of Drawdown to Parameters and Its Influence on Parameter Estimation for Pumping Tests in Large-Diameter Wells[J]. Groundwater, 1995, 33（5）: 794-800.

[179] Liu K.F. Tide-Induced Groundwater Flow in Deep Confined Aquifer[J]. Journal of Hydraulic Engineering, 1996, 122（2）: 104-110.

[180] Trefry M.G., Johnston C.D. Pumping Test Analysis for a Tidally Forced Aquifer[J]. Groundwater, 1998, 36（3）: 427-433.

[181] Chapuis R.P., Belanger C., Chenaf D. Pumping Test in a Confined Aquifer Under Tidal Influence[J]. Groundwater, 2005, 44（2）: 300-305.

[182] Ni J.C., Cheng W.C., Ge L. A Case History of Field Pumping Tests in a Deep Gravel Formation in the Taipei Basin, Taiwan[J]. Engineering Geology, 2011, 117（1）: 17-28.

[183] Ni J.C., Cheng W.C., Ge L. A Simple Data Reduction Method for Pumping Tests with Tidal, Partial Penetration, and Storage Effects[J]. Soils and Foundations, 2013, 53（6）: 894-902.

[184] Șen Z. Type Curves for Large-Diameter Wells near Barriers[J]. Groundwater, 1982, 20（3）: 274-277.

[185] Jacob C.E. Recovery Method for Determining the Coefficient of Transmissibility[Z]// Water Supply Paper. Washington, D.C.: U.S. Geological Survey, 1963.

[186] Ballukraya P.N., Sharma K.K. Estimation of Storativity from Recovery Data[J]. Groundwater, 1991, 20（4）: 495-498.

[187] Chenaf D., Chapuis R.C. Methods to Determine Storativity of Infinite Confined Aquifers from a Recovery Test[J]. Groundwater, 2002, 40（4）: 385-389.

[188] Johnson G.S., Frederick D.B., Cosgrove D.M. Evaluation of a Pumping Test of the Snake River Plain Aquifer Using Axial-Flow Numerical Modeling[J]. Hydrogeology Journal, 2002, 10（3）: 428-437.

[189] Majumdar P.K., Sekhar M., Sridharan K., Mishra G.C. Numerical Simulation of Groundwater Flow with Gradually Increasing Heterogeneity Due to Clogging[J]. Journal of Irrigation and Drainage Engineering, 2008, 134（3）: 400-404.

[190] Lin H.T., Ta Y.C., Chen C.H., Yu H.L., Wu S.C., Ke K.Y. Estimation of Effective Hydrogeological Parameters in Heterogeneous and Anisotropic Aquifers[J]. Journal of Hydrology, 2010, 389（1）: 57-68.

[191] Kuang X., Jiao J.J., Zhang K., Mao D. Air and Water Flows Induced by Pumping Tests in Unconfined Aquifers with Low-Permeability Zones[J]. Hydrological Processes，2014，28（21）: 5450-5464.

[192] 杨建民，郑刚，焦莹. 天津站抽水试验数值反演分析 [J]. 土木工程学报，2008，41（7）: 67-70.

[193] 周念清，陈一托，江思珉，娄荣祥. GMS 在上海南京东路地铁站基坑降水模拟中的应用 [J]. 勘察科学技术，2010（1）: 38-43.

[194] 张正. 某越江隧道浦西工作井基坑渗漏及抢险处理技术 [J]. 建筑施工，2010，32（3）: 215-217.

[195] 蒋锋平，刘国彬. 深基坑地下墙漏水引起地面沉降分析 [J]. 岩土工程学报，2010，32（S2）: 574-577.

[196] 浦春林，李苏春，刘晖. 某临河基坑止水帷幕失效案例分析 [J]. 水利与建筑工程学报，2015，13（2）: 158-161.

[197] 李长山. 杭州地铁秋涛路站东区基坑施工涌水涌砂分析 [J]. 土工基础，2006，20（1）: 10-13.

[198] 徐杨青，刘国锋，盛永清. 深基坑嵌岩地下连续墙隔渗效果分析与评价方法研究 [J]. 岩土力学，2013，34（10）: 2905-2910.

[199] Hollema D.A., Olson L.D., Crosshole Sonic Logging and Velocity Tomography Imaging of Drilled Shaft Foundations[M]. Berlin: Proc. NTTCE-03. DGZfP，2003.

[200] Ross R.R., Beljin M.S. Evaluation of Containment Systems Using Hydraulic Head Data[J]. Journal of Environmental Engineering，1998，124（6）: 575-578.

[201] 李鹏飞. 基于流场拟合法的基坑渗漏探测仪设计 [D]. 长春: 吉林大学硕士学位论文，2013.

[202] 高镇. 软土地区基坑防水渗漏隐患地球物理检测技术研究 [D]. 青岛: 中国海洋大学硕士学位论文，2013.

[203] 董海洲，陈建生. 利用温度示踪方法探测基坑渗漏 [J]. 岩石力学与工程学报，2004，23（12）: 2085-2090.

[204] Vilarrasa V., Carrera J., Jurado A., Pujades E., Vazquez-Suñé E. A Methodology for Characterizing the Hydraulic Effectiveness of an Annular Low-Permeability Barrier[J]. Engineering Geology，2011，120（1）: 68-80.

[205] 瞿成松. 上海地铁 4 号线董家渡修复段基坑降水实录 [J]. 岩土工程学报，2010，32（s2）: 339-342.

[206] Wang J.X., Hu L.S., Wu L.G., Tang Y.Q., Zhu Y.F., Yang P. Hydraulic Barrier Function of the Underground Continuous Concrete Wall in the Pit of Subway Station and Its Optimization[J]. Environmental Geology，2009，57（2）: 447-453.

[207] Pujades E., Vázquez-SuñéE., Carrera J., Vilarrasa V., De Simone S., Jurado A., Ledesma A., Ramos G., Lloret A. Deep Enclosures Versus Pumping to Reduce Settlements During Shaft Excavations[J]. Engineering Geology，2014，169（4）: 100-111.

[208] 上海长凯岩土有限公司. 500kV 上海世博变电站工程群井抽水试验报告 [R]，2007.

[209] Thiem G. Hydrologische Methoden（Hydrologic Methods）[Z]. J. M. Gebhardt，Leipzig，1906: 56.

[210] Kozeny J. Theorie und Berechnung der Brunnen[J].Wasserkraft und Wassenwirtschaft，1933，28：88-92，101-105，113-116.

[211] 毛昶熙，周保中.闸坝地基渗流计算的改进阻力系数法[J].水利水运科技情报.1980（5）：51-59.

[212] 张楠.深基坑水文地质参数的确定及降水设计[J].地下空间与工程学报，2011，7（2）：375-379.

[213] Luo Z.J.，Zhang Y.Y.，Wu Y.X. Finite Element Numerical Simulation of Three-Dimensional Seepage Control for Deep Foundation Pit Dewatering[J]. Journal of Hydrodynamics，2008，20（5）：596-602.

[214] 周念清，陈一托，江思珉，娄荣祥.GMS在上海南京东路地铁站基坑降水模拟中的应用[J].勘察科学技术，2010（1）：38-43.

[215] 杨建民，郑刚，焦莹.天津站抽水试验数值反演分析[J].土木工程学报，2008，41（7）：67-70.

[216] Theis C.V. The Relation Between the Lowing of the Piezometric Surface and the Rate and Duration of the Discharge of a Well Using Groundwater Storage [C]. Transactions of the American Geophysical Union，16th Annual Meeting，1935，Part 2：519-524.

[217] Kruseman G. P.，Ridder N. A. Analysis and Evaluation of Pumping Test Data[M]. Wageningen：International Institute for Land Reclamation and Improvement，1990.

[218] Istok J.D.，Dawson K.J. Aquifer Testing：Design and Analysis of Pumping and Slug Tests[M]. CRC Press，1991.

[219] Driscoll F.G. Groundwater and Wells[M]. 2nd Edition. Johnson Division，St. Paul，Minnesota，1986：1089.

[220] Sethi R. A Dual-Well Step Drawdown Method for the Estimation of Linear and Non-Linear Flow Parameters and Wellbore Skin Factor in Confined Aquifer Systems[J]. Journal of Hydrology，2011，400（1）：187-194.

[221] Ou C.Y.，Chen S.H. Performance and Analysis of Pumping Tests in a Gravel Formation[J]. Bulletin of Engineering Geology and the Environment，2010，69（1）：1-12.

[222] Liu K.F. Tide-Induced Groundwater Flow in Deep Confined Aquifer[J]. Journal of Hydraulic Engineering，1996，122（2）：104-110.

[223] Hantush M.S. Drawdown Around a Partially Penetrating Well [J]. Journal of the Hydraulics Division，1961a，87（4）：83-98.

[224] Hantush M.S. Aquifer Tests on Partially Penetrating Well [J]. Journal of the Hydraulics Division，1961b，87（5）：171-195.

[225] 上海岩土工程勘察设计研究院有限公司.上海轨道交通四号线修复工程岩土工程勘察报告[R]，2004.

[226] Darcy H. Les Frontaines Publiques de la Ville de Dijon [M]. Paris：V. Dalmont，1856.

[227] Bear，J. Hydraulics of Groundwater[M]. New York：Mc.Graw-Hill，1979.

[228] Jinan Surveying and Mapping Institute（JSMI）（2014）Standard Stratum in Jinan City.（in Chinese）.

Wang Q (2007) The Integrated Research of Evaluating and Protection of Groundwater in Jinan. Master's Thesis, Shandong University, Jinan (in Chinese).

[229] Wang J.L., Jin M.G., Lu G.P., Zhang D.L., Kang F.X., Jia B.J. Investigation of Discharge-Area Groundwaters for Recharge Source Characterization on Different Scales: The Case of Jinan in Northern China [J]. Hydrogeology Journal, 2016 (24): 1723-1737.

[230] Wu H.N., Shen S.L., Yang J. Identification of Tunnel Settlement Caused by Land Subsidence in Soft Deposit of Shanghai [J].Journal of Performance of Constructed Facilities, ASCE, 2017, 31 (6).

[231] Li C., Zhao G.Z.Analysis of Underground Space Development and Utilization of Jinan [J]. Basic Level Construction, 2015 (21) (in Chinese).

[232] Chai J.C., Shen S.L., Zhu H.H., Zhang X.L. Land Subsidence Due to Groundwater Drawdown in Shanghai [J]. Géotechnique, 2004, 54 (3): 143-148.

[233] Chai J.C., Shen S.L., Ding W.Q., Zhu H.H., Cater J.P. Numerical Investigation of the Failure of a Building in Shanghai, China [J]. Computers and Geotechnics, 2014 (55): 482-493.

[234] Shen S.L., Wu H.N., Cui Y.J., Yin Z.Y. Long-Term Settlement Behavior of the Metro Tunnel in Shanghai [J].Tunneling and Underground Space Technology, 2014 (40): 309-323.

[235] Wu H.N., Shen S.L., Liao S.M., Yin Z.Y. Longitudinal Structural Modelling of Shield Tunnels Considering Shearing Dislocation Between Segmental Rings[J]. Tunneling and Underground Space Technology, 2015b (50): 317-323.

[236] Cui Q.L., Shen S.L., Xu Y.S., Wu H.N., Yin Z.Y. Mitigation of Geohazards During Deep Excavation in Karst Region with Caverns: A Case Study [J]. Engineering Geology, 2015a (195): 16-27.

[237] Cui Q.L., Shen S.L., Xu Y.S., Yin Z.Y., Horpibulsuk S. Field Performance of Jacking Pipe during Jacking in Soft Deposits [J]. Tunneling and Underground Space Technology, 2015b (49): 336-344.

[238] Cheng W.C., Ni J.C., Shen S.L. Experimental and Analytical Modeling of Shield Segment under Cyclic Loading [J]. International Journal of Geomechanics, ASCE, 2017, 17 (6): 1-18.

[239] Cheng W.C., Ni J.C., Shen S.L., Huang H.W. Investigation of Factors Afecting Jacking Force: A Case Study [J].Geotechnical Engineering, ICE Proceedings, 2017, 170 (GE4): 322-334.

[240] Shen S.L., Wang Z.F., Cheng W.C. Estimation of Lateral Displacement Induced by Jet Grouting in Clayey Soils [J].Geotechnique, ICE, 2017, 67 (7): 621-630.

[241] Wang J.X., Feng B., Liu Y., Wu L.G., Zhu Y.F., Zhang X.S., Tang Y.Q., Yang P.Controlling Subsidence Caused by De-Watering in a Deep Foundation Pit [J]. Bulletin of Engineering Geology and the Environment, 2012, 71 (3): 545-555.

[242] Wang J.X., Hu L.S., Wu L.G., Tang Y.Q., Zhu Y.F., Yang P .Hydraulic Barrier Function of the Underground Continuous Concrete Wall in the Pit of Subway Station and Its Optimization [J]. Environment Geology 2009 (57): 447-453.

[243] Xu Y.S., Shen S.L., Ren D.J., Wu H.N.Factor Analysis of Land Subsidence in Shanghai: A View Based on Strategic Environmental Assessment [J]. Sustainability, 2016（8）: 573（1-12）.

[244] Shen S.L., Ma L., Xu Y.S., Yin Z.Y. Interpretation of Increased Deformation Rate in Aquifer IV Due to Groundwater Pumping in Shanghai[J]. Canadian Geotechnical Journal, 2013a, 50（11）: 1129-1142.

[245] Shen S.L., Wang Z.F., Yang J., Ho C.E. Generalized Approach for Prediction of Jet Grout Column Diameter[J]. Journal of Geotechnical and Geoenvironmental Engineering, 2013b, 139（12）: 2060-2069.

[246] Shen S.L., Wang Z.F., Yang J., Ho E.C. Generalized Approach for Prediction of Jet Grout Column Diameter [J].Journal of Geotechnical and Geoenvironmental Engineering, 2013c, 139（12）: 2060-2069.

[247] Shen S.L., Xu Y.S. Numerical Evaluation of Land Subsidence Induced by Groundwater Pumping in Shanghai [J]. Canadian Geotechnical Journal, 2011, 48（9）: 1378-1392.

[248] Wu Y.X., Shen S.L., Xu Y.S., Yin Z.Y. Characteristics of Groundwater Seepage with Cutoff Ell in Gravel Aquifer. I: Field Observations [J]. Canadian Geotechnical Journal, 2015c, 52（10）: 1526-1538.

[249] Wu Y.X., Shen J.S., Cheng W.C., Hino T. Semi-Analytical Solution to Pumping Test Data with Barrier, Wellbore Storage, and Partial Penetration Effects [J].Engineering Geology, 2017（226）: 44-51.

[250] Agliardi F., Crosta G., Zanchi A.Structural Constraints on Deep-Seated Slope Deformation Kinematics [J]. Engineering Geology, 2001, 59（1-2）: 83-102.

[251] Ma L., Xu Y.S., Shen S.L., Sun W.J.Evaluation of the Hydraulic Conductivity of Aquifers with Piles [J]. Hydrogeology Journal, 2014, 22（2）: 371-382.

[252] Yu G.R. Jinan Urban Infrastructure Development and Utilization of Underground Space [D].Shanghai: Tongji University Master's Thesis, 2007.

[253] Beijing Urban Construction Exploration, Surveying Institute（BUCESI）. Spring Impact Study of Construction of Jinan Rail Traffic[Z], 2011.

[254] Beijing Urban Construction Exploration, Surveying Institute（BUCESI）. Spring Impact Study of Construction of Jinan Rail Network Planning [Z], 2013.

[255] Xu Y.S., Shen J.S., Wu H.N., Zhang N. Risk and Impacts on the Environment of Free-Phase Biogas in Quaternary Deposits along the Coastal Region of Shanghai [J].Ocean Engineering, 2017c（137）: 129-137.

[256] Xu Y.S., Shen S.L., Ma L., Sun W.J., Yin Z.Y. Evaluation of the Blocking Effect of Retaining Walls on Groundwater Seepage in Aquifers with Different Insertion Depths [J]. Engineering Geology, 2014

(183): 254-264.

[257] Xu Y.S., Yuan Y., Shen S.L., Yin Z.Y., Wu H.N., Ma L. Investigation into Subsidence Hazards Due to Groundwater Pumping from Aquifer II in Changzhou, China [J]. Natural Hazards, 2015, 78 (1): 281-296.

[258] Shen S.L., Cui Q.L., Ho E.C., Xu Y.S. Ground Response to Multiple Parallel Microtunneling Operations in Cemented Silty Clay and Sand [J]. Journal of Geotechnical and Geoenvironmental Engineering, 2016, 142 (5).

[259] Shen S.L., Wang J.P., Wu H.N., Xu Y.S., Ye G.L., Yin Z.Y. Evaluation of Hydraulic Conductivity for Both Marine and Deltaic Deposit Based on Piezocone Test [J]. Ocean Engineering, 2015a (110): 174-182.

[260] Shen S.L., Wu Y.X., Xu Y.S., Hino T., Wu H.N. Evaluation of Hydraulic Parameter Based on Groundwater Pumping Test of Multi-Aquifer System of Tianjin [J]. Computers and Geotechnics, 2015b (68): 196-207.

[261] Yin Z.Y., Chang C.S., Hicher P.Y. Micromechanical Modelling for Effect of Inherent Anisotropy on Cyclic Behaviour of Sand [J]. International Journal of Solids and Structures, 2010a, 47 (14-15): 1933-1951.

[262] Yin Z.Y., Chang C.S., Karstunen M., Hicher P.Y. An Anisotropic Elastic Viscoplastic Model for Soft Clays [J]. International Journal of Solids and Structures, 2010b, 47 (5): 665-677.

[263] Yin Z.Y., Karstunen M., Chang C.S., Koskinen M., Lojander M. Modeling Time-Dependent Behavior of Soft Sensitive Clay [J]. ASCE Journal of Geotechnical and Geoenvironmental Engineering, 2011a, 137 (11): 1103-1113.

[264] Yin Z.Y., Hattab M., Hicher P.Y. Multiscale Modeling of a Sensitive Marine Clay [J]. International Journal for Numerical and Analytical Methods in Geomechanics, 2011b, 35 (15): 1682-1702.

[265] Yin Z.Y., Chang C.S. Stress Dilatancy Behavior for Sand Under Loading and Unloading Conditions [J]. International Journal for Numerical and Analytical Methods in Geomechanics, 2013, 37 (8): 855-870.

[266] Yin Z.Y., Zhao J., Hicher P.Y. A Micromechanics-Based Model for Sand-Silt Mixtures [J]. International Journal of Solids and Structures, 2014, 51 (6): 1350-1363.

[267] Saaty T.L. Decision Making with the Analytic Hierarchy Process [J]. International Journal of Services Sciences, 2008, 1 (1): 83-98.

[268] Sadiq R., Tesfamariam S. Environmental Decision-Making under Uncertainty Using Intuitionistic Fuzzy Analytic Hierarchy Process (IF-AHP) [J]. Stochastic Environmental Research and Risk Assessment, 2009: 23 (1): 75-91.

[269] Lyu H.M., Wang G.F., Shen J.S., Lu L.H., Wang G.Q. Analysis and GIS Mapping of Flooding

Hazards on 10 May, 2016, Guangzhou, China [J]. Water, 2016, 8 (10): 447 (1-17).

[270] Lyu H.M., Wang G.F., Cheng W.C., Shen S.L .Tornado Hazards on June 23rd in Jiangsu Province, China: Preliminary Investigation and Analysis [J]. Natural Hazards, 2017, 85 (1): 597-604.

[271] Saaty T.L., Creative Thinking, Problem Solving and Decision Making (Third Edition with Chinese Translation) [J]. Rws Pubns, 2010.

[272] Shen S.L., Wu Y.X., Misra A. Calculation of Head Difference at Two Sides of a Cut-Off Barrier during Excavation Dewatering, Computers and Geotechnics, 2017 (91): 192-202.

[273] Tan Y., Lu Y. "Forensic Diagnosis of a Leaking Accident During Excavation [J]. Journal of Performance of Constructed Facilities, ASCE, 2017, 31 (5).

[274] Tan Y., Lu Y. Why Excavation of a Small Air Shaft Caused Excessively Large Displacements: Forensic Investigation [J].Journal of Performance of Constructed Facilities, ASCE, 2017, 31 (2).

[275] Tan Y., Zhu H., Peng F., Karlsrud K, Wei B. Characterization of Semi-Top-Down Excavation for Subway Station in Shanghai Soft Ground [J]. Tunnelling and Underground Space Technology, 2017 (68): 244-261.

[276] Tan Y., Huang R., Kang Z., Wei B.Covered Semi-Top-Down Excavation of Subway Station Surrounded by Closely Spaced Buildings in Downtown Shanghai: Building Response[J]. Journal of Performance of Constructed Facilities, ASCE, 2016, 30 (6).

[277] Darcy H. Les Frontaines Publiques de la Ville de Dijon [M]. Paris: V. Dalmont, 1856.